U0584064

权威·前沿·原创

皮书系列为
"十二五""十三五""十四五"时期国家重点出版物出版专项规划项目

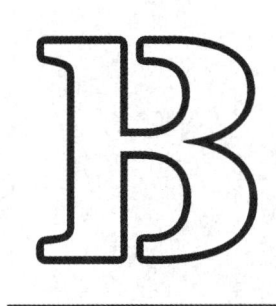

BLUE BOOK

智 库 成 果 出 版 与 传 播 平 台

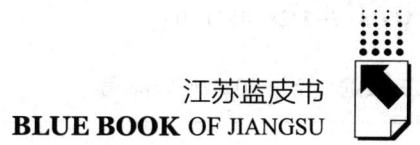

江苏蓝皮书
BLUE BOOK OF JIANGSU

2025年江苏发展分析与展望

ANALYSIS AND PROSPECT ON DEVELOPMENT OF JIANGSU
（2025）

主　编／尚庆飞

副主编／陈爱蓓　李　扬　王月清　孙功谦

社会科学文献出版社
SOCIAL SCIENCES ACADEMIC PRESS（CHINA）

图书在版编目(CIP)数据

2025 年江苏发展分析与展望 / 尚庆飞主编;陈爱蓓
等副主编 . -- 北京:社会科学文献出版社,2024.12.
(江苏蓝皮书).-- ISBN 978-7-5228-4831-0

Ⅰ. F127. 53

中国国家版本馆 CIP 数据核字第 20241NW888 号

江苏蓝皮书
2025 年江苏发展分析与展望

主　　编 / 尚庆飞

副 主 编 / 陈爱蓓　李 扬　王月清　孙功谦

出 版 人 / 冀祥德
组稿编辑 / 任文武
责任编辑 / 高振华
文稿编辑 / 李小琪
责任印制 / 王京美

出　　版 / 社会科学文献出版社 · 生态文明分社 (010) 59367143
　　　　　 地址:北京市北三环中路甲 29 号院华龙大厦　邮编:100029
　　　　　 网址:www. ssap. com. cn
发　　行 / 社会科学文献出版社 (010) 59367028
印　　装 / 天津千鹤文化传播有限公司

规　　格 / 开 本:787mm × 1092mm　1/16
　　　　　 印 张:19.25　字 数:289 千字
版　　次 / 2024 年 12 月第 1 版　2024 年 12 月第 1 次印刷
书　　号 / ISBN 978-7-5228-4831-0
定　　价 / 98.00 元

读者服务电话:4008918866

主编简介

尚庆飞　哲学博士，二级教授，博士生导师，江苏省社会科学院党委书记、院长。兼任全国毛泽东哲学思想研究会副会长、江苏省科学社会主义研究会副会长、江苏省习近平新时代中国特色社会主义思想研究中心特约研究员。

主要研究方向为马克思主义哲学、马克思主义中国化、国外毛泽东学等。主持教育部人文社会科学重点研究基地重大项目、国家哲学社会科学基金重点项目、江苏省社会科学基金项目等多项课题。在《人民日报》《光明日报》《中国社会科学》《马克思主义研究》《毛泽东邓小平理论研究》《马克思主义与现实》等报刊发表学术论文百余篇，出版《国外毛泽东学研究》《中国马克思主义哲学史（上卷）》《列宁和中国化马克思主义哲学原著选读》《思想的力量——马克思主义中国化的历史进程》等多部著作，并有译著《新社会主义》等。

摘　要

《2025 年江苏发展分析与展望》收录报告 12 篇，包括总报告 1 篇、分报告 3 篇、专题报告 8 篇。本书以 2024 年度江苏发展为主线，采取理论研究和数据分析相结合的方式，对江苏经济、社会、文化、生态、法治等领域建设进行了系统性的梳理总结，并对江苏重大社会现实问题进行了深入分析。

2024 年，面对复杂多变的内外部环境，江苏经济展现出强大韧性和强劲动能，经济增速高于全国平均水平，增量居全国首位，创新转型深入推进，新质生产力加速涌现，社会事业和民生建设高水平推进，呈现积极向上的发展态势。预计 2024 年，江苏 GDP 增长区间为 5.5%～5.9%。展望 2025 年，江苏 GDP 增长区间预计为 5.6%～6.0%。发展重点在于实施创新驱动发展战略，加快建设科技强省，巩固消费对经济发展的基础性作用，激发民间投资活力，建设具有世界聚合力的双向开放枢纽，深入推进绿色低碳发展，构建房地产发展新模式，促进高质量充分就业。在发展领域方面，需要从科技赋能、功能拓展、产业链打造、政策支持等多个方面入手，制定差异化发展战略，实现农业经济与城乡融合二者的耦合协调发展。在工业方面，江苏应坚决扛起"走在前、做示范"的责任使命，树立更高的发展目标，围绕动力培育、主体协同、平台布局、要素支撑、载体建设探索推动工业高质量发展的路径，不断巩固江苏制造领先优势。在服务业高质量发展方面，江苏需要进一步实现服务业规模扩大和结构优化，推动服务业进入高质量发展提升期，坚持创新驱动，推动融合式发展，加快数字化转型，提升发展能

级，在开放合作中实现量质齐升。为此，江苏应继续激发改革动能，推进关键领域改革突破；强化科技创新，增强产业转型升级动能；扎根实体经济，塑造数实融合关键优势；坚持民生为大，持续提升民生保障水平。

本书内容全面、视角多元、数据翔实，既是对江苏经济、社会、文化工作的总结与展望，又为相关部门提升治理水平提供了科学依据。

关键词： 经济社会　高质量发展　民生保障　江苏省

目 录 ⤵

Ⅰ 总报告

Ⅱ 分报告

Ⅲ 专题报告

皮书数据库阅读**使用指南**

总 报 告

B.1

2024~2025年江苏经济社会发展
形势分析与预测

尚庆飞 等*

摘　要： 2024年，面对复杂多变的内外部环境，江苏经济展现出强大韧性和强劲动能，经济增速高于全国平均水平，增量居全国首位，创新转型深入推进，新质生产力加速涌现，社会事业和民生建设高水平推进，呈现积极向上的发展态势。2025年，江苏应大力实施创新驱动发展战略，加快建设科技强省，巩固消费对经济发展的基础性作用，激发民间投资活力，建设具有世界聚合力的双向开放枢纽，深入推进绿色低碳发展，构建房地产发展新模式，促进高质量充分就业。为此，江苏应激发改革动能，推进关键领域改革突破；强化科技创新，增强产业转型升级动能；扎根实体经济，塑造数实

---

* 尚庆飞，博士，教授，江苏省社会科学院院长、党委书记，主要研究方向为马克思主义哲学、马克思主义中国化、国外毛泽东学等；吕永刚，博士，江苏省社会科学院经济研究所副所长、研究员，主要研究方向为区域经济；徐春华，博士，江苏省社会科学院经济研究所助理研究员，主要研究方向为城市经济；陈丹临，博士，江苏省社会科学院经济研究所助理研究员，主要研究方向为金融学；张海汝，博士，江苏省社会科学院经济研究所助理研究员，主要研究方向为产业经济。

融合关键优势；坚持民生为大，持续提升民生保障水平。

关键词： 创新转型　新质生产力　高质量发展　江苏

2024 年是新中国成立 75 周年，是习近平总书记擘画"强富美高"新江苏建设宏伟蓝图 10 周年，也是江苏巩固增强经济回升向好态势、扎实推进中国式现代化江苏新实践的一年。习近平总书记在参加十四届全国人大二次会议江苏代表团审议时，明确要求江苏牢牢把握高质量发展这个首要任务，因地制宜发展新质生产力，对江苏成为发展新质生产力的重要阵地寄予厚望，在江苏发展的关键阶段为江苏把脉定向、指路引航。党的二十届三中全会擘画了进一步全面深化改革的宏伟蓝图，为地处改革开放前沿的江苏注入了强大的改革动能。面对高度复杂的宏观环境，江苏经济展现出强大韧性和强劲动能，经济增速高于全国平均水平，增量居全国首位，创新转型深入推进，新质生产力加速涌现，社会事业和民生建设高水平推进，呈现积极向上的发展态势。2025 年是"十四五"收官之年，江苏将继续落实《关于巩固增强经济回升向好态势进一步推动高质量发展的若干政策措施》，推进一揽子增量政策落地见效，持续培育内生增长动能，大力发展社会事业，在发展中保障和改善民生，进一步推动江苏在高质量发展上继续走在前列，发挥好江苏作为经济大省在宏观经济大局中的关键作用，在推进中国式现代化中走在前、做示范。

一　2024年江苏经济社会运行情况分析

（一）经济发展

推动经济率先回升向好，既是江苏经济实现高质量发展的内在要求，也是江苏在全国宏观经济大盘中当好重要"压舱石"的战略之需。2024 年以来，江苏增速全国领先，经济回升向好的态势进一步巩固，同时不同行业、不同地区的增速差距大于以往，不平衡、波浪式发展的结构性特征显著。

一是制造业保持较高增速，实体经济"底盘效应"明显，优势产业集群成为经济增量与增速的关键支撑。与全国多数地区服务业增加值的同比增速相对较高不同，江苏制造业尤其是先进制造业增加值的同比增速更为强劲，是江苏地区生产总值（GDP）增长的最强动力源。2023年，江苏第二产业增加值同比增长6.7%，超过全国平均增速2.0个百分点；江苏制造业增加值4.66万亿元，占江苏GDP的比重达36.3%；江苏制造业高质量发展指数达91.9，位居全国第一。赛迪顾问先进制造业研究中心发布的《2023先进制造业百强市》报告显示，江苏13个设区市全部上榜，其中苏州排在第二位，南京进入前十，表明江苏发展先进制造业拥有空间上的全域优势。2024年前三季度以制造业为核心的第二产业仍是经济增长的最强担当，江苏第二产业增加值同比增长6.0%，其中经济大市苏州第二产业增加值同比增长7.8%，显示江苏制造业的底盘稳固，支撑工业经济增长的积极因素累积增多，新质生产力对工业的拉动作用明显，全省工业经济量质齐升，为全年工业经济发展奠定良好基础。

二是制造业升级支撑生产性服务业发展，生产性服务业蓄积新动能。从江苏服务业的结构性表现看，与先进制造业关系密切的生产性服务业增速更快，生产性服务业既是服务业增长的亮点，也是制造业转型升级的重要驱动力。深层次原因在于，江苏制造业转型升级进入全面跃升期，为生产性服务业快速发展创造了需求及应用空间。富有科创属性、体现先进生产力方向的生产性服务业快速发展，也成为江苏发展先进制造业的强力支撑，有利于塑造江苏在现代化产业体系上的整体优势。制造业转型升级内在要求生产性服务业提供支撑，从而推动产业向高价值领域拓展。江苏制造业的较快发展及对生产性服务业的旺盛需求，为全省生产性服务业的有力反弹奠定了坚实基础。2024年1~8月，全省规模以上生产性服务业营业收入同比增长10.0%，对全部规模以上服务业营业收入增长的贡献率为77.1%，比1~5月提升5.6个百分点。其中，生产性租赁服务、商务服务营业收入同比分别增长41.9%、15.4%，多式联运和运输代理业同比增长23.0%。生产性服务业快速成长是江

苏现代服务业高质量发展的最新体现。发展新质生产力需要新服务，孕育更强劲的服务功能、培育优质高效的现代服务业新体系，是创新引领产业强省战略方向下的最新路径。2024年以来，全省以高技术服务业为代表的生产性服务业实现较快发展，反映了服务业与制造业的深度融合，带来了产品和产业的升级，并产生了可观的价值增值效应。

三是以新型消费为代表的消费潜力加速释放，升级型消费成为新杠杆。近年来，消费新场景、新业态、新热点不断涌现，居民消费潜力持续释放。其中，升级型消费作为消费"新锐"，成为打开消费空间、拉动消费需求的新杠杆。智能化消费成消费新趋势，江苏智能手机、智能家用电器和音像器材类商品零售额实现高增长。全省持续开展"百城联动"等汽车促消费活动，新能源汽车消费火热。随着数字化转型的加速推进，以"互联网"为标志的服务业新经济在江苏迅速发展，成为生产性服务业的重要组成部分。2024年1~7月，全省与共享经济和数字经济密切相关的信息传输、软件和信息技术服务业，居民服务、修理和其他服务业营业收入同比分别增长7.6%、12.4%；前三季度，全省市场消费延续回升向好态势，其中全省网上零售额9220.3亿元，同比增长7.5%，实物商品网上零售额7672.4亿元，同比增长5.7%①，线上消费等新消费业态保持较快发展。随着居民生活水平提高和消费需求多样化，江苏持续推进消费提质升级，消费需求空间被进一步打开。

四是固定资产投资增势稳定，对外贸易企稳回升。2023年，江苏固定资产投资同比增长5.2%，增速比2022年提高1.4个百分点。2024年，受复杂因素和市场预期等影响，江苏固定资产投资增速有所下降，前三季度全省固定资产投资同比增长2.4%。分领域看，2024年前三季度，江苏制造业投资保持较高增速，同比增长9.6%，高于全省GDP和固定资产投资平均增速，充分展示了江苏制造业的稳健底盘。高增长的背后是重大项目的有力支撑，2024年全省安排510个省重大项目，包括实施项目450个、储备项目60个，其中，

---

① 《前三季度全省经济运行总体平稳、稳中有进》，江苏省统计局网站，2024年10月24日，http://tj.jiangsu.gov.cn/art/2024/10/24/art_87595_11400784.html。

制造业项目占比达87%，年度计划投资占产业项目投资比重达92%，为制造业高端化和智能化持续转型提供了广阔空间。项目储备联动政策红利，未来增长蕴藏巨大潜力空间。优质项目对高质量发展的引领力、支撑力、带动力不断加强。2024年前三季度，省重大项目中的230个计划新开工项目已全部开工。政策层面，江苏省发展改革委（省重大项目办）会同省有关部门制定并印发《全链条推动全省重大项目加快开工实施的若干措施》，从"穿透式"调度推进、"全方位"服务保障、"多渠道"资金支持三个方面提出15条硬核举措，确保项目顺利推进。江苏产业基本盘大、内需市场广阔、经济外向度高，承接"两新"政策以及国家一揽子增量政策的发力点多、应用空间大，与转型升级形成的创新动能叠加，形成未来持续发展动能。

五是区域发展新格局加快形成，苏北地区增速领跑。江苏紧紧围绕习近平总书记提出的"做好区域互补、跨江融合、南北联动大文章"和"构建优势互补、高质量发展的区域经济布局"的新要求，按照省委、省政府"1+3"重点功能区战略部署，实施以"扬子江城市群+江淮生态经济区、沿海经济带、淮海经济区中心城市"功能区为引领的区域发展战略，打破行政壁垒和传统的梯度划分，发挥比较优势，走合理分工、优化发展的路子，实现省域一体化发展，着力推动区域统筹协调发展。① 在一系列产业协同、要素配置、设施互联以及体制机制建设举措下，江苏区域发展新格局加速形成，南北差异显著缩小。2023年，苏中、苏北的GDP之和占全省GDP比重达到43.14%，较上年提高0.34个百分点。② 苏南、苏中、苏北规模以上工业增加值同比分别增长6.16%、7.70%、11.78%，继续呈现苏北快于苏中、苏中快于苏南的发展格局。③ 苏北增势再度发力，彰显巨大的经济发展韧性和增长潜力。2024年前三季度，得益于重大项目的聚集突破，淮安GDP同比增长7.0%，居全省首位，全市规模以上固定资产投资同比增长10.7%，

---

① 《"1+3"高质量构建江苏区域发展新格局》，新华日报网，2024年4月16日，https：//xh.xhby.net/pc/con/202404/16/content_1317282.html。
② 数据来源：江苏省统计局网站。
③ 数据来源：江苏省统计局网站。

高于全省 8.3 个百分点，新签约亿元以上项目 821 个，同比增长 21.6%；宿迁延续多年的较快增速，GDP 同比增长 6.9%，其中第二产业增加值同比增长 7.8%；经济大市苏州 GDP 同比增长 6.0%，其中，全市高技术制造业增加值 12872.4 亿元，同比增长 8.8%，新能源汽车、碳纤维及其复合材料产量同比分别增长 18.6 倍、5.7 倍，锂离子电池、医疗设备及器械、工业控制计算机及系统的产量同比分别增长 47.3%、37.0%、39.1%，表明新动能具备较强增势；新晋“万亿之城”常州的 GDP 同比增长 5.8%，其中新能源产品产量保持较快增长，太阳能电池、新能源汽车、锂离子电池产量同比分别增长 15.7%、6.2%、4.2%，作为优势产业的新能源产业仍保持较高增速；淮海经济区中心城市徐州的 GDP 同比增长 6.2%，其中，全市规模以上工业增加值同比增长 6.3%，作为全市主导产业的装备制造业同比增长 13.4%，全市重点发展的“343”创新产业集群投资同比增长 13.6%，全市规模以上高技术制造业增加值同比增长 11.6%，产业转型升级和优势产业集群发展取得新突破，为徐州冲刺“万亿之城”目标提供了关键支撑。

六是居民消费价格温和增长，工业生产者价格降幅收窄。2023 年，江苏居民消费价格同比上涨 0.5%，涨幅较上年下降 1.7 个百分点。2024 年前三季度，全省居民消费价格同比上涨 0.5%，涨幅较上半年提高 0.2 个百分点。分城乡看，城市同比上涨 0.4%，农村同比上涨 0.9%。分类别看，医疗保健价格同比上涨 4.8%，其他用品及服务价格同比上涨 3.8%，衣着价格同比上涨 1.7%，教育文化娱乐价格同比上涨 1.4%，生活用品及服务价格同比上涨 1.1%，食品烟酒价格同比下降 0.1%，交通通信价格同比下降 1.7%，居住价格与上半年持平。2023 年，全省生产资料出厂价格同比下降 3.9%，生活资料出厂价格同比下降 0.8%，工业生产者购进价格同比下降 3.6%。2024 年前三季度，全省工业生产者出厂价格同比下降 2.6%，降幅较上半年收窄 0.1 个百分点；全省工业生产者购进价格同比下降 2.0%，降幅较上半年收窄 0.4 个百分点。[1]

---

[1] 《前三季度全省经济运行总体平稳、稳中有进》，江苏省统计局网站，2024 年 10 月 24 日，https://tj.jiangsu.gov.cn/art/2024/10/24/art_87595_11400784.html。

（二）人民生活

一是居民收入稳步增长，消费提质转型加快推进。近十年，江苏居民人均可支配收入呈逐年上升态势（见图1）。2023年江苏居民人均可支配收入为52674元，首次突破5万元，同比增长5.64%，同比增长率较上年提高0.66个百分点。居全国第四位。居民人均可支配收入结构不断优化，2023年全省居民人均工资性收入30054元，同比增长6.9%；人均经营净收入6645元，同比增长3.5%；人均财产净收入5417元，同比增长1.2%；人均转移净收入10557元，同比增长5.9%。[①] 其中，人均工资性收入对居民人均可支配收入的贡献率为57.1%，仍是居民增收的主要来源。城乡居民收入均实现稳步增长，城乡差距进一步缩小。城镇居民人均可支配收入63211元，同比增长5.0%；农村居民人均可支配收入30488元，同比增长7.0%，同比增长率高于城镇居民2.0个百分点。城乡居民人均可支配收入比值为2.07，较上年缩小0.04。经济持续快速增长，消费市场规模持续扩大。2023年，江苏居民人均消费支出35491元，较上年增长8.0%。其中，城镇居民人均消费支出40461元，同比增长7.1%；农村居民人均消费支出25029元，同比增长10.8%，同比增长率高于城镇居民3.7个百分点。2023年，江苏居民家庭恩格尔系数28.0%，较2022年下降0.2个百分点。其中，城镇居民家庭恩格尔系数26.6%，农村居民家庭恩格尔系数32.8%，城乡居民生活水平均进入殷实富足阶段。[②] 从支出结构来看，江苏消费结构维稳优化，升级类消费需求持续释放。全省限额以上粮油食品类、饮料类、烟酒类、服装鞋帽针纺织品类同比分别增长7.9%、19.9%、8.3%、8.1%，合计拉动全省限额以上零售额增长2.0个

① 《2023年江苏省国民经济和社会发展统计公报》，江苏省统计局网站，2024年3月5日，http：//tj.jiangsu.gov.cn/art/2024/3/5/art_85764_11264412.html。
② 《奋进强国路 阔步新征程｜"数"说江苏——40多年来，江苏城镇居民人均可支配收入从288元增加到63211元》，现代快报网，2024年9月29日，https：//www.xdkb.net/p1/js/j9mh1/493930.html。

百分点，为消费品市场平稳运行提供了有力支撑。新能源汽车市场不断扩大。全省限额以上新能源汽车零售额同比增长49.3%，拉动全省限额以上零售额增长2.4个百分点，成为消费品市场增长的第一驱动力，新能源汽车零售额占限额以上汽车类零售额的比重达到25.7%，占比较上年提高9.0个百分点，市场占有率提升显著。智能型商品保持较快增长。2023年，全省限额以上智能手机、智能家用电器和音像器材、可穿戴智能设备类商品零售额同比分别增长39.0%、18.0%、15.5%，其中，智能家用电器和音像器材增速较2023年前三季度提升15.3个百分点，三者合计拉动全省限额以上零售额增长0.9个百分点。新业态新模式发展稳定，网络消费活跃度持续提升，带动作用稳步增强。按卖家所在地分，全省实现网上零售额13091.1亿元，同比增长9.5%，增速高于全省社会消费品零售总额3.0个百分点，其中，实物商品网上零售额11156.2亿元，占全国的比重为8.6%，总量列全国第三位。2023年，全省实物商品网上零售额占全省社会消费品零售总额的比重为24.5%。①

图1 2014~2023年江苏居民人均可支配收入及同比增长率

资料来源：江苏省统计局网站、Wind数据库。

---

① 《2023年全省消费市场持续恢复向好》，江苏省统计局网站，2024年1月29日，http://tj.jiangsu.gov.cn/art/2024/1/29/art_85276_11137863.html。

二是就业形势总体保持平稳，稳中向好。江苏强化实施就业优先政策，出台稳就业20条新举措，统筹推进稳就业工作，全省就业局势总体稳定。2023年江苏城镇新增就业138.29万人，同比增长5.1%。全年城镇调查失业率均值为4.6%，低于5.2%的全国平均水平。第四季度江苏城镇调查失业率均值为4.4%，比第三季度下降0.2个百分点。为进一步稳定重点群体就业，2023年江苏落实社保降费、稳岗返还、扩岗补助等政策231亿元，印发《江苏省就业见习经办规程》，开展首届江苏人力资源服务业发展大会、"苏社有为促就业"、"'源来好创业'青年创业资源对接服务季"、"四送"进校园等系列活动，深入实施重点群体创业推进行动、高校毕业生等青年就业服务攻坚行动，帮扶20.52万名就业困难人员实现就业。其中，9.37万离校未就业高校毕业生，第三季度已有6.68万人落实去向。2023年，江苏农民工就业规模稳中有增，9月末就业总量达2492.6万人，同比增加63.4万人；帮扶15.4万困难人员就业，其中低收入人口、残疾人等五类特困群体4万人，提前完成省政府年度民生实事项目。[①] 同时，江苏省人力资源和社会保障厅等十四部门联合印发《关于实施重点群体创业推进行动的通知》，聚焦高校毕业生、退役军人、农民、就业困难人员、留学回国人员、科研人员等重点群体，优化创业环境，提升创业创新能力，完善政策扶持和孵化服务，最大限度地释放创新创业动力，为实现高质量就业提供有力支撑。[②] 江苏启动年度高技能人才重点项目建设工作，努力推动全省技能人才工作高质量发展，持续走在全国前列。截至2023年，全省技能人才总量达1450万人，占就业人员总量的30.2%，其中，高技能人才475万人，占技能人才总量的32.8%，每万名劳动者中有高技能人才975人，为江苏产业经济发展提供了有力

---

① 《前三季度江苏城镇新增就业超百万 同比增长4.4%》，人民网，2023年11月15日，http://js.people.cn/n2/2023/1115/c360301-40640745.html。

② 《省人力资源社会保障厅等十四部门关于实施重点群体创业推进行动的通知》，江苏省人力资源和社会保障厅网站，2023年9月26日，http://jshrss.jiangsu.gov.cn/art/2023/9/26/art_77276_11025819.html。

的技术能力支撑。① 同时，江苏推进新一轮减负稳岗扩就业政策落地实施，顶格落实免申即享社保降费、稳岗补贴、一次性扩岗补助等政策近 140 亿元，发放"苏岗贷"633 亿元，有力支持企业稳岗扩岗，企业用工形势持续回暖向好。2023 年前三季度，全省企业用工总量达 2087.22 万人，同比增加 13.09 万人。②

（三）社会发展

一是社会公共服务体系更加完善。江苏立足"教育强省"，扎实推进教育事业高质量发展，教育改革发展继续走在全国前列。2023 年，全省共有普通高等学校 168 所（含独立学院），普通高等教育本专科在校生人数 229.9 万人、研究生在校生人数 32 万人，毕业生人数 8 万人、中等职业教育（不含技工学校）在校生人数 67.9 万人、特殊教育学校在校生人数 2.1 万人；幼儿园 8073 所，在园幼儿人数 209.9 万人。③ 江苏教育改革发展继续走在全国前列，创下了多个"第一"。获 2022 年国家级教学成果奖 206 项，数量连续三届位居全国第一；实施现代职业教育体系建设改革工程，建设首批 13 个省级市域产教联合体，启动职业教育现代产业学院建设，入选国家级市域产教联合体 3 个，数量居全国第一；推动 16 所"双一流"建设高校在全国率先进行部省共建；38 所高校 263 个学科进入 ESI 前 1%，数量居全国第一，3 个学科进入 ESI 前万分之一，360 个专业通过工程教育专业认证，数量居全国第一；江苏高校学生获中国国际大学生创新大赛（2023）金奖 68 个，数量居全国第一。④ 公共服务水平不断提升，社会保

① 《江苏为高技能人才作出重大事项决定 让高技能人才有更高获得感荣誉感》，江苏省人民政府网站，2024 年 8 月 5 日，http：//www.jiangsu.gov.cn/art/2024/8/5/art＿88302＿11315073.html。

② 《前三季度江苏城镇新增就业超百万 同比增长 4.4%》，人民网，2023 年 11 月 15 日，http：//js.people.cn/n2/2023/1115/c360301-40640745.html。

③ 《2023 年江苏省国民经济和社会发展统计公报》，江苏省统计局网站，2024 年 3 月 5 日，http：//tj.jiangsu.gov.cn/art/2024/3/5/art_87764_11264412.html。

④ 《江苏教育晒出 2023 年成绩单》，江苏省人民政府网站，2024 年 2 月 4 日，http：//www.jiangsu.gov.cn/art/2024/2/4/art_60095_11145109.html。

障体系持续健全。卫生健康服务水平稳步提升，不断推动卫生健康事业高质量发展。2023年全省共有各类卫生机构39543个，其中，医院2175个、疾病预防控制中心115个、妇幼卫生保健机构119个。2023年末，卫生技术人员74.3万人，其中，执业医师、执业助理医师29万人，注册护士33.3万人；疾病预防控制中心卫生技术人员0.9万人，妇幼卫生保健机构卫生技术人员1.8万人。各类卫生机构床位数57.9万张，其中，医院床位数45.7万张。2023年，江苏出台全国省级层面首部基层卫生条例《江苏省基层卫生条例》，取得全国健康城市建设样板市、县级医院医疗服务能力国家基本和推荐标准达标率、基层卫生健康发展综合水平、老年友善医疗机构建成率等多个全国第一，有效提升人民群众身体健康服务和保障能力。[1] 社会保障力度继续加大，社会兜底效能不断提高。2023年末，全省参加城乡基本养老保险人数6103.9万人，参加基本医疗保险人数8133.3万人，参保率稳定在98.5%以上。参加失业保险、工伤保险、生育保险人数分别为2040.9万人、2426.1万人、2175.8万人。领取失业保险金人数35万人。持续发展惠民型商业补充医保，2023年度"江苏医惠保1号"受益人数5.7万人、赔付总金额5.2亿元。[2]

二是社会治理现代化水平稳步提升。2023年7月，习近平总书记在江苏考察时，赋予江苏"在推进社会治理现代化上实现新提升"的重大任务，强调"江苏必须在保障和改善民生、推进社会治理现代化上走在前列"[3]。江苏省委十四届四次全会提出，要聚焦城乡基层治理，加快推进社会治理现代化。近年来，江苏聚焦"四个走在前"，在基层治理和民生保障等方面奋

---

① 《"医"路前行，江苏卫健事业亮出年度"成绩单"》，扬子晚报网，2024年2月4日，https://www.yangtse.com/zncontent/3544643.html。

② 《2023年度江苏省人力资源和社会保障事业发展统计公报》，江苏省人力资源和社会保障厅网站，2024年6月20日，http://jshrss.jiangsu.gov.cn/art/2024/6/20/art_79039_11275309.html。

③ 《习近平在江苏考察时强调：在推进中国式现代化中走在前做示范 谱写"强富美高"新江苏现代化建设新篇章》，中国政府网，2023年7月7日，https://www.gov.cn/yaowen/liebiao/202307/content_6890463.htm?type=5。

力突破，系统谋划、推进城乡基层社会治理现代化。目前，全省网格划分基本完成并实现网格化全覆盖，在人员配备、要素拓展、部门入网、信息共享等方面形成制度化管理。截至2023年11月，江苏覆盖市、县、乡三级的社会治理平台已全面建成，全省共计10.4万个网格、41.7万个微网格以及41.5万名微网格联络员，近25万名专兼职网格员助力构建"乡镇（街道）、村（社区）、网格、微网格、户"工作体系，群众对网格工作满意率达到97.60%。①江苏创造性地提出了"网格化治理、一体化联动"的社会治理架构，并进一步整合各类社会治理平台，建设市、县、乡实体化运作的社会治理现代化指挥中心。探索"网格+N"多元共治模式，建立全网格联动机制。推动"五社联动"机制创新试点，积极化解信访突出问题，严打严防各类违法犯罪活动。同时，各地继续推进社会治理大数据中心建设，江苏2个公共机构数据中心获评国家绿色数据中心。②江苏北斗卫星导航系统总应用规模超过185万台套，位居全国第一，基于北斗卫星导航系统开发的智慧农路管理系统、市域社会治理现代化综合指挥系统、网格治理智慧化平台，有效提升了江苏现代化城市治理效能。③扎实推进应急管理体系和能力现代化。2023年1~8月，全省企业自查发现重大隐患2647个、整改2392个，部门检查发现重大隐患4384个、整改3635个，挂牌督办878个、整改558个；推动2449家劳动密集型企业安装消防自动灭火系统，7757家安装简易烟感报警装置23.7万余个；整治存在安全隐患的经营性自建房5252栋、既有建筑3595栋；所有煤矿、10处重点地下非煤矿山、6处边坡高度超100米露天矿山完成"电子封条"系统建设；10人以上渔船100%纳入盯防范

①《江苏稳步提升城乡基层治理效能》，江苏省人民政府网站，2023年10月31日，http：//www.jiangsu.gov.cn/art/2023/10/31/art_60096_11056922.html。

②《江苏2个公共机构数据中心获评国家绿色数据中心》，新华网，2024年7月13日，http：//www.js.xinhuanet.com/20240713/3c03da51bdb24ee7bffd0b3b070a323e/c.html。

③《我省终端总规模超185万、位居全国第一》，江苏省人民政府网站，2023年12月6日，http：//www.jiangsu.gov.cn/art/2023/12/6/art_89419_11090686.html。

围,试点配备船员落水报警示位装置。[①] 全力化解重大安全风险,为全省经济社会高质量发展营造良好安全环境。

(四)生态环境

2023年,省委十四届五次全会提出坚定不移推进美丽江苏建设,促进人与自然和谐共生,省委经济工作会议对"着力推动绿色低碳发展"做出专门部署。江苏紧紧围绕习近平生态文明思想,持续深入打好污染防治攻坚战,坚持在发展中降碳、在降碳中实现更高质量发展,用心呵护"水韵江苏"之美,促进人与自然和谐共生。[②]

一是美丽江苏建设治理体系愈加完善,污染防治与绿色转型并举。2023年,江苏深入贯彻落实党中央、国务院碳达峰碳中和决策部署,根据省委、省政府印发的《关于推动高质量发展做好碳达峰碳中和工作的实施意见》,省政府印发的《江苏省碳达峰实施方案》,住房和城乡建设部、国家发展改革委印发的《城乡建设领域碳达峰实施方案》要求,出台《江苏省城乡建设领域碳达峰实施方案》,从"四个主要方面19个重点任务"制定江苏城乡建设领域碳达峰目标。印发《江苏省民用建筑碳排放计算导则》,规范民用建筑碳排放计算方法,助力建筑领域节能降碳。切实贯彻实施《中共中央 国务院关于深入打好污染防治攻坚战的实施意见》。2023年,全省完成治气重点工程1.6万余项,排污口排查整治取得扎实成效,土壤污染源头管控持续加强。扎实推动太湖流域控源减污、减磷控氮,建成生态清淤智能装备平台,湖体总磷、总氮浓度分别下降14.5%、14.3%。出台碳达峰专项实施方案,推进煤炭清洁高效利用,可再生能源装机占比达36.4%,入选国家首批碳达峰试点的城市和园区共3个。深入整治农村人居环境,持续推进农业农村低碳绿色转型。新改建"四好农村路"3064公里,完成农村改厕

---

① 《我省加快推进应急管理体系和能力现代化》,江苏省人民政府网站,2023年11月3日,http://www.jiangsu.gov.cn/art/2023/11/3/art_60096_11060776.html。

② 《推进美丽江苏建设,推动绿色低碳发展》,新华日报网,2023年12月30日,https://xh.xhby.net/pc/con/202312/30/content_1281808.html。

67.8 万户，农村生活污水治理率达 51%，建设省级特色田园乡村 159 个，新建农村生态河道 6000 千米。建成江苏首家村级数字零碳"村网共建"电力驿站，深入推进太湖地区农业绿色发展，修订畜禽标准化生态健康养殖技术指南，实施水产绿色健康养殖技术推广"五大行动"，加快池塘标准化改造，2024 年上半年，全省池塘改造面积达 10 万亩。①

二是美丽江苏建设成效明显，生态宜居环境可触可感可享。2023 年，江苏经济社会发展进入全面绿色低碳转型、高质量发展与高水平保护良性互动的新阶段，江苏持续加强生态文明建设，取得显著成效。全省 $PM_{2.5}$ 浓度为 33 微克/米^3，同比下降 10.57%，连续 3 年达到国家空气质量二级标准。全省设区市环境空气质量平均优良天数比例为 79.6%，同比提升 0.6 个百分点。国考断面年均水质达到或好于Ⅲ类标准的断面比例为 92.9%，连续 2 年达到优级水平，达到国家指标计划要求。江苏高度重视水环境保护，治理取得新成效。2023 年，太湖和海洋环境质量达到"两最优"。太湖总体水质为Ⅵ类，连续 16 年实现安全度夏，太湖水质藻情为近 16 年以来最好，上半年首次达到良好湖泊标准；近岸海域海水优良面积比例达 92.7%，为有监测记录以来最好值，入海河流国考断面年均水质达到或好于Ⅲ类标准的断面比例为 97.0%。长江干流江苏段水质连续 6 年保持Ⅱ类。② 人民群众居住环境显著改善。全省城市（县城）建成区绿地率、绿化覆盖率分别为 40.56%、43.89%。全省城市公园 1811 个，较上年新增 100 个；公园绿地面积达 687.25 平方千米，较上年新增 13.60 平方千米；人均公园绿地面积 16.15 平方米；建成区公园绿地服务半径覆盖率达 91.85%。全省绿地规模稳中有升，公园绿地相关指标总体呈增长态势。③ 累计入选国家级海绵城市建设示

① 《以"绿"为笔，绘就美丽江苏新图景》，人民网，2024 年 7 月 25 日，http：//js. people. com. cn/n2/2024/0725/c360301-40922427. html。

② 《2023 年度江苏省生态环境状况公报》，江苏省生态环境厅网站，2024 年 5 月 30 日，http：//sthjt. jiangsu. gov. cn/art/2024/5/30/art_83855_11258543. html。

③ 《〈民生温度计〉绿地长长长！江苏发布园林绿化"成绩单"》，江苏省住房和城乡建设厅网站，2024 年 10 月 12 日，http：//jsszfhcxjst. jiangsu. gov. cn/art/2024/10/12/art_8642_11385895. html。

范城市 4 个、国家生态园林城市 9 个，数量均位居全国第一，国家生态文明示范区增至 37 个，"绿水青山就是金山银山"实践创新基地增至 10 个。[①]

（五）文化与法治

一是文化强省建设成果丰硕。2023 年，江苏以社会主义文化强省建设为总揽，勇担新的文化使命，着力打造习近平文化思想的生动实践地、中华民族现代文明建设成果的重要展示地，为中国式现代化江苏新实践提供坚强思想保证、强大精神力量、有利文化条件。江苏持续发力文化事业和文化产业繁荣建设。2023 年，全省规模以上文化、体育和娱乐业营业收入同比增长 18.8%。江苏积极参与建设长江和大运河两大国家文化公园，构建长江文化保护传承弘扬"1+N+8"规划体系，有序推进大运河文化保护传承利用。2023 年，江苏成功举办第五届大运河文化旅游博览会和长江文化节，组织编制长江国家文化公园江苏段建设保护"1+3"系列规划。研究出台世界级陆桥东部丝路旅游带、沿太湖和洪泽湖生态文化旅游区建设等实施方案，"两廊两带两区"文旅发展布局由"设计图"变为"施工图"。[②] 深入推进文旅融合创新，加快复苏文旅消费市场。2023 年，江苏出台促进文旅市场加快全面复苏"江苏文旅十五条"、落实《关于释放旅游消费潜力推动旅游业高质量发展的若干措施》行动方案，贯穿全年举办文旅消费推广季，组织重点文旅项目集中签约，联合推出"乡旅 E 贷""苏旅贷"专项金融产品，遴选发布"长江百景"和 20 条长江文化旅游精品线路、20 条非遗主题旅游线路，培育文旅消费新业态、新模式，有力促进文旅消费持续旺盛。2023 年，全省接待境内外游客 9.42 亿人次，实现旅游总收入 1.2 万亿元，按可比口径较 2019 年分别增长 8.6%、1.7%。全省文旅消费总额 5366 亿元，占全省银联消费总额的比重为 19.95%，占比较上年提高 4.08 个百分

① 《"强富美高"新江苏，硬实！》，新浪新闻网，2024 年 3 月 10 日，https：//news.sina.com.cn/zx/gj/2024-03-10/doc-inamvkcm9981576.shtml。

② 《2024 文化强省这样发力》，中共江苏省委新闻网站，2024 年 1 月 25 日，http：//www.zgjssw.gov.cn/shipin/202401/t20240125_8198613.shtml。

点；占全国文旅消费总额的比重为 9.74%，占比居全国第一。①"书香江苏"建设呈现创新推进、蓬勃发展的良好局面。2023 年，全省公共图书馆、文化馆、博物馆和档案馆分别达到 122 个、116 个、376 个和 160 个，图书、报纸和杂志出版量分别为 7.1 亿册、18.3 亿份和 1.1 亿册，全省国家一级图书馆、文化馆、博物馆的总数均位居全国前列。②"2023 年居民阅读服务设施使用率为 44.17%，比 2022 年上升 14 个百分点；居民居住地附近实体书店建设比去年提高 8.12 个百分点，特别是城市书房、图书馆驿站、24 小时自助图书馆、阅读角等新型阅读空间的建设，比 2022 年提高了 4.2 个百分点。"③ 对使用过阅读服务设施的居民进行的调查显示，2023 年有 93.59%的居民对阅读活动感到"满意"，满意度较 2022 年上升 1.85 个百分点。全省居民综合阅读率稳中有升，达到 90.34%，较 2022 年提高 0.01 个百分点。居民人均每天阅读时长为 71.93 分钟，居民中每天阅读超过 1 个小时的占比达 62.62%，较 2022 年上升 1.61 个百分点。④

二是法治建设体系持续完善。在顶层制度设计方面，江苏坚持科学立法、民主立法、依法立法，加强制度精准供给，体现江苏地方特色。2023 年，江苏省人民政府共向省人大常委会提交促进车联网和智能网联汽车发展、生态环境保护等地方性法规议案 15 件，制定出台道路交通事故社会救助基金管理办法等规章 3 件，制定印发行政规范性文件 31 件。各设区市共审查修改地方性法规项目 52 件，制定出台政府规章 20 件，制定印发行政规范性文件 145 件。统筹指导推进全省法治政府建设，制定出台《江苏省2023 年法治政府建设工作计划》《关于扎实推进依法行政规范行政行为的若

① 《江苏：高质量建设社会主义文化强省》，人民网，2024 年 3 月 15 日，http：//js. people. com. cn/n2/2024/0315/c360301-40775893. html。

② 《【数说75年·这就是江苏】文脉悠长底蕴深厚 文化强省建设结硕果》，江苏省人民政府网站，2024 年 10 月 9 日，http：//www. jiangsu. gov. cn/art/2024/10/9/art_ 88009_ 11379 334. html。

③ 《江苏新闻出版（版权）信息》2024 年第 4 期（总第 103 期）。

④ 《2023 年度江苏省居民阅读状况调查结果公布 七成江苏人习惯于上网阅读》，中国江苏网，2024 年 4 月 18 日，http：//jsnews. jschina. com. cn/jsyw/202404/t20240418_ 3392616. shtml。

干措施》，召开法治政府建设重点工作动员部署会。加快数字法治政府建设。制定《江苏省数字政府建设2023年工作要点》和《江苏省政务"一朵云"建设总体方案》，高效推进全省数字政府建设任务落实。建设新一代电子政务外网，建成公平竞争审查大数据系统，覆盖监测全省45家省级单位、13个设区市、95个县（市、区）。推进行政执法与刑事司法衔接信息平台应用，开展全省规章规范性文件数据库建设。[①] 在司法工作方面，2023年，全省法院审判质量、效率、效果全面提升，一审裁判被改判发回重审率为1.7%，同比下降0.5个百分点，一审服判息诉率为90.8%，同比提升0.7个百分点，审限内结案率为94.7%，同比提升3.0个百分点，新收案件数量排名从2022年的全国第三降为全国第四。[②] 具体而言，在维护安全稳定方面，江苏法院一审审结各类刑事案件7.8万件，判处罪犯11.3万人，依法严惩危害社会治安犯罪，常态化推进扫黑除恶，严厉打击侵犯公民信息犯罪，依法严惩侵犯财产犯罪，严厉打击电信诈骗上下游犯罪，依法严惩金融犯罪，依法严惩腐败犯罪。在保障民生福祉方面，江苏各级法院加强涉教育、就业、医疗、住房、社保等案件审理，一审审结民事案件96.3万件。审结性侵、虐待、拐卖等案件3086件，发出人身安全保护令403份；审结未成年人相关案件2.1万件，向"失职父母"发出家庭教育指导令1024份；审结劳动争议案件5.6万件，追回"血汗钱"11.4亿元；审结涉房地产案件8.9万件，推动160多个楼盘续建交房；执结案件97.8万件，执行到位1169亿元，9.7万名失信被执行人迫于惩戒压力主动履行义务。在助推社会治理方面，江苏各级法院开展法律咨询、普法宣讲，参与化解基层矛盾纠纷97万起，扎实推进诉源治理，成功化解120.7万件。[③]

---

① 《江苏省2023年度法治政府建设情况报告》，江苏省人民政府网站，2024年3月28日，http：//www.jiangsu.gov.cn/art/2024/3/28/art_60096_11204427.html。
② 《江苏法院发布2023年十大典型案例》，民主与法制网，2024年1月19日，http：//www.mzyfz.com/html/2164/2024-01-19/content-1612004.html。
③ 《江苏省高院：2023年全省法院共审执结214.7万件案件》，江苏法院网，2024年1月30日，http：//www.jsfy.gov.cn/article/97454.html。

二　江苏经济社会发展面临的国内外形势及挑战

（一）国际形势及基本走势

2024 年以来，世界经济缓慢复苏，通胀压力回落，国际贸易投资逐渐回暖，金融市场震荡加剧。主要经济体经济分化加剧，国际地缘政治形势复杂，能源市场环境多变，全球能源转型的不确定性增加，叠加单边主义、保护主义抬头，我国外贸外资、能源市场仍面临较多风险挑战，经济全球化秩序由过去激进的自由主义开始趋向对等和保守思想。

1. 全球经济缓慢恢复，主要经济体经济分化加剧

世界经济总体缓慢恢复，依然存在严重下行风险①，但同时主要经济体呈现经济增长分化态势。国际货币基金组织（IMF）预测，2024 年世界经济增速为 3.2%，与 2023 年经济增速持平，低于 2022 年水平（3.5%）。发达经济体的经济增速小幅加快，从 2023 年的 1.6% 上升至 2024 年的 1.7%。经济合作与发展组织（OECD）预测 2024 年欧元区经济增长 0.7%，日本经济第一季度环比下降 0.5%，时隔一个季度再次出现负增长。新兴市场和发展中经济体增速放缓，从 2023 年的 4.3% 下降至 2024 年的 4.2%。印度、俄罗斯、印度尼西亚等部分新兴经济体第一季度经济同比分别增长 7.8%、5.4%、5.1%。

IMF 预测 2025 年世界经济将继续以 3.2% 的速度增长，并认为发达经济体的经济增速会小幅加快，由 2024 年的 1.7% 上升至 2025 年的 1.8%。受货币宽松政策的影响，信贷供应会得到改善，OECD 预测美国 2025 年经济增长 1.6%，欧元区经济增速上升至 1.3%，而发展中经济体增速会与 2024 年持平，保持在 4.2%。5 年后全球经济增速预测值是 3.1%，是近几十年来的最低水平。总体上，经济增速处于低位、经济分化趋势明显是当前全球经济

---

①　经济合作与发展组织：《中期经济展望报告》，2024 年 9 月 25 日。

的主要特征。

目前全球通胀水平持续下降，OECD预计到2025年底，二十国集团多数国家的通胀率会恢复到目标水平，由2024年的5.4%降至2025年的3.3%。全球就业市场压力降低，移民潮因素致使美国、加拿大等国自2024年初以来失业率持续上升。地缘政治局势和贸易关系的持续紧张可能推动进口价格上涨，加上航运成本居高不下，国际贸易仍面临较大挑战。

金融市场震荡加剧，2024年以来，美国三大指数维持上涨，欧元区斯托克50指数、日经225指数也呈上涨趋势。全球货币政策收紧，降息政策致使国债收益率小幅回调，主要经济体货币汇率持续震荡，6月末美元指数较年初上涨4.4%，欧元兑美元累计贬值2.9%，亚洲货币兑美元贬值严重，日元较年初贬值12.3%，泰铢、韩元较年初分别贬值7.2%、6.4%。①

2. 全球贸易保护升级，国际能源市场形势复杂

面临不断升级的贸易保护，我国外贸尤其是货物贸易创新发展压力增大。近年来，美国将中国视为"主要对手"和"安全威胁"，在经济、科技等领域对华采取经济断链。② 全球产业链正在加速重构，从中高端环节看，电子信息、汽车制造、生物医药、低空经济等正成为国际产业链供应链竞争加剧的领域。从中低端环节看，部分新兴经济体正逐渐成为西方国家对中国的替代选择，以美国进口市场为例，美国从中国进口总额占比自2017年起逐年下降，2023年从中国进口总额占比为13.7%，2024年上半年占比为12.7%，中国对美国出口已降至2003年水平。美国自越南进口的电气设备、机械设备年均增速分别达到24.2%、31.7%，对中国形成较强的替代效应。

受地缘政治、市场需求和气候等因素影响，国际能源价格总体呈波动态

---

① 张一婷：《2024年上半年世界和主要经济体市场形势、走势及对策研究》，《中国物价》2024年第7期。

② 杨洁勉：《当前国际形势发展的周期规律和阶段变化刍议——兼论中美关系的运动轨迹和发展趋势》，《国际关系研究》2024年第1期。

势。受俄乌冲突、中东地缘政治冲突、美联储降息预期等影响，国际原油、天然气和煤炭价格呈现上涨走势，但原油整体供应过剩的基本面难以支撑原油价格持续上涨，加之市场经济预期衰退情绪加重，推动大宗能源商品价格承压下行。综合研判，国际原油和天然气价格受地缘政治、市场需求因素影响较大，煤炭价格受气候和市场供需因素影响较大。在多变的国际能源市场背景下，我国能源转型依然面临更多压力与挑战。

（二）国内形势及基本走势

党的二十届三中全会提出我国当前和今后一个时期是以中国式现代化全面推进强国建设、民族复兴伟业的关键时期。面对复杂的国际形势、新一轮科技革命和产业变革，进一步全面深化改革、推进中国式现代化是我国当前的首要任务。我国改革发展稳定依然面临不少深层次矛盾，发展进入战略机遇和风险挑战并存、不确定难预料因素增多的时期，需要防范化解的矛盾问题比以往更加严峻复杂。[1]

1. 经济运行总体平稳，增量政策凸显成效

2024年以来，我国经济运行总体平稳。从前三季度数据看，实现国内生产总值（GDP）949746亿元，较上年同期增长4.8%，高于世界其他经济体增速。从产业情况看，第二产业增速（5.4%）高于第一产业（3.4%）和第三产业（4.7%）。从季度数据看，第一季度GDP同比增速（5.3%）高于第二季度（4.7%）和第三季度（4.6%）。[2]从创新发展看，我国前三季度规模以上高技术制造业增加值同比增长9.1%，比规模以上工业增加值增速高3.3个百分点。从协调发展看，我国制造业增加值占规模以上工业增加值的比重持续提升，产业结构、需求结构以及区域结构持续优化；需求结构方面，我国高技术制造业投资占比持续提高。从绿色发展看，新能源汽车、锂离子电池、光伏等绿色产品产量继续保持两位数的高增长率；风电、核

---

① 习近平：《为实现党的二十大确定的目标任务而团结奋斗》，《求是》2023年第1期。

② 《2024年三季度国内生产总值初步核算结果》，国家统计局网站，2024年10月19日，https://www.stats.gov.cn/sj/zxfb/202410/t20241019_1957083.html。

电、光伏发电等生产和消费都保持较快增长速度。从开放发展看，面对复杂的国际贸易形势，我国对外贸易出口保持 6.2% 的增速，对共建"一带一路"国家出口增速还要高于对外贸易的平均增速。从共享发展看，2024 年前三季度我国居民收入实际增速略高于 GDP 增速，粮食、能源供应稳定。从以上几个维度可以看出，我国经济在保持量的稳定合理增长的前提下，经济结构不断优化，创新、协调、绿色、开放、共享五个维度的发展取得一定成效。

2024 年 9 月下旬，中央政治局召开重要会议，加快推出一揽子增量政策，极大增强了市场信心，国民经济出现积极变化。规模以上工业增加值 9 月同比增长 5.4%，较 8 月回升 0.9 个百分点。服务业生产指数同比增长 5.1%，较 8 月回升 0.5 个百分点。股票市场信心大增，我国上证指数、深证成指和北证 50 成指在 2024 年 10 月表现活跃，较年初分别上涨了 17.7%、27.7% 和 29.7%，市场情绪得到改善，但同时脆弱性加剧。

2. 消费整体小幅增长，线上消费增速高于线下

消费整体呈小幅增长态势。2024 年前三季度，我国社会消费品零售总额 353564 亿元，同比增长 3.3%。其中，除汽车以外的消费品零售额 318203 亿元，同比增长 3.8%。受增量政策影响，9 月增速较快达到 3.2%，较 8 月提升 1.1 个百分点。我国居民消费价格指数平均上涨 0.3%，第一季度同比持平，第二季度上涨 0.3%，第三季度上涨 0.5%。城镇消费品零售额 305869 亿元，同比增长 3.2%；乡村消费品零售额 47695 亿元，同比增长 4.4%。从消费类型划分看，商品零售额 314149 亿元，同比增长 3.0%；餐饮收入 39415 亿元，同比增长 6.2%。从零售业态划分看，限额以上零售业单位中便利店、专业店、超市零售额同比分别增长 4.7%、4.0%、2.4%；百货店、品牌专卖店零售额同比分别下降 3.3%、1.7%。

线上消费增速明显高于线下商品消费增速。全国网上零售额 108928 亿元，同比增长 8.6%。其中，实物商品网上零售额 90721 亿元，同比增长 7.9%，占社会消费品零售总额的比重为 25.7%；在实物商品网上零售额中，吃类、穿类、用类商品零售额同比分别增长 17.8%、4.1%、7.2%。

"两新"政策对消费产生了积极作用。2024年前三季度，我国智能家用电器和音像器材类商品零售额同比增速达到4.4%，汽车类零售额增速同比下降2.1个百分点。7月，国家发展改革委和财政部印发《关于加力支持大规模设备更新和消费品以旧换新的若干措施》，安排3000亿元左右超长期特别国债支持"两新"政策的落实，该政策对9月的消费产生了积极的推动作用。9月，汽车类零售额同比增长0.4%，这是在汽车类零售额已经连续几个月下降，其中8月下降7.3%的情况下，实现增速转正。9月，智能家用电器和音像器材类商品零售额同比增长20.5%，增速较8月大幅提升17.1个百分点。

3. 对外贸易韧性凸显，贸易结构不断优化

进出口总额保持较快增长，对外贸易韧性凸显。根据海关总署发布的数据，2024年前三季度我国货物进出口总额32.23亿元，同比增长5.3%。其中，出口18.62亿元，同比增长6.2%；进口13.71亿元，同比增长4.1%。但受全球经济增速放缓影响，外部需求降低，出口增速仍面临下行风险。[①]前三季度我国对共建"一带一路"国家的进出口总额同比增长6.3%，占进出口总额的47.1%。各地进出口总额增降不一。例如，黑龙江前三季度进出口总额创历史新高，较上年同期增长7.6%，其中，出口额同比增长13.3%，进口额同比增长5.7%；重庆前三季度进出口总额同比下降2.5%，其中，出口额同比增长2.4%，进口额同比下降12.1%。

贸易结构不断优化，机电产品出口增速较快。我国出口商品中增速较高的是机电产品，出口额同比增长8.0%，占出口总额的59.3%。从各关区统计数据看，安徽前三季度进出口贸易额达到历史同期最高水平，同比增长6.3%，高于全国平均水平，进出口贸易额保持中部地区第一，其中，出口额同比增长8.5%，进口额同比增长2.2%。安徽出口商品中增速较高的是机电产品，增速达11.8%，占出口总额的70.3%。同期，劳动密集型产品

---

① 《张明：对明年国际国内经济形势的研判》，"企业改革与发展"微信公众号，2024年10月25日，https://mp.weixin.qq.com/s/XG5TjAM9KEpvu6UAXIG6EQ。

出口额同比下降8.5%，农产品出口额同比增长13.3%。进口商品中金属矿砂价格涨幅较大，导致进口额增长。厦门前三季度进出口贸易额同比下降2.7%，其中，出口额同比增长8.8%，进口额同比下降13.0%。厦门出口商品中增速较高的也是机电产品，增速达11.4%；进口前三大商品铁矿砂、煤炭、铜矿砂同比分别下降8.8%、41%、21.6%，原油进口量同比下降84%。浙江前三季度进出口贸易额同比增长6.7%，占全国比重居全国第三位，除传统机电产品、劳动密集型产品出口额同比分别增长9.4%、7.8%外，新业态出口如市场采购、全业态跨境电商出口额同比分别增长10.5%、23.9%，均高于全国均值，增长势头强劲。

汽车出口量增速较高。2024年前三季度，宁波口岸汽车出口总量较上年同期增长59.2%，出口额同比增长32.6%。受欧盟加征电动汽车关税的影响，我国对欧盟汽车出口减少69.8%，对俄罗斯、阿联酋、东盟出口量同比分别增长230.2%、86.3%、141.5%，占宁波口岸汽车出口总量的比重为60.3%。

4. 能源生产稳定增长，结构升级压力仍然存在

国家统计局数据显示，我国2024年以来规模以上工业原煤产量1~6月快速增长，7~9月增速放缓，前三季度规模以上工业原煤产量34.8亿吨，同比增长0.6%，进口煤炭3.9亿吨，同比增长11.9%。原油产量保持稳定，前三季度规模以上工业原油产量15987万吨，同比增长2.0%，进口原油41239万吨，同比下降2.8%；原油加工量有所下降，前三季度规模以上工业原油加工量53126万吨，同比下降1.6%。天然气产量稳定增长，前三季度规模以上工业天然气产量1830亿立方米，同比增长6.6%；进口天然气9908万吨，同比增长13.0%。以上数据表明，我国原油、天然气对进口依赖度较高，原油进口量有小幅下降，但天然气进口增长较快。

规模以上工业电力生产有所加快，前三季度发电量同比增长5.4%。分品类看，规模以上工业火电、风电增速加快，9月火电同比增长8.9%，较8月增速提高5.2个百分点，9月风电同比增长31.6%，较8月增速提高25.0个百分点；水电增速由升转降，9月同比下降至14.6%，较8月增速降低

3.9个百分点；9月规模以上工业核电同比增长2.8%，太阳能发电同比增长12.7%，二者较8月增速均有回落，分别降低2.1个和9.0个百分点。我国电力生产主要依赖火电和水电，占电力生产总量的比重为82.9%，风电、核电和太阳能发电占比较小，能源结构转型压力较大。

5. 房地产与投资市场整体低迷，第四季度投资走势有望回升

2024年1~9月，我国房地产整体表现低迷，房地产开发企业房屋施工面积同比下降12.2%，其中，住宅施工面积同比下降12.7%；房屋新开工面积同比下降22.2%，其中，住宅新开工面积同比下降22.5%；房屋竣工面积同比下降24.4%，其中，住宅竣工面积同比下降23.9%。在一系列政策效应的作用下，9月房地产市场交易趋于活跃，销售面积虽然同比下降17.1%，但是累计降幅逐月收窄。国庆期间，居民看房量以及房地产成交量明显回升，市场预期利好，活跃度有所提升。

市场信心增强，第四季度投资走势有望回升。9月我国固定资产投资同比增长3.4%，与1~8月持平，这是在固定资产投资增速连续多个月下滑以后的首次止跌回稳。从产业看，第一产业投资同比增长2.3%，第二产业投资同比增长12.3%，第三产业投资同比下降0.7%。其中，第二产业投资中，电力、热力、燃气及水生产和供应业投资增速较高，达到24.8，采矿业投资同比增长13.2%，制造业投资同比增长9.2%；第三产业投资中，增速较高的是基础设施投资，达到4.1%，其中水利管理业投资同比增长37.1%，铁路运输业投资同比增长17.1%。从地区看，我国中部地区投资增速较高，达到4.5%，东部地区投资同比增长2.5%，东北地区投资同比增长3.8%，西部地区投资同比增长1.0%。从股市情况看，8月沪深股市股票成交量同比下降15.3%，而9~10月成交量大幅增长，同比增长32.7%。

6. 就业形势保持稳定，结构性就业矛盾依然突出

2024年以来，我国就业形势总体保持稳定。国家统计局数据显示，前三季度我国城镇调查失业率为5.1%，较上年同期下降0.2个百分点。月度失业率保持在5.0%~5.3%，较上年同期下降0.3个百分点，月度失业率走势较为平稳。随着经济持续恢复，外来务工人员特别是农民工就业形势总体稳定。前三季度城镇外来农业户籍劳动力失业率平均值为4.7%，7月失业率为4.9%，但第三季度平均值同比下降0.4个百分点。服务业及城镇就业人员同比保持增长，尤其是农民工就业相对集中的服务行业就业人数明显增加，带动农民工就业向好。

结构性就业矛盾依然突出，高校毕业生等群体就业仍面临一定压力。7～8月，高校毕业生集中离校求职，青年失业率呈现季节性上升；9月，随着2024届毕业生工作逐步落实，不含在校生的16～24岁、25～29岁劳动力失业率环比明显下降。总的来看，2024年高校毕业生规模创历史新高，毕业生就业状况受国家高度重视，下一阶段应积极整合优化吸纳就业补贴和扩岗补助，强化供需对接和重点帮扶等政策措施，全力促进高校毕业生就业创业，改善高校毕业生就业状况。

7.财政运行保持平稳，重点领域支出得到保障

2024年1～8月，全国一般公共预算收入147776亿元，同比下降2.6%，扣除2022年制造业中小微企业部分缓税在上年入库抬高基数，以及2023年中出台的减税政策形成翘尾减收等特殊因素影响后，可比增长1%左右。全国一般公共预算支出173898亿元，同比增长1.5%。总体上，较上年同期变动幅度较小，财政运行保持平稳，预算执行情况良好。受税收减免、中小微企业缓税入库等政策影响，税收收入同比下降5.3%，其中印花税、环境保护税、契税降幅较大，同比分别下降23.1%、17.9%、12.0%，而非税收入同比增长11.7%。我国财政支出保持增长，持续对重点领域加大保障力度。2024年以来，各级财政部门加强财政资源统筹，保持必要支出强度，全力保障国家重大战略任务和基本民生资金需求。其中，社会保障和就业支出同比增长3.3%，城乡社区支出同比增长6.5%，科学技术支出同比增长3.5%。同时，注重组合运用赤字、专项债、财政补助、贴息、税收等多种政策工具，支持"两重"项目建设，落实支持科技创新和制造业发展的一系列财税政策，支持加快现代化产业体系建设。减税政策的持续推进，使财政收入有所减少，加之我国对经济恢复的财税支持稳步投入，未来财政运行

仍存在一定压力，伴随财力下沉力度的加大，应不断强化常态化监测预警，切实织牢基层财政运行安全网。

（三）江苏未来发展战略以及当下关注重点

江苏地处长江经济带、长三角地区，在落实多重国家重大战略上承担着重要责任。2024年江苏整体发展向好，同时也面临一些问题和挑战。在未来发展战略上，要积极落实党的二十大和二十届三中全会精神，以"当表率、做示范、走在前"的担当，沿着习近平总书记指引的方向奋发进取，推动全省主要预期目标全面完成、内生动力活力进一步增强、经济社会发展的支撑力进一步巩固，在谱写"强富美高"新江苏现代化建设新篇章中展现新担当、新作为。具体而言，江苏未来发展战略包括以下几点。

一是实施高质量发展战略。构建以先进制造业为骨干的现代化产业体系，加强科技创新和产业创新深度融合，打造具有国际竞争力的战略性新兴产业集群。实现产业多元化发展，提升经济社会包容力。

二是实施科技创新战略。通过科技创新引领现代化产业体系建设，推动传统产业升级和新兴产业发展，提升在全球产业链中的位势和能级。

三是实施区域协调发展战略。推进"1+3"重点功能区建设，加快形成区域互补、跨江融合、南北联动的发展格局。

四是实施建设双向开放枢纽战略。结合江苏国家级开发区数量优势，放大"一带一路"交汇点优势，积极落实国家级经济技术开发区工作，完善高水平对外开放体制机制，鼓励中低端产业"走出去"。

五是实施绿色发展战略。江苏持续巩固沿江化工整治、长江"十年禁渔"等成果，深入实施重大生态修复工程。加快绿色低碳转型，助力实现"双碳"目标。

面对复杂多变的内外部环境，江苏坚持以科技创新为引领，全面推进产业升级，打造现代化产业体系。江苏经济回稳向好的态势，对全国经济恢复发展起到引领示范作用。当下江苏应重点关注以下几个方面。

一是大力实施创新驱动发展战略，加快建设科技强省。在科技创新上率先取得突破，以科技创新推动产业创新，催生新产业，推动产业深度转型升级。加快科技创新引领未来产业发展，深入推进"5个100"行动方案，加强原始创新和颠覆性创新，推动关键核心技术自主可控，构建"技术策源—应用牵引—企业孵化—产业集聚"的全生命周期培育体系，为全面推进中国式现代化江苏新实践提供新的产业支柱和科技源泉。

二是巩固消费对经济发展的基础性作用，将促消费和惠民生相结合。全省1~8月实现社会消费品零售总额同比增长4.5%，增速高于全国，为全省经济高质量发展提供有力支撑。电子商务已经成为促进消费的新增长极，苏北地区网络零售额增速较高，宿迁、徐州、盐城等地增速均在22%以上，未来应持续关注电子商务领域，推进数字人民币省域试点工作，结合消费券和数字人民币红包等惠民活动，贯彻落实家电、汽车等消费品以旧换新政策，丰富消费场景，营造良好消费氛围，推动服务消费扩容升级。

三是激发民间投资活力，扩大有效益的投资。注重发挥重大项目的牵引作用，激发民间投资活力，重点把握产业投资项目，鼓励以数智、绿色技术推动传统产业焕新，支持制造业相关设备购置与更新改造项目。以落实国家大规模设备更新政策为契机，出台制造业贷款财政贴息、设立技改项目专项贷款等一系列政策，推动钢铁、石化、建材等传统产业先进产能的比重持续提升。

四是建设具有世界聚合力的双向开放枢纽。2024年以来，江苏外贸进出口规模屡创新高，1~8月累计进出口3.65万亿元，同比增长8.5%，规模稳居全国第二位。以数字化、绿色化为外贸发展的重要着力点，积极推进省级外贸转型升级，扩大跨境电商出口规模，推动绿色低碳产品出口，提升江苏绿色低碳产品国际竞争力。精准施策稳外贸、稳外资，加快落实制造业领域外资准入限制措施"清零"，吸引更多优质外资深耕江苏，培育外贸新动能。加大制度型开放创新力度，为江苏吸纳更多全球资金、技术和人才，塑造江苏更高水平的开放型经济新优势。

五是深入推进绿色低碳发展，打造发展新质生产力的重要阵地。构建绿色低碳产业格局，积极引导符合绿色低碳发展方向的传统产业转型升级，持续推动"智改数转网联"，加快形成科技含量高、资源消耗低、环境污染少的绿色产业体系。促进能源结构绿色转型，推动传统石化能源清洁低碳高效利用，大力发展太阳能、海上风电等可再生能源和氢能、核能等清洁能源。积极开展绿色低碳技术攻关，持续巩固提升生态系统碳汇能力，加强碳交易市场管理。

六是构建房地产发展新模式。贯彻落实为改善房地产回升向好的"33条"新政，从消化存量和优化增量两个方面着手，推进改善型住宅建设，借助政府奖励、购房补贴、房企优惠等政策，积极盘活存量房源。以提升百姓住房品质为根本，探索存量住宅"以旧换新"新模式，提高房地产市场流动性，发掘潜在市场需求，加速房产去库存。

七是促进高质量充分就业。2024年上半年，江苏城镇新增就业同比增长4.1%，完成年度目标任务的62.9%，占全国总量的1/10以上，就业形势总体平稳。江苏2024届高校毕业生超过73万人，做好高校毕业生等青年群体就业工作，是缓解结构性就业矛盾的重要任务。江苏应聚焦经济发展，拓宽就业渠道；加强技能培训，促进高质量充分就业；优化就业服务，高效对接就业需求。

三 2025年江苏经济社会发展态势与预测

从2024年前三季度江苏经济社会发展表现看，江苏经济在高度复杂的宏观环境下保持较强韧性，体现新质生产力导向的转型升级动能和新兴动能持续生成并形成推动经济发展的关键引擎，表明江苏经济正在获得更强的创新升级的动能支撑。2025年，江苏有条件也有能力在中央坚强领导下，应对各种风险挑战，以推动创造高质量发展、高水平治理、高品质生活的新业绩，巩固增强经济回升向好态势，完成"十四五"规划预定目标并为"十五五"规划创造有利开局。

（一）影响2025年江苏经济社会发展的关键变量研判

1. 投资变量：新质生产力和基础设施领域投资延续增势，投资仍是经济增长有力引擎

受房地产投资持续大幅下降的拖累，2024年江苏资产投资整体增速较低。随着中央明确推动房地产市场止跌回稳，在宏观经济回暖以及一系列政策推动下，2025年江苏房地产投资深度下跌态势有望改观。江苏前三季度的投资特点具有典型性，一是以制造业为核心第二产业保持高增速，第二产业投资同比增长12.6%，制造业投资同比增长9.6%，彰显江苏制造业对投资的强磁场效应；二是基础设施投资实现高增长，增速达10.1%，表明传统基建升级、新基建开拓，仍有很大增长空间；三是民间投资活力初步显现，民间投资同比增长4.6%，其中，民间制造业投资同比增长高达12.7%。这种结构性亮点的背后，是江苏实体经济的底盘稳、韧性强、未来潜力大，正在源源不断地获得创新升级新动能。上述特点是江苏比较优势、竞争优势与经济大省的综合实力等因素共同作用的结果，将继续影响2025年江苏投资力度与投资结构，形成科技创新、先进制造业和固定资产投资的较强增势。特别是，随着市场预期的改善和信心的回升，民间投资的热度将进一步上升。综合研判，2025年江苏将延续重点抓大项目、优质项目的传统，发挥项目在推动高质量发展、厚植新发展动能的关键作用；未来投资领域的发力点将围绕新质生产力导向的科技、教育、人才建设，传统产业升级、新兴产业壮大、未来产业培育都有很大的可投空间和盈利空间；围绕新一轮基础设施改造升级、以信息化智能化为核心的新型基础设施建设，基础设施的持续优化将创造推动发展的可靠支撑；与民生息息相关的公共服务、社会事业建设，既是投资重点，也是扩大内需、畅通国民经济循环的关键抓手。

2. 消费变量：促消费政策效力逐步释放，消费对经济贡献度有望提升

当前，改善预期、促进消费成为推动经济回升向好的关键环节，也是国家出台一揽子增量政策的重要发力点，政策效力将在2025年得到更充分释放。国家意志与大国市场的双重优势，叠加高质量发展与消费升级趋势，促

使政策赋予促进消费巨大能量。江苏是制造业大省，也是人口大省和消费大省，消费能力强、潜力大，是承接消费政策红利的重点区域。以"首发经济"为例，"首发"之"首"，需要城市场景空间之"特"与之匹配，彼此赋能，互为滋养。江苏城市圈、都市圈、县域经济发达，拥有一批高能级、特色化消费中心城市，加之历史底蕴、人文积淀与山水城林、现代空间有机融合，构建起千姿百态、独具魅力的场景空间，为"首发经济"的落地提供富有竞争力的现实选择，将有力带动消费升级，形成消费增量。2024年前三季度，江苏社会消费品零售总额同比增长4.5%，其中网上零售额同比增长7.5%，网络消费未来还有很大的增长空间。特别是，江苏把产业优势与电商业态结合起来，推动"电商+产业带"联动发展，形成连接市场供需两端的巨大优势。从发展趋势看，江苏居民消费正从发展型向享受型、品质型转变，同时受消费更趋理性以及收入预期等因素影响，消费者更加注重消费体验、消费品质和消费性价比，要求各类经济主体把握消费趋势，在市场端形成更高层次的供需匹配，进而形成推动经济高质量发展的深层动力。

3.外贸变量：应对外部冲击的能力进一步提升，推动外贸发展的特色竞争力优势进一步汇聚

江苏是开放型经济大省，受国际市场变动影响大。作为外向型大市，苏州2024年经济增速逆势攀高，外贸回暖是重要因素。前三季度，苏州实现外贸进出口额同比增长7.9%，在实现企稳的基础上迎来进一步发展。前三季度，江苏外贸进出口额同比增长7.7%，其中民营企业外贸进出口额同比增长10.5%，成为江苏外贸的关键力量，背后体现了对市场高度敏感的民营企业对参与外贸业务的信心。综合研判，受世界上部分国家对我国"新三样"加征关税等因素影响，江苏出口贸易将面临高位承压，但共建"一带一路"国家等仍可延续较快发展态势。江苏具有产业链供应链完整、在中间品贸易中具有特色竞争力等优势，融入长三角世界级城市群协同分工体系之中，在吸引外资、出口大宗外贸产品等领域形成的特色竞争力难以被取代，应对外部冲击的韧性和能力不断提升，面对外部不确定性冲击的积极因素不断累积和汇聚。

4.制度变量：全面落实进一步全面深化改革重大部署，不断释放深层次改革重大红利

2024年9月，江苏省委出台《中共江苏省委关于贯彻落实党的二十届三中全会精神 进一步全面深化改革在推进中国式现代化中走在前做示范的决定》，并对构建高水平社会主义市场经济体制、健全推动经济高质量发展体制机制、构建支持全面创新体制机制、统筹推进财税金融体制改革、完善区域协调发展机制、完善城乡融合发展体制机制、建设更高水平开放型经济新体制等重点领域改革路径进行部署，明确到2029年"在重要领域和关键环节上取得突破性进展、形成制度性成果，完成本决定提出的改革任务"[①]。2025年是全面落实党的二十届三中全会精神的重要一年，随着各项重大改革任务的实施，改革红利、政策红利与创新红利、大国市场红利的结合，将汇聚成推动经济社会发展的重大动力源。

（二）2025年江苏经济社会主要指标增速预测

2024年下半年中央陆续出台一揽子增量政策，把经济增速稳定在合理增长空间业已成为国家意志，将在2025年得到全面落地。由于我国政策工具多，工具箱储备足，有条件根据经济增长实际表现进行进一步动态调整，确保达到预期目标。与此同时，深层次改革动力不断显现，与短期的政策刺激作用相结合，不仅将推动经济的短期增长，也在蓄积支撑经济高质量发展和可持续发展的内生力量。具体分析，江苏经济基本面获得多重支撑。江苏经济转型走在全国前列，新质生产力的新动能处于快速培育壮大的进程之中，新产业新业态以新领域新赛道的动力创新已形成较大规模。从产业内部结构看，多年来制造业增速均处于领先位置，规模以上高技术制造业增加值、规模以上数字产品核心制造业增加值等指标保持高增速，产业"含新量"继续攀高；体现新质生产力导向的高技术制造业增加值占规模以上工

---

① 《中共江苏省委关于贯彻落实党的二十届三中全会精神 进一步全面深化改革在推进中国式现代化中走在前做示范的决定》，《新华日报》2024年9月23日。

业增加值的比重接近 51%，创新主引擎地位更加巩固；全省规模以上生产性服务业营业收入实现较快增长，对全部规模以上服务业营业收入增长的贡献率超过 77%，表明江苏制造业转型升级正在获得来自高端服务业的更强支撑。综合研判，江苏坚持底线思维，不断增强应对各类风险挑战的能力，有望在 2025 年实现经济中速增长与高质量发展的协同、经济发展与社会各项事业进步的协同。2023 年、2024 年前三季度江苏经济社会主要指标与2024~2025 年江苏经济社会主要指标预测如表 1 所示。

表 1　2023 年、2024 年前三季度江苏经济社会主要指标
与 2024~2025 年江苏经济社会主要指标预测

单位：%

主要指标	2023 年	2024 年前三季度	2024 年（预测区间）	2025 年（预测区间）
GDP 实际增长率	5.8	5.7	[5.5~5.9]	[5.6~6.0]
第一产业增加值实际增长率	3.5	2.6	[2.4~2.8]	[2.5~2.8]
第二产业增加值实际增长率	6.7	6.0	[5.8~6.2]	[5.8~6.5]
第三产业增加值实际增长率	5.1	5.6	[5.5~5.7]	[5.5~6.2]
社会消费品零售总额增长率	6.5	4.5	[4.4~4.7]	[4.5~5.5]
固定资产投资增长率	5.2	2.4	[2.2~2.6]	[3.0~4.0]
外贸进出口增长率	-3.2	7.7	[7.5~7.9]	[6.5~8.0]
居民人均可支配收入增长率	5.6	5.0	[4.9~5.1]	[4.8~5.8]

注：2023 年及 2024 年前三季度数据为实际值，非预测值。
资料来源：课题组根据江苏省统计局网站数据整理和预测。

四　2025年促进江苏经济社会发展的对策建议

（一）激发改革动能，推进关键领域改革突破

1.构建高水平社会主义市场经济体制

市场基础制度以高标准市场体系为导向，涵盖产权保护、市场准入、公平竞争、社会信用等关键环节，而各环节的质量及协同水平直接决定市

场经济的运行效率。江苏经营主体多元、市场空间巨大，对建设统一大市场的内生需求强烈，有条件在高标准市场体系建设上率先探索、打造标杆。在产权保护上，既要继续关注有形资产和无形资产（如知识产权）的权利归属，也要加快形成对数据等新兴资源要素的确权与保护，在保护商品市场和技术市场的同时促进数据市场的蓬勃发展；在市场准入上，抢抓中央全面取消制造业领域外资准入限制措施，放宽电信、医疗等服务业市场准入等重大机遇，主动作为，力争在新领域率先形成一批产业化成果，同时坚决依法整治市场准入乱象；在公平竞争上，完善重点领域、新兴领域、涉外领域的监管规则，深入开展市场分割、地方保护专项整治，坚决维护公平竞争的市场秩序；在社会信用上，构建以信用为基础的新型监管机制，规避失信风险，提高失信成本，弘扬诚信文化，让诚信成为更加亮丽的江苏名片。

2. 有效激发各类市场主体的内生积极性

改革开放以来，江苏经济之所以快速增长，并在率先转型中实现高质量发展的跃升，关键在于各类经营主体所蕴藏的巨大活力与创造力的充分释放。江苏经济要勇挑大梁，就必须为各类经营主体平等参与市场竞争创造有利条件，塑造市场正向预期，引导各类经营主体敢于创新创造，通过提供富有竞争力的产品和服务赢得市场、获得发展。面向未来，江苏要完善落实"两个毫不动摇"的体制机制，在坚持国有经济和国有企业主导地位不动摇的基础上，通过营造良好的发展环境，毫不动摇地支持民营经济和民营企业发展壮大。江苏作为民营经济大省，广大民营企业活力如何直接影响全省高质量发展的底色和成色？江苏发展民营经济的重中之重，是保护、调动各类民营主体的积极性，瞄准企业生产税费成本高、融资难、退出难以及隐形歧视等制约民营经济高质量发展的堵点痛点，落实好省委、省政府《关于促进民营经济发展壮大的若干措施》，推动其中靶向施策的政策举措落地见效，在提升服务水平、增加要素供给、强化权益保障的基础上，重点支持民营企业开展重大技术创新，推动不同所有制企业、大中小企业融通创新，形成高质量发展的强大动力源。

3.打通束缚新质生产力发展的堵点卡点

发展新质生产力是培育壮大创新型经济的根本途径，既要破解科技、教育、人才等高级创新要素供给不足的问题，也要破解制约高级创新要素形成及作用充分发挥的体制机制问题。江苏发展新质生产力具备良好的条件和能力，高水平科技、拔尖创新人才等高级创新要素供给能力强、潜力大是重要体现。由于新质生产力需要形成科技创新支撑的先进生产力质态，对高级创新要素的有效供给及良性互动提出高要求。对照这一标准，当前江苏发展新质生产力仍面临不少瓶颈制约，有待深层次改革突破。从全球创新型经济体的经验看，新质生产力对创新制度与环境的敏感性极强，良好的创新生态成为新质生产力取得重大突破的必备先决条件。与世界先进水平相比，基础研究投入度与源头创新能力有待提升，领军人才和高端创新人才存在结构性短板，科技创新成果产业化面临障碍，教育供给与科技、人才需求不匹配等问题，构成束缚江苏发展新质生产力的堵点卡点。因此，江苏需要把握新型要素供给规律，推进深化科技体制改革和人才发展体制机制改革这项"一号工程"，在更高标准上深化教育改革，进一步巩固提升江苏教育现代化优势，推动江苏成为打造新质生产力重要阵地的高级要素支撑。

（二）强化科技创新，增强产业转型升级动能

1.更深程度融入国家布局

在省域建设层面，只有主动对接、深度嵌入国家科技创新布局，才能获得更多、更强来自国家层面的支持与赋能，围绕国家战略所需才能不偏离科技创新主航向、主赛道。江苏作为科技创新高地之一，需要在国家科技创新战略中找准"第一梯队"的定位，在推进科技自立自强的道路上起到示范带动作用。江苏要持续构建高水平科技自立自强的发展格局，围绕"为实现高水平科技自立自强立下功勋"的导向，面向经济主战场，面向重大需求，继续加快推进江苏重大科技平台建设，制定战略发展规划。基于江苏和全国产业发展和战略需求，集中力量攻坚突破产业"卡脖子"难题，加快重大科技成果产业化、规模化，培育一批具有国际核心竞争力的高水平科技

企业，给予创新驱动产业更宽阔的发展空间。坚持向改革要动力，着力破除深层次体制机制障碍，深化评价和激励制度改革，更好激发各类市场主体和人才创新活力、潜力，在形成支持全面创新的基础制度上主动作为、率先探索。继续深化科技管理体制机制改革，构建能够适应和应对国际前沿发展趋势和产业风险挑战的现代科技管理体系，不断提升全省科技管理体制机制的韧性和安全性。以产业研发和生产的实际需求为导向，梳理创新链、产业链、供应链、金融链、人才链等多链联动中存在的堵点、瘀点和薄弱环节，有针对性地强链补链延链，对重点产业链制定"一链一清单"，构建"基础研究+技术攻关+成果转化+科技金融+人才支撑"全过程创新生态链。

2. 更高定位优化顶层设计

在推进落实好已有政策的基础上，江苏应及时总结经验、发现问题，在更高定位上构建全省推进科技创新的一体化战略体系。从顶层设计的角度出发，实施财税金融、土地供给、跨境研发、区域创新协同、高水平研发机构和组织引进、高层次人才集聚等一揽子创新政策。构建合理的科研管理体系，提升科技创新能力，出台多项措施、政策文件及管理规定，支持和鼓励全社会参与科技创新，优化科技创新机制和组织管理方法。加强科技创新成果转化和保护，完善科技成果高效转移转化机制，规范科技项目组织管理方式，健全科技评价体系和激励机制。加强对科学技术进步工作的组织和管理，从更高定位上调整科学创新的顶层设计，切实完善江苏重大科技创新布局，促进资源高效配置，以综合性的政策体系为江苏推进高水平科技自立自强提供制度支持和保障。一方面，强调在基础研究、技术攻关、成果转化、科技金融、人才支撑环节逐个击破，补齐短板弱项，实现全过程创新；另一方面，突出创新生态链的系统性和协同性，政府、企业、科研院所、金融机构等不同主体在研发、生产、资本、人才等环节全面衔接、相互支撑，全链条激发各类创新要素活力，持续优化创新生态，增强江苏高水平科技自立自强的体系支撑力。

3. 更大力度激发主体活力

企业是科技创新的"主战场"和"主人公"，激发企业科技创新活力

与潜力，是落实创新驱动发展战略、实现高水平科技自立自强的重要路径。江苏深入贯彻落实习近平总书记重要指示精神和党中央部署要求，强化政策集成，厚植经营主体科创沃土。尊重科技创新规律，注重发挥政府引导和支撑战略科技力量方面的重要作用，充分扮演政府促进企业科技创新的"店小二"服务角色。同时"补位不越位"，为企业发挥创新主体作用创造条件，完善企业服务机制流程，改进工作服务模式，营造良好的科技创新氛围。培育科技型骨干企业发挥带头作用，在创新研发的全过程、各环节中，以产业发展和市场需求为核心，构建支撑企业研发创新的底座和基础，促进组织方法和体制机制的创新，加快创新要素的流动和高效配置。整合企业创新各方力量，鼓励科技骨干企业与高校、科研院所、社会公众加强合作，促进产学研创新联合。坚持向深化科技体制改革要动力，针对一些企业"不愿创新""不敢创新""不会创新"的问题，打出政策"组合拳"，增强企业科技创新的信心，倒逼企业突破传统路径依赖，走好创新"华山一条路"，同时不断完善创新融资机制和风险分摊机制，加快金融支撑创新体系建设，充分发挥创业板、科创板、新三板融资纳资作用，为科技创新提供更为广阔的资金保障。此外，江苏应注重常态长效，推进监管效能提升。保护企业科技创新商业产权，加快科技创新信用体系建设，加强市场监管，持续规范市场竞争秩序。让企业在从事科技创新时减少后顾之忧、舍得投入、敢于创新，最大限度地激发企业科技创新主体的活力。

（三）扎根实体经济，塑造数实融合关键优势

1.落实建设数实融合强省战略

把握数字技术迭代更新、数字平台快速拓展、数据要素海量生成以及数智化新基建搭建底座的潮流趋势，遵循数字经济与实体经济相互作用、深度融合的规律，坚持把实体经济"最大家底"与数字经济"关键增量"有机结合，确立"建设数实融合强省"战略目标，锐意探索数字经济与实体经济有机协同、融合并进的创新路径。在推进数实融合发展进程中，突出

"融"与"强"两个关键字，尊重规律、立足现状，以"融"聚力、以"融"促"强"；立足江苏所能所长，聚焦江苏发展所需，坚持有所为有所不为，探索形成优势突出、特色鲜明的数实融合路径。

2. 推进新型数字经济主体加速涌现

把握"主体强则产业强"的规律，持续扩大数字经济主体规模，提升数字经济主体素质，优化数字主体结构。综合施策，实施数字新业态成长计划，培育一批数字新业态成长型企业，推动数字经济中小微企业向"专精特新"发展，培育一批创新型企业集群。新型数字经济主体继承发扬江苏企业在实体经济领域务实进取、精耕细作的优良传统，把握新形势下数字经济品牌成长的内在规律，在品牌的塑造、培养、推广的过程中积极运用数字经济技术和创新模式，并进行品牌生命周期全过程的价值再造，同时跳出传统的单向思维、制造业思维，树立消费者思维、市场化思维和服务化思维，注重引导消费者深度参与，从行业的跨界融合、供需的跨界融合以及当前及未来的跨界融合等多角度进行品牌的价值打造及推广，积极探索江苏数字经济品牌建设的合理路径，着力打造一批具有较强市场影响力和竞争力的江苏数字品牌企业、产品和服务。

3. 聚力推进工业互联网强力突破

把握工业互联网是促进数实融合核心动力，将政策资源重点引导到打造以工业互联网平台为代表的新型数字平台上。在新的大坏境下，江苏没有必要重复过去商业互联网的平台逻辑，而应积极探索新赛道，在以工业互联网为核心的新赛道上奋力走在前列。强化系统布局、整体推进和协同作战，推动工业互联网向下覆盖各行业、各领域，向上承载5G、人工智能等新一代信息技术，形成互为场景、互为基础、互为生态的协同应用体系，持续释放融合发展的叠加效应、聚合效应、倍增效应，构建全要素、全生产链、全价值链全面连接的新型工业生产制造和服务体系。开展人工智能应用试点示范，以人工智能赋能制造业为重点，推动人工智能与各行业融合创新，在制造、物流、金融、商务、家居等重点行业和领域实现全景化应用，打造人工智能应用与服务产业高地。

4. 强化应用场景牵引功能

强化应用场景牵引功能，是推进数字融合发展必须重点抓好的关键环节。充分挖掘市场多样化需求，开展试点示范，打造应用场景IP矩阵，不断夯实场景突破的基础，创新场景供给的方式，厚植场景培育的土壤。江苏重点发展的未来网络、通用智能、虚拟现实等未来产业对大模型平台、算力支撑及模拟仿真、数字孪生等场景应用功能提出了很高要求，相应地成为资金、技术、数据等要素密集投入的领域。在应用场景的投入方面，针对未来产业在不同阶段的需求特点，要鼓励构建前沿科技建设验证场景，建设开放综合性和行业类融合应用场景，以场景应用推动技术产品定型、用户群体培育、市场需求挖掘；鼓励各地政府与相关企业、专业机构合作，建立多元投入机制，强化未来产业应用场景中构建优化、建设运营、供需对接、示范推广等服务，形成涵养未来产业成长的最佳功能单元。构建新型数字化转型服务体系，提升企业数字化转型水平，推动重点行业领域、重点产业集群工业数字平台能力提升，推动信息服务、交易结算、物流配送、融资服务、信息技术等平台功能服务的专业化、集成化和一体化发展。

（四）坚持民生为大，持续提升民生保障水平

1. 促进就业和居民增收

刺激消费的首要任务是改善预期、提振信心，让消费市场"活起来""旺起来"，发挥消费对增强经济韧性、促进经济发展的关键作用。收入是消费的硬约束，让"钱袋子"鼓起来才是提高居民消费能力的治本之策。就业是民生之本，创业是就业之源。江苏要深入实施农民收入十年倍增计划，拓宽城乡居民增收渠道，持续推进高水平就业创新。针对重点富民增收瓶颈制约，不断拓宽做强居民增收渠道。聚焦农民增收这一难点，鼓励农民通过自营、出租、入股、合作等形式，盘活闲置宅基地和闲置农房；鼓励村集体大力发展生态农业、物业租赁、农旅融合、优势产业等项目，拓宽村集体增收渠道；完善股份分红机制，积极引导村集体经过法定程序，将收益分配向低收入农户等群体倾斜，打通"集体富裕"与"村民富裕"转化通道；

分配一定比例农村集体经济收益用于支持本村开发公益性岗位。

2. 增加公共生产要素供给

重点推进创新类和民生类公共生产要素供给。创新类公共生产要素方面，要强化教育、科技、人才建设等培育和发展新质生产力和推动创新转型所需的创新类投资，增强创新内生动力。加快江苏重大科技基础设施和科技平台的建设，优化国家在江苏科技支撑基础的建设布局，充分发挥江苏科技创新第一梯队的重要作用，使江苏成为国家战略科技的重要阵地。大力推进国家实验室、大科学装置等战略科技力量功能、布局拓展，以产业科技创新需求为导向，加快重大科研设施的预研筹建。加强长三角战略科技力量协同，广泛招引国际一流科研机构在江苏落户落地，为创成综合性国家科学中心蓄力筑基。加快促进江苏与其他区域的科技资源整合、产业融合，通过资源共享和优势互补促进江苏产业研发创新。民生类公共生产要素方面，要重点聚焦向城市转移人口及其家庭对住房、教育、医疗等公共设施和公共服务的需求。政府可利用房地产市场调整关口，推进房产收储用于满足民生需求。建设一批可及性强的社会公共服务业设施，提高群众获得社会公共服务的便利性。

3. 提高社会保障兜底水平

面向未来，江苏要以更大力度守护"一老一幼"，提升居民教育、健康水平，畅通向上流动渠道。树立统筹发展与安全理念，把提升社会保障水平与推动高质量发展结合起来，通过强保障、强预期、强信心，增强全社会对未来发展的信心，筑牢促消费、促发展的基础，形成"保障增强—预期改善—消费增强—供需匹配—畅通经济循环"的良性格局。提高社会治理水平，形成共建共治共享的社会建设和社会事业发展格局，及时了解和回应困难群众诉求，及时化解社会不稳定因素，增强应对突发事件的社会韧性，形成昂扬向上的精神风貌，为江苏经济社会高质量发展营造良好环境。

分 报 告

B.2
江苏加快农业发展、推动城乡融合
发展的进展与展望

金高峰　赵锦春　顾纯磊*

摘　要：　本文采用主成分分析法和耦合协调模型，对江苏省 40 个县
（市）2010~2022 年的城乡融合水平进行了测度，分析了各维度指数变化的
动因，在此基础上，计算出各县（市）农业经济与城乡融合的耦合协调水
平。结果表明，江苏农业劳动生产率显著高于其他粮食主产区，有效推动城
乡融合水平年均增长 4.44%，区域收敛态势明显，但农业经济与城乡融合
协调度整体还处于初级协调阶段，呈现较为明显的区域分异性。进一步，结
合农业经济发展中的同质化、产业链条短等问题，总结借鉴宁锡常接合片区
农业产业高质量促进城乡融合的经验，提出加强科技赋能与创新合作、加快
农业多种功能价值实现、不断完善农业产业发展平台等对策建议。

关键词：　农业现代化　城乡融合　协同推进　主成分分析法

---

* 金高峰，江苏省社会科学院农村发展研究所副研究员，主要研究方向为农业农村经济；赵锦
春，江苏省社会科学院农村发展研究所副研究员，主要研究方向为发展经济学与益贫式增
长；顾纯磊，江苏省社会科学院农村发展研究所助理研究员，主要研究方向为劳动经济学。

党的二十届三中全会通过的《中共中央关于进一步全面深化改革　推进中国式现代化的决定》指出，城乡融合发展是中国式现代化的必然要求。必须统筹新型工业化、新型城镇化和乡村全面振兴，全面提高城乡规划、建设、治理融合水平，促进城乡要素平等交换、双向流动，缩小城乡差别，促进城乡共同繁荣发展。农业是城乡高质量融合的基础和保障，也是城乡融合需要重点突破的环节，协调推进农业经济与城乡融合，有利于农业农村可持续发展、城乡差距不断缩小、城乡要素流动顺畅。本文基于前期研究成果，并借鉴最新研究文献，结合数据可得性，构建城乡融合发展水平评价指标体系，采用主成分分析方法，对当前江苏省及各县（市）城乡融合的最新进展情况进行总结、评估和时空差异比较，结合对相关情况的调查，分析农业经济与城乡融合耦合关系，通过空间可视化方式展现其变化特征，剖析融合发展中农业经济发展的短板与原因，借鉴国家城乡融合发展试验区（宁锡常接合片区）城乡融合改革的探索经验，提出进一步加快农业强省建设、推进城乡融合的思路与建议。

一　江苏县域城乡融合发展水平测度与指标构建

（一）县域城乡融合发展的基础优势

1. 农业劳动生产率高

从自然资源禀赋来看，江苏省的平原地区大约有 7 万平方公里，约占其总面积的 70%。得天独厚的地理和区位优势为江苏农业发展提供了坚实的基础。作为全国 13 个粮食主产区之一，江苏农业劳动生产率始终保持全国前列。2010 年，江苏农业劳动生产率达到 2.34 万元，明显高于同时期的山东（1.51 万元）、河南（1.35 万元）、黑龙江（1.65 万元）、安徽（1.01 万元）。2010 ~ 2023 年，江苏农业劳动生产率持续增长，年均增幅达到 11.48%，2023 年，江苏农业劳动生产率更是达到 8.8 万元，仍明显高于同时期其他 12 个粮食主产区（见图 1）。较高的农业劳动生产率能够在确保江

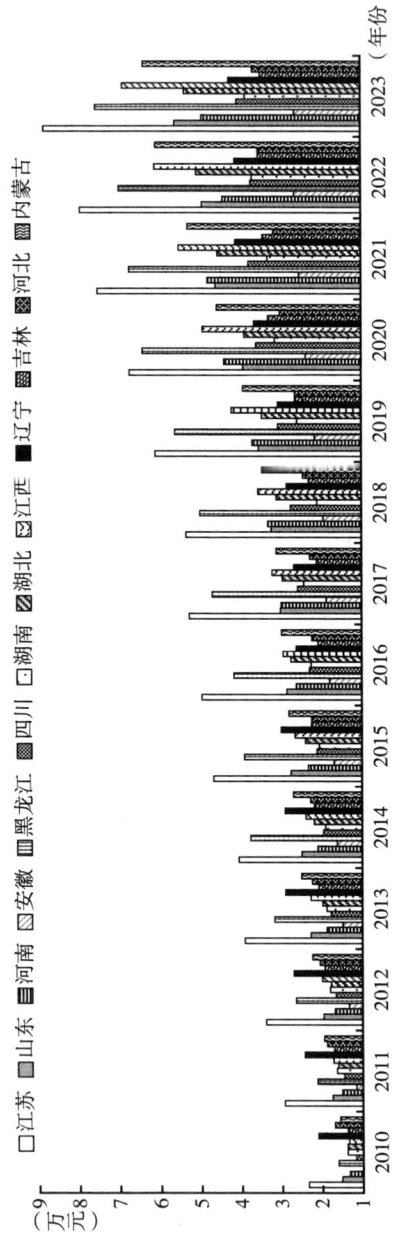

图 1 2010~2023 年全国 13 个粮食主产区农业劳动生产率

资料来源：CNKI 中国经济社会大数据研究平台，经笔者计算后获得。

苏粮食大省地位的前提下，实现三次产业协调发展，释放更多农业劳动力进入城乡非农产业就业。农业劳动生产率提升得益于农业现代化水平提升、农业规模化经营、农村产权制度改革的协同效应，这为加快农业发展、推动江苏城乡融合发展奠定了基础。

2. 县域经济实力强

县域是落实"以人为本"新型城镇化战略的重要载体，县域经济是推进城乡融合发展的保障。2023年，江苏县域GDP达到5万亿元，占全省GDP的41%。其中，23个县（市）跻身全国百强县，GDP超千亿元的21个县（市）总量突破4万亿元（见图2）。2018～2023年，江苏新增13个"千亿县"，12个来自苏中和苏北地区。江苏通过"园区经济"大力发展先进制造业产业集群，推动县域经济高质量发展，不仅带动了县域内传统农业乡镇的非农化转型，还通过农村劳动力就近转移就业，加快城乡"人口融合"与区域协调发展。此外，县域产业发展也能通过增加地方财政收入，为农民工就近市民化、基础设施建设、城乡"空间融合"与社会服务均等化提供财力支撑。

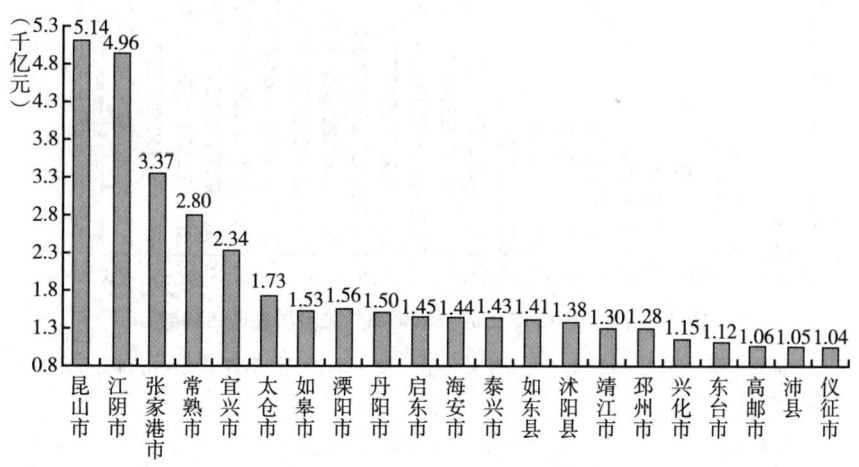

图2　2023年江苏千亿县（市）GDP

资料来源：《2023年江苏省国民经济和社会发展统计公报》；《江苏98个县区2023年GDP：武进区第5，如皋市第24，沛县第54》，"几块几块吖"百家号，2024年7月15日，https：//baijiahao.baidu.com/s？id=1804587012888596664。

3. 城乡收入差距小

2000~2023年，江苏城镇化率逐年提升，城乡居民收入差距也在2009年后快速缩小。改革开放早期，苏南乡村工业化便采用工业化改造传统农业的方式，推动乡镇企业与乡村产业发展。进入21世纪，在承接长三角产业转移与上海制造业产业分工的背景下，"苏南模式"逐步演化为更具现代企业特征的"新苏南模式"。与此同时，较高的县域财政收入也为推动农业现代化发展、乡村全面振兴、建立城乡要素自由流动的体制机制提供支撑，加快形成了以城乡连续体为目标的城乡融合发展新范式，实现了城乡资源要素对流畅通，城乡产业分工协作、功能互补互促，进而提升城乡居民整体福利水平。伴随着城镇化率的逐年提高，江苏城乡居民收入差距呈现先扩大后缩小的"倒U字"形（见图3）。特别是，2017年乡村振兴战略提出以来，江苏城乡居民收入差距明显缩小，与全国其他省份相比已逐步成为城乡居民收入差距较小的省份之一。

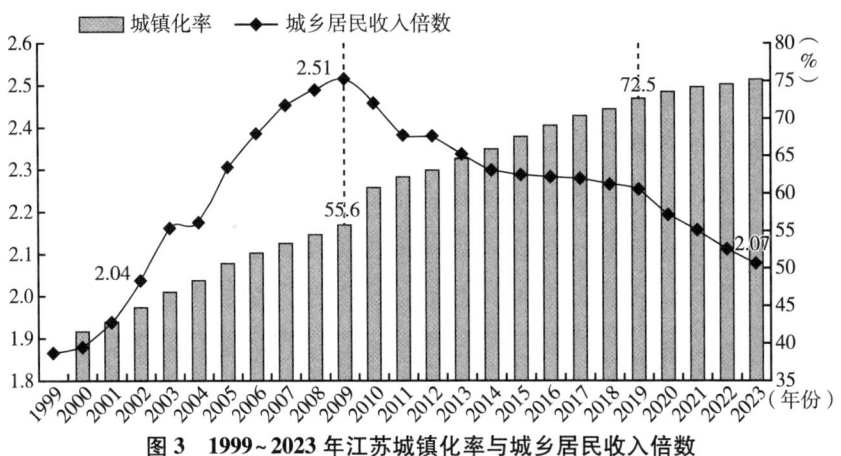

图3　1999~2023年江苏城镇化率与城乡居民收入倍数

资料来源：1999~2023年《江苏统计年鉴》及《2023年江苏省国民经济和社会发展统计公报》。

（二）县域城乡融合发展指数构建

1. 理论依据

城乡发展差距肇始于传统"效率优先"范式与"偏利共生"发展格局

下的城乡"非均衡"利益固化、乡村发展机会的丧失以及市场接入能力的不足。工业导向城市优先的体制安排、城乡产业结构差异、城乡资源要素错配是制约城乡融合发展的根本原因。党的二十届三中全会通过的《中共中央关于进一步全面深化改革 推进中国式现代化的决定》对完善城乡融合发展体制机制做出重要战略部署,将县域作为城乡融合发展主阵地。县域是连接城乡发展的纽带,位于城乡两头的交汇点,是决定城乡融合发展水平的重要空间尺度,具有独特的辐射带动作用。新时代的城乡融合日益演化为涉及多领域的综合性概念。但长期以来体制机制中的缺陷、要素流动阻碍、公共资源配置不合理等因素,仍然制约着县域城乡融合发展的进程。在借鉴国内外城乡融合发展测度相关文献的基础上,本文将从要素融合、经济融合、基础设施融合、社会服务融合四个维度对江苏县域城乡融合发展水平进行评价。

2. 指标体系

第一,城乡要素资源错配是造成城乡发展差距的重要原因。城乡二元结构下,乡村发展滞后的根本原因在于"人、财、地"的资源困境。因此,在要素融合中,纳入土地要素、劳动力要素和资本要素三个二级指标,用以评价县域城乡要素融合现状及其对城乡融合发展水平的贡献。第二,产业经济发展不仅是推进乡村全面振兴关键动力,更是发挥城镇"拉力"作用、促进农村劳动力转移的根本动力。因而,在经济融合中,使用城乡产业结构、城乡劳动生产率、城乡居民消费、城乡居民收入以及县域经济五个细分指标衡量县域城乡经济融合发展水平。第三,城乡基础设施建设不仅影响城乡融合发展水平,更是造成数字经济时代城乡居民"数字鸿沟"的关键因素。指标体系中引入了交通路网密度、信息基础设施、数字普惠金融、数字基础设施四个方面的指标衡量县域城乡基础设施融合发展水平。第四,城乡融合发展涉及"人的融合"与"社会融合"综合性经济社会发展的多个维度。能否以农民工市民化为抓手,推动城乡发展等值化日益成为决定新型城镇化成败的关键环节。换言之,城乡社会服务融合既是城乡融合发展目标,更是深化体制机制改革推进高水平城乡融合的重

点领域。因此，引入教育水平、卫生服务以及文化设施三个二级指标衡量县域城乡社会服务融合程度。由此，构建要素融合、经济融合、基础设施融合、社会服务融合四大方面，包含 17 个三级指标的江苏县域城乡融合发展水平评价指标体系（见表 1）。基于上述指标体系，选择 2010～2022 年的数据对江苏县级行政单元城乡融合发展水平进行测度评价。本文数据主要来自 CNKI 中国经济社会大数据研究平台、《江苏统计年鉴》、《中国县域统计年鉴》与《中国城市统计年鉴》，年鉴中部分县域缺失数据则来自各县域统计公报。

表 1　江苏县域城乡融合发展水平评价指标体系

一级指标	二级指标	三级指标	指标属性
要素融合	土地要素	建成区面积占县域总面积比重	+
		县域常住人口城镇化率	+
	劳动力要素	县域非农与农业从业人员比	+
	资本要素	城乡固定资产投资倍数	−
经济融合	城乡产业结构	非农产业与农业产出比	+
	城乡劳动生产率	城乡二元对比系数	+
	城乡居民消费	城乡居民恩格尔系数比值	−
	城乡居民收入	城乡居民收入倍数	−
	县域经济	县域 GDP 占城市 GDP 比重	+
		县域财政收支占地级市比重	+
基础设施融合	交通路网密度	县域人均公路里程	+
	数字普惠金融	县域数字普惠金融总指数	+
	信息基础设施	县域邮电业务总量占 GDP 比重	+
	数字基础设施	城乡互联网接入比率倍数	−
社会服务融合	教育水平	县域中小学教师占地级市比重	+
	文化设施	县域公共图书馆占地级市比重	+
	卫生服务	县域卫生机构数占地级市比重	+

注：表中城乡二元对比系数又称二元生产率对比系数，用第一产业劳动生产率和第二、第三产业劳动生产率比值表示。数字普惠金融则为北京大学中国数字普惠金融发展指数。受限于县域数据可得性，样本未包含已升级为区的县，考察期截至 2022 年。

资料来源：CNKI 中国经济社会大数据研究平台及相关年份《江苏统计年鉴》《中国县域统计年鉴》《中国城市统计年鉴》。

（三）指标说明与测度方法

1. 指标说明

在要素融合指标框架中，城乡固定资产投资倍数越大，表明地级市层面更注重城市固定资产投资，乡村固定资产投资占比较小，不利于乡村发展。城乡居民收入倍数过大反映了乡村从业人员与农户增收过缓，既不利于城乡共同富裕目标的实现，也难以畅通城乡经济循环，扩大全社会总需求。此外，数字基础设施中，城乡互联网接入比率倍数提升则体现了数字经济时代城乡"一级数字鸿沟"，直接削弱了农户分享数字经济"红利"的能力。因此，表1城乡固定资产投资倍数、城乡居民恩格尔系数比值、城乡居民收入倍数以及城乡互联网接入比率倍数均为负向指标，剩余13个三级指标则为正向指标。

2. 测度方法

理论而言，熵值法与主成分分析方法是实现多维指标降维的主流方法。相较而言，熵值法侧重于分析细分指标在特定考察期内的变动率，主成分分析方法则通过测度指标权重，加权获得分类指数，能够在将获得的第一特征向量值作为各指标权重的基础上，加权计算总指数及细分维度指数，也能使用各维度因子分析，加权计算不同维度指数对城乡融合发展的贡献率，在城乡融合指数测度过程中得到国内外文献的大量应用。本文同样使用主成分分析方法测度江苏县域城乡融合发展水平，记作URI，同时还对县域城乡融合的四个细分维度指数，即要素融合指数（FURI）、经济融合指数（EURI）、基础设施融合指数（IURI）以及社会服务融合指数（SURI）进行分析。

二　江苏县域城乡融合发展水平评价结果与分析

（一）整体水平与演进趋势

1. 整体水平稳步提升

江苏县域城乡融合发展水平呈现稳步提升态势。表2是基于表1的评价

指标体系，使用主成分分析方法测算的县域城乡融合发展指数。从表中可以看出，2010 年江苏县域城乡融合发展指数为 111.7。2022 年则提升至176.1，整体增幅接近 58%，年均增幅也达到 4.44%。分区域看，苏南、苏中和苏北县域城乡融合发展指数均出现不同程度的提升。其中，苏南地区始终保持领先水平；而苏中县域城乡融合发展指数则在 2017 年以及 2019 年呈现跳跃式提升；整体上苏北县域城乡融合发展指数尽管低于全省平均值，但也从 2010 年的 75.5 提升至 2022 年的 133.2，其增幅高出全省平均增幅 19个百分点。

2. 区域收敛态势明显

江苏县域城乡融合发展指数呈现苏南、苏中、苏北梯度递减的空间格局，但区域差距持续缩小。2010~2022 年，苏南、苏中、苏北县域城乡融合发展指数均值分别为：225.7、147.1 和 107.6。这与江苏三大区域间县域经济发展水平存在较大差异高度相关。事实上，苏南凭借改革开放早期的政策与对接国际市场的机遇率先开启乡村工业化进程，通过"园区经济"模式快速推进县域内城乡空间资源整合，布局非农产业，形成了苏南特色的乡镇工业化带动城乡融合发展的"苏南模式"。与此同时，也应当看到，在省域一体化发展政策导向下，苏北县域城乡融合发展指数增速则是全省最快的。考察期内，苏南、苏中、苏北县域城乡融合发展指数增幅分别为 49.9%、46.4% 和 76.4%，苏南与苏北、苏中与苏北的区域差距也分别由 2010 年的 2.30：1 和 1.45：1下降至 2022 年的 1.96：1 与 1.21：1。这意味着江苏区域间县域城乡融合发展差距逐年缩小，收敛态势明显。

表 2　2010~2022 年江苏县域城乡融合发展指数

单位：%

年份	江苏		苏南		苏中		苏北	
	均值	变化率	均值	变化率	均值	变化率	均值	变化率
2010	111.7	—	173.9	—	109.8	—	75.5	—
2011	123.8	10.83	166.7	-4.14	127.0	15.66	96.4	27.68

年份	江苏		苏南		苏中		苏北	
	均值	变化率	均值	变化率	均值	变化率	均值	变化率
2012	120.0	-3.07	180.4	8.22	109.6	-13.70	89.1	-7.57
2013	127.3	6.08	196.5	8.92	120.4	9.85	89.4	0.34
2014	132.7	4.24	196.9	0.20	126.6	5.15	97.3	8.84
2015	135.4	2.03	205.1	4.16	126.3	-0.24	98.3	1.03
2016	162.9	20.31	217.8	6.19	206.6	63.58	107.1	8.95
2017	159.1	-2.33	250.7	15.11	148.7	-28.03	109.6	2.33
2018	159.8	0.44	254.1	1.36	152.6	2.62	107.0	-2.37
2019	191.4	19.77	281.5	10.78	198.9	30.34	133.5	24.77
2020	180.2	-5.85	268.4	-4.65	163.1	-18.00	136.1	1.95
2021	178.8	-0.78	281.5	4.88	162.3	-0.49	125.8	-7.57
2022	176.1	-1.51	260.7	-7.39	160.8	-0.92	133.2	5.88
平均	150.7	4.18	225.7	3.64	147.1	5.49	107.6	5.36

注：苏南、苏中和苏北为相应区域县级市观察值的年度均值。

资料来源：表中城乡融合发展指数均为笔者自行计算所得。

3. 苏北仍是重点区域

分阶段看，全省县域城乡融合发展水平快速提升的年份分别为 2016 年和 2019 年。尤其是，2019 年乡村全面振兴战略提出以来，江苏县域城乡融合发展指数同比提升 19.77%，虽低于 2016 年的 20.31%。但上述特征事实也反映出乡村全面振兴对城乡融合发展的积极作用。另外，江苏县域城乡融合发展的波动趋势与三大区域县域城乡融合发展趋势基本一致。2020 年以来，江苏县域城乡融合发展进入调整期，县域城乡融合发展指数出现下降，反映出城乡融合发展进入深化改革的"深水区"。值得一提的是，在全省县域城乡融合发展指数略有下降的条件下，2022 年苏北县域城乡融合发展指数仍保持了较快增长（见图 4），这也反映出江苏以乡村全面振兴、农业现代化发展推进城乡融合发展具有现实可行性，且在新型城镇化的"后半场"，苏北理应成为推进全省县域城乡融合发展的重点区域。

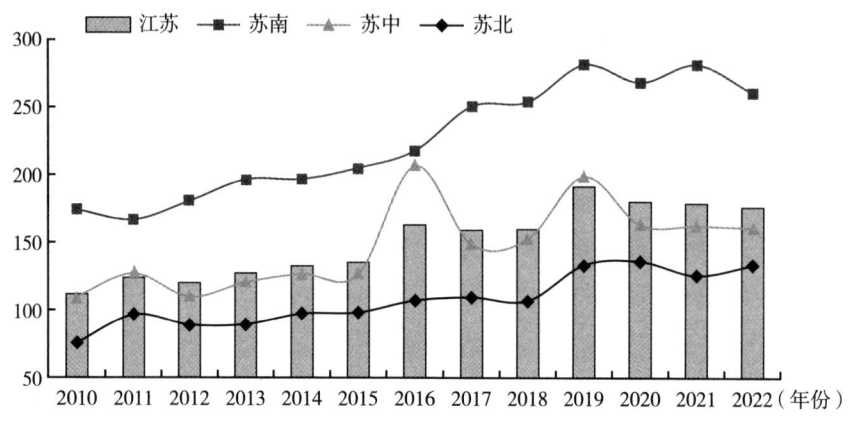

图4　2010~2022年江苏县域城乡融合发展指数

（二）各维度指数与动因分析

1. 数字基础设施效能日益提升

本部分比较2010~2022年县域城乡要素融合指数、经济融合指数、基础设施融合指数以及社会服务融合指数的变化趋势，揭示江苏县域城乡融合发展的短板及驱动机制变迁。图5列示了考察期内县域城乡融合四个细分维度指数的变化情况。从各维度指数绝对值看，2010~2015年，整体来说经济融合指数与社会服务融合指数的绝对值较高，构成县域城乡融合发展的主体。但2016~2022年，基础设施融合指数快速提升，并成为县域城乡融合发展的重要驱动因素。由表1不难发现，基础设施融合包括交通路网密度、数字普惠金融、信息基础设施与数字基础设施，上述指标既包括传统基础设施，也能反映以"数字乡村"和"智慧城市"为代表的"新基建"对县域城乡融合发展的影响。因此，本文认为，数字经济时代，数字基础设施对江苏县域城乡融合发展的促进作用逐步提升，日益成为赋能江苏县域城乡高水平融合发展的重要力量。

2. 加快要素与服务融合进程

经济融合指数整体呈波动上升趋势，贡献率仍有较大提升空间，而社会服务融合指数则基本保持平稳，但在 2020 年后有所下降。要素融合指数则呈明显波动，但整体依然停留在较低水平。这意味着，尽管城乡数字基础设施融合在推进江苏县域城乡融合发展进程中的作用与日俱增，但作为基建的一种形式，数字基础设施对县域城乡融合发展的促进作用存在滞后性，其自身发展也呈现较大的波动性。此外，基础设施融合只有与要素融合和社会服务融合相结合，才能充分发挥其赋能城乡融合发展的积极作用。由此，结合要素融合与社会服务融合的较低水平与缓慢进程不难发现，应侧重推进城乡要素市场一体化建设，缩小农业与非农业劳动生产率差距，推动城乡社会服务均等化等关键领域发展，通过深化改革，加快建立适应数字经济时代发展要求的县域城乡融合发展体制机制，充分释放数字经济赋能城乡高水平融合发展的积极效能。

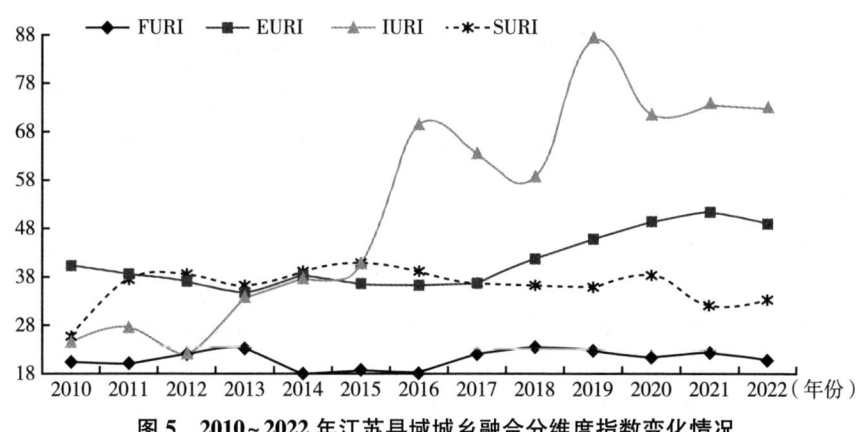

图 5　2010~2022 年江苏县域城乡融合分维度指数变化情况

3. 拓展城乡融合发展新空间

当前，提升苏北县域城乡融合发展水平，缩小区域间县域城乡融合发展差距对于提升全省县域城乡融合发展水平无疑具有重大现实意义。进一步比较省内三大区域县域城乡融合分维度指数，可阐明加快推进江苏县域城乡融合发展的可行路径。表 3 列出了全省三大区域间县域城乡融合分维度指数的差异。对比后不难发现，要素融合的差距是造成区域间县域城乡融合发展差异的重要因素。考察期内，苏南比苏北在要素融合上的差距高达 5.12，明

显高于经济融合的 1.84、基础设施融合的 2.80 以及社会服务融合的 1.11。一方面，苏北县域多为江苏粮食大县，承担着保障全省粮食安全的重任，也是全省城镇化率相对较低的地区。因此，应充分发挥苏北农业基础优势，大力发展现代农业，提升农业全要素生产率。另一方面，不同于苏南较高的县域开发水平与土地利用率，近年来，苏北利用高标准农田建设、"小田变大田"等体制改革，在确保农村基本经营制度的前提下，持续拓展现代农业的发展空间，为盘活农村集体土地资源、推进城乡土地开发"同地同权"奠定了基础，智能化、绿色化、规模化的高效农业发展也为充分释放农村转移劳动力资源优势提供了可能。因此，应持续推动现代农业发展，促进乡村产业振兴，提升农业全要素生产率，夯实江苏全域城乡高水平融合发展的产业与体制基础。

表3 2010~2022 年江苏县域城乡融合分维度指数的区域差异

年份	要素融合		经济融合		基础设施融合		社会服务融合	
	苏南比苏北	苏中比苏北	苏南比苏北	苏中比苏北	苏南比苏北	苏中比苏北	苏南比苏北	苏中比苏北
2010	4.54	1.70	1.65	1.35	3.32	1.94	1.66	1.19
2011	4.96	1.69	1.75	1.31	1.50	1.75	1.08	0.99
2012	4.05	1.32	1.92	1.28	3.29	1.75	1.08	1.00
2013	3.63	1.23	1.90	1.35	4.06	2.25	1.09	0.99
2014	5.39	1.52	1.84	1.29	2.63	1.75	1.11	1.00
2015	5.30	1.53	1.87	1.31	3.15	1.88	1.04	0.90
2016	5.21	1.59	1.95	1.34	2.38	3.46	1.10	1.01
2017	4.52	1.52	2.08	1.41	2.98	1.61	1.08	1.00
2018	4.62	1.65	2.00	1.27	3.52	2.04	1.07	0.99
2019	5.97	1.99	1.81	1.18	2.35	1.94	1.09	1.00
2020	6.06	2.10	1.61	1.11	2.30	1.29	1.08	0.98
2021	6.14	2.12	1.95	1.22	2.67	1.46	1.00	0.93
2022	6.17	2.13	1.65	1.16	2.23	1.30	0.97	0.91
平均	5.12	1.70	1.84	1.28	2.80	1.88	1.11	0.99

注：以苏北分维度指数为基准，以体现县域城乡融合不同维度的区域发展差距。
资料来源：表中数值均为自行计算所得。

（三）县域格局与空间拓展

1. 加快农业现代化夯实城乡融合产业基础

乡村产业振兴是县域城乡融合发展的基础。当前，科技创新已成为推动现代农业转型发展的关键引擎。2023 年，江苏粮食总产、单产双创历史新高，农民人均收入首次突破 3 万元大关，农业科技进步贡献率超 72%，高于全国近 10 个百分点。[①] 大力发展现代农业、加快农业全产业链转型升级已成为推动江苏农业新质生产力发展的有效路径。2022 年，苏北农业就业人口占比较高，但单位劳动力农业增加值占比却明显低于苏南。实践中，苏南依托创新驱动引领高质量发展的产业发展模式，不仅始终保持制造业与服务业在省内的先发优势，在农业现代化领域也率先开启数字农业、智慧农业、农业全产业链等现代农业转型发展，"三权分置"改革、农村综合改革试点、农地产权制度改革、集体股份制改革同样走在全省前列。特别是，2019 年 12 月，国家城乡融合发展试验区（宁锡常接合片区）获批成立，标志着苏南已迈入"科技+制度"双轮驱动农业高质量发展、健全城乡融合发展体制机制的新时期。江苏应大力推进农业现代化进程，加快乡村全面振兴步伐，夯实县域城乡融合发展的现代农业基础。

2. 加快要素市场化推动城乡融合提质增效

苏北县域城乡融合发展的短板在于城乡要素市场化进程明显滞后于苏南。但得益于苏北区域中心县城"四化"同步集成改革进程的加快，苏北部分县域城乡经济融合处于较高水平，如徐州铜山区、淮安洪泽区、连云港赣榆区、盐城大丰区以及宿迁沭阳县等。然而，苏北城乡经济融合整体水平依然滞后于苏中和苏南。因此，仍应加快推进全省，尤其是苏北城乡要素市场一体化建设，破除社会资金推动城乡融合发展的体制机制障碍，深化农村产权制度与新型农村集体经济改革，建立城乡融合的统一要素市场，赋予农

---

① 《高水平建设农业强省 江苏亮出"施工图"》，农业农村部网站，2023 年 7 月 26 日，http：//www.moa.gov.cn/xw/qg/202307/t20230726_ 6432928.htm。

户对农村集体资产、农户自有资产以及农业产业资产相应的股份权益，保障农户实现可持续的稳定的财产收入增长。

3. 加快数字化转型赋能城乡全面深度融合

伴随着数字乡村与智慧城市的深入推进，江苏城乡融合发展也进入数字城乡融合的新时代。数字农业与农村电商能提高农业生产经营效益，拓宽农产品销售渠道，提升农民经营收入，数字乡村治理则通过"赋能""增信"，保障农民参与新型农村集体经济发展权益，提高农民财产收入，城乡数字化治理也能通过提高公共服务效率，促进城乡社会服务深度融合。以"新基建"为代表的数字城乡融合有可能成为苏北县域城乡融合水平跨越式提升的关键。此外，在县域经济稳步发展的背景下，省内农业劳动力呈现城乡就近转移的新趋势，日益扩张的县域就业需求也为县城服务业集聚效应的发挥、乡镇产业集聚发展提供了可能。因此，应加快推进县域数字基础设施建设，充分利用数字经济新业态与数字技术的市场挖掘与拓展效应，激发乡村创业活力，加快区域中心城镇建设，更好释放数字经济与数字技术对县域城乡高水平融合发展的赋能效应。

三　农业经济对江苏城乡融合的影响与原因剖析

（一）县域农业经济与城乡融合的耦合关系

为了更清晰地反映县域农业经济与城乡融合的关联性，本文参考相关文献的做法，构建耦合协调模型计算出两者的耦合协调度。耦合协调度是衡量两个或多个系统之间相互作用及影响强度的变量，体现了系统之间的相互制约关系。在耦合分析的基础上，进一步引入协调度指标，以衡量系统之间互动的效果与质量，从而判断系统的耦合状态是否处于良性发展之中。本文采用以下模型计算耦合协调度。首先，计算耦合发展指数 $C = 2\sqrt{\dfrac{U_1 U_2}{(U_1 + U_2)^2}}$，其中 U_1、U_2 分别代表需要测度的两个变量；其次，计算协调度指数 $T = \alpha U_1 + \beta U_2$，

α、β 为待定系数，本文两个变量各计为 1/2；最后，计算耦合协调度 $D = \sqrt{C * T}$。D 值大小反映两个系统间的协调程度，其值越接近 1，则两个系统的相关性越强，反之越弱。参考已有研究①，将耦合协调度划分为 8 个阶段（见表 4）。

表 4　农业经济与城乡融合发展耦合协调度阶段划分

D 值区间	协调状态	D 值区间	协调状态
(0.00~0.20]	1 重度失调	(0.50~0.60]	5 勉强协调
(0.20~0.30]	2 中度失调	(0.60~0.70]	6 初级协调
(0.30~0.40]	3 轻度失调	(0.70~0.80]	7 中级协调
(0.40~0.50]	4 濒临失调	(0.80~1.00]	8 高度协调

2022 年，江苏省农业经济与城乡融合发展的平均耦合协调度为 0.63，相比 2010 年的 0.40 有比较大的提升，处于初级协调阶段。苏南、苏中、苏北呈现明显的梯度差异，其中，苏南 5 个市平均耦合协调度为 0.67，处于 13 个市前 2 位的苏州、无锡的农业经济与城乡融合耦合协调度均已高于 0.70，处于中级协调阶段，而苏北 5 个市的平均耦合协调度平均为 0.595，整体处于勉强协调阶段，只有盐城市、徐州市处于初级协调阶段。

从各县（市）时序状况看，耦合协调度明显提升。与 2010 年相比，列入统计分析的 40 个县（市）中，农业经济与城乡融合发展的耦合协调水平均有不同程度的提升，40% 的县（市）的耦合协调度实现翻倍。2010 年，32% 的县（市）处于重度失调阶段，仅有昆山处于勉强协调阶段，到 2022 年，这一状况得到明显改善，只有 25% 的县（市）处于轻度失调阶段，35% 的县（市）处于勉强协调水平以上。

从县域间差异看，苏南、苏北差距明显。2022 年，农业经济与城乡融合发展耦合协调水平处于前 5 名的县（市）均来自苏南，分别是昆山市、

① 刘芳：《城乡融合视域下农业农村高质量发展的路径研究》，硕士学位论文，吉林农业大学，2023。

常熟市、江阴市、张家港市、太仓市，其中昆山市耦合协调度高达0.89，已处于高度协调阶段。而处于后5位的均来自苏北，分别是滨海县、泗阳县、灌南县、建湖县和灌云县，均处于轻度失调阶段，需要努力提升。

（二）农业经济推动城乡融合发展中的主要短板

一般来讲，农业经济高质量发展、农业经营效益的提升，可以为城乡经济与社会的融合创造更有利的条件，有利于释放更多劳动力和土地等资源要素，有助于农业人口市民化，缩小城乡收入差距，推进公共服务均等化供给。反过来，城乡融合发展水平提升，为农业生产与管理能力提升提供更匹配的人才与技术，为农业基础设施的改善提供保障，可以更合理地布局农业生产生活生态空间。当前，江苏省农业高质量融合发展还存在以下短板。

1. 农业产业同质化

许多地区在追求产业规模和多样性的同时，未能有效平衡数量增长与质量提升之间的关系。尽管江苏省的粮食作物种植占比较高，各地均有粮食供给的基本任务，但这在一定程度上分散了优势产业的发展空间。某些地区将粮食保供目标视为替代产业竞争力提升的主要要求，导致产业发展动力不足。例如，江苏省的水产养殖业虽有广泛分布，如苏州的太湖大闸蟹和泰州的溱湖簖蟹，但拳头产品的数量较少，缺乏强有力的品牌支撑。

2. 农业各环节发展不均衡

江苏省农业产业链中的各个环节发展不均衡，科技进步的贡献率在不同环节之间存在显著差距。尽管一些环节的科技进步显著，但其他生产环节的技术水平仍较为滞后，特别是农产品加工业显著落后于国际先进水平。例如，畜牧业与水产业在科技应用和劳动生产率上与其他地区相比，仍有较为明显的短板，果蔬等园艺产业的农业机械化水平亦未达到预期。根据统计数据，江苏省在农业科技进步方面的贡献率虽在全国领先，但与发达农业国家之间的差距仍显著，尤其在农业原创科研成果、新品种和新技术的推广及应用方面存在困难。

3. 农业科技创新与应用存在障碍

江苏省在农业科技创新及其应用转化方面面临诸多挑战。尽管农业科技进步贡献率较高，但在关键技术和前沿技术方面自给能力不足，导致产学研合作不够紧密，农业科技成果的转化和推广效率不高。究其原因，市场逆向选择和政府支持力度不足均是影响因素。在新生产要素的需求层面，许多生产经营主体受到"优质低价"理念的制约，缺乏引入新技术的动力和渠道；而在供给层面，科研人员的短期考核目标限制了科研成果的实际应用，技术推广也因缺乏有效的市场化组织而面临困难。为了解决这些问题，市场、政府及其他组织需要共同采取综合措施。

4. 产业链呈现"中间高、两头低"态势

江苏省农业全产业链正在迅速发展，整体竞争力逐步增强，但目前仍存在"生产环节能力高、研发与加工营销环节竞争力低"的态势。这种状况与邻省浙江形成了鲜明对比。尽管农业生产基础较差，但浙江借助互联网和新经济形式，成功将全产业链的重点放在加工和营销上，通过培育大型企业和营销平台，反向推动了生产和研发环节的发展。在江苏，农业主管部门和生产经营主体长期以来偏重生产环节，对加工和营销的重视不足，致使产业链延伸不足，某些基地甚至成为外省大型企业的原料来源地。江苏省国家级龙头企业数量虽然居全国第二位，但整体发展程度低、企业规模小、竞争力不足，缺乏具有市场影响力的链主企业。

四　典型试验区的相关做法与经验

（一）主要做法梳理

2021年，《国家城乡融合发展试验区改革方案》出台。宁锡常接合片区被确立为国家城乡融合发展试验区，所涉市区积极响应国家政策，抢抓发展机遇，在城乡融合发展上积极主动探索，以更大的力度进行了集成创新，结合本地实际出台了一系列的改革文件，并逐步进行了有效落实，形成了以下

典型做法。

1. 重视统筹谋划，做好顶层设计

宁锡常接合片区依据《国家城乡融合发展试验区改革方案》、江苏省《国家城乡融合发展试验区（江苏宁锡常接合片区）实施方案》等文件精神，立足本地实际，积极编制本地区的具体实施方案，做到系统谋划、一体推进，全面构建起宁锡常接合片区城乡融合发展的制度框架和政策体系，做好顶层设计与基层落实的全面贯通，为宁锡常接合片区的城乡融合发展提供根本遵循。

2. 加强组织领导，完善工作机制

宁锡常接合片区的三区两市在区（市）级层面成立由主要领导担任组长的工作领导小组，统筹协调城乡融合发展试验区的实施工作，强力保障城乡发展工作的顺利推进。在制定各地实施方案时，就明确地方各职能部门在推进城乡融合发展工作中的具体任务，规定好各项任务推进的时间表和路线图，并要求各职能部门对工作推进落实情况进行定期汇报，确保各职能部门履职尽责，稳步推进城乡融合发展的各项工作。

3. 强化政策倾斜，突出项目支撑

江苏省省市县三级都高度重视国家城乡融合发展试验区建设，对宁锡常接合片区的建设工作强化政策支持，在财政、投资、税收、金融等方面给予政策倾斜，引导社会资本积极参与合适的项目建设，吸引和集聚高层次人才加入，确保宁锡常接合片区在政策红利下能够高质量推进城乡融合发展。同时加强重点项目支持，在宁锡常接合片区规划实施一批重点项目，通过重大项目带动，汇财聚人，为本地城乡融合发展注入生机活力，提高可持续性。

4. 强化督促落实，用好考核激励

用好考核指挥棒，建立起有效的激励机制，对于推动宁锡常接合片区城乡融合发展具有重要作用。宁锡常接合片区也高度重视建立健全督查考核机制，把相关年度重点任务和重要事项纳入高质量发展综合考核，充分发挥各相关部门的主观能动性与工作积极性，形成推动城乡融合发展的有效合力。

（二）加快农业转型促进城乡融合的典型案例及经验总结

宁锡常接合片区在发展农业促进城乡融合方面进行了积极探索，各地涌现了不少典型案例，可为其他地区的农业发展和城乡融合提供启发和参考，兹选取具有代表性的案例 3 则[①]，呈示如下。

案例 1：南京市高淳区创新探索"GEP 生态价值贷"

为着力解决农业项目融资难、生态资产评估难、评估结果应用难等一系列问题，南京市高淳区积极探索生态产品价值实现机制，成立了由中国人民银行高淳支行、区发展改革委、区金融监管局、区市场监管局、区农业农村局组成的"GEP 生态价值贷"金融产品创新领导小组，创新探索绿色信贷模式，负责推进金融支持生态产品价值实现在高淳区的落地推广，并在《高淳区 2022 年度生态系统生产总值考核实施意见》中，明确了金融支持生态产品价值实现任务目标。为提高生态价值评估测算的准确性和权威性，高淳区与中国计量大学质量与标准化学院进行合作，由中国计量大学质量与标准化学院对试点主体的生态价值进行测算并出具报告，报告结果同时在动产融资统一登记公示系统登记公示。试点主体可凭此到银行抵押贷款，从而解决融资难的问题，促进生态价值的实现。在试点过程中，高淳区积极完善"GEP 生态价值贷"实现机制，创新绿色金融体系、拓宽绿色企业融资渠道，实现绿色信贷的年均增幅保持在 17% 以上。

案例 2：统筹高标准农田与美丽乡村建设的宜兴实践

2022 年，宜兴市对照耕地"三调"图斑和划定的"三区三线"范围，编制了《江苏省无锡市宜兴市高标准农田建设规划（2021—2030 年）》，将今后几年的建设任务分解到镇街，落实到图斑，并纳入《宜兴市现代农

[①] 《省发展改革委关于印发江苏宁锡常接合片区国家城乡融合发展试验区典型实践案例汇编（第二批）的通知》，江苏省发展和改革委员会网站，http://fzggw.jiangsu.gov.cn/art/2024/1/16/art_ 51012_ 11197621. html。

业专项规划（2023—2035）》。除前瞻性提出新形势下高标准农田建设的技术要求，大力引进农业物联网设施，推动农业现代化、信息化、智能化发展，更是突破高标准农田建设的固有思维，把高标准农田建设与特色田园乡村、美丽河湖与村庄既有格局有机结合起来统筹设计、统一建设，充分利用村边、田边、河边固有的池塘、坑塘建设农田尾水净化塘，配以园林绿化措施，着力改善农民生活环境。如在徐舍镇美栖村4000亩生态型高标准农田建设中，深度开发建设特色种植基地，使美栖村成为网红打卡地；新庄街道核心村将高标准农田项目区打造成百合花开产业园，成为吸引城市游客的美丽田园，同时增加了村级集体收入。

案例3：常州市溧阳市以"鹅"为链打造乡村品牌，激发农民增收"新动能"

坐落在溧阳市竹箦镇西北的姜下村，近年来以"产业兴村"为主线，借助"1号公路"辐射效应，积极发展以"鹅"为主题的文化产业。姜下村的风鹅素有"中华第一鹅"的美称，近年来，为了重新打响风鹅品牌，在政府的扶持和自身的努力下，姜下村通过土地综合整治、环境整治、生态修复等措施，打造集"鹅主题农场乐园""鹅湖""鹅餐厅"等特色项目于一体的"鹅生活"特色田园综合体项目，逐步建成全产业链融合发展的"鹅村"，摸索出一条促进城乡融合发展、推动实现共同富裕的现实路径。一是带动就业增加农民工资性收入。姜下村通过重点打造食品配送中心、风鹅厂、蝴蝶兰种植基地、西汤文旅景区等四大支柱产业，为村民提供了大量的就业机会，增加了村民的劳务收入。累计带动周边560名村民就业，2023年村集体经济总收入达1245万元，其中经营性收入达505万元。二是提升农民财产性收入。姜下村成立了江苏姜下现代农业产业园发展有限公司、溧阳市姜下物业管理有限公司和溧阳市姜下文旅公司，同时引进社会资本打造鹅主题农场乐园、棕榈湾·鹅湖水上运动中心等，既为村民提供了就业机会，也给当地带来了较高水平的土地租金，每户家庭租金收入达1万~2万元。三是拓宽村民经营性收入渠道。农旅融合为本地农户创造了新的收入来源，村民纷纷在村内经营各类商铺，为到访旅客提供相应的服务，包括村民经营的鹅主题餐厅、大灶头、西汤老鹅坊、西汤小吃店、西汤便利店、惠百家烟酒副食等，村民家庭年收入因此可增加 2 万~10 万元。

（三）主要经验启示

根据宁锡常接合片区在探索城乡融合过程中涌现的众多案例，本文总结出以下经验，为其他地区的城乡融合之路提供有益借鉴和参考。

第一，创新改革体制机制。创新体制机制、建立相关政策体系是推进城乡融合不断走向深入的根本。宁锡常接合片区在成为国家城乡融合发展试验区以后，更是在以往城乡融合的基础上加强体制机制创新，特别是在建立农村集体经营性建设用地入市制度、建立科技成果入乡转化机制、搭建城乡产业协同发展平台、建立生态产品价值实现机制以及健全农民持续增收体制机制等重点任务方面加强体制机制创新，争取在城乡融合发展方面走在全省乃至全国前列，为全省乃至全国的城乡融合发展做示范。但是各地的体制机制创新并非全面开花，而是结合本地发展实际，各有侧重，争取以点带面、循序渐进推进本地的体制机制创新。如高淳区在探索建立生态产品价值实现机制方面重点突破，金坛区在建立农村集体经营性建设用地入市制度方面加强探索。

第二，突出科技引领赋能。科技是推动经济发展的第一动能，在促进城乡融合发展方面，科技的重要性同样不容忽视。宁锡常接合片区属于江苏经济相对发达的苏南地区，产业发展基础好，但同时遇到了一定的发展瓶颈，亟须通过技术创新突破发展瓶颈。在发展需求和任务要求的双重压力下，宁锡常接合片区的两市三区充分借助省内科教资源丰富的优势，与省内的南京农业大学、江南大学、江苏省农业科学院等高校和科研院所以及省外的上海海洋大学等展开深入合作，发挥各自优势，开展联合攻关，攻克技术难题，助力本地特色产业发展，积极推动科技成果入乡转化，为城乡融合发展注入科技动能。

第三，搭建产业发展平台。发展平台是资源整合共享、信息交流和政策发布的重要载体，搭建合适的发展平台对于促进交易、提升效率等发挥着重要作用。宁锡常接合片区高度重视相关发展平台搭建，充分发挥平台的规模优势促进产业融合、生产要素平等自由流动，进而有效促进本地的城乡融合发展。如南京市高淳区通过做优服务平台放大固城湖螃蟹的品牌效应，宜兴市依托重大项目平台提升公共服务水平，溧阳市则利用本地行业协会助力特色产业迈上新台阶，金坛区以农业产业园为载体促进三产融合发展等。

第四，探索生态价值实现。绿水青山就是金山银山，而宁锡常接合片区地处江南水乡，风景优美，生态价值丰富。实现生态价值由潜在价值向实际价值转变是促进农民增收和建设宜居宜业和美乡村的重要途径。但生态产品价值的实现是一项探索工程，在国内乃至国际上都没有太多的有效案例可以借鉴。宁锡常接合片区积极发挥首创和借鉴精神，立足本地生态资源实际，积极探索适合本地实际的生态产品价值实现方式，如南京市溧水区探索附带生态保护条件的土地出让机制来促进生态产品价值实现，南京市高淳区通过创新"GEP生态价值贷"实现生态价值的金融属性，宜兴市构建森林生态产品价值评估体系，溧阳市通过探索下游跨界参与上游生态环境治理创新横向生态补偿方式等，为江苏省探索生态产品价值实现方式做出了有益尝试，也为城乡融合蹚出了一条新的途径。

第五，坚持城乡共同富裕。共同富裕是社会主义的本质要求，也是城乡融合发展的出发点和落脚点。宁锡常接合片区高度重视城乡共同富裕问题，均把健全农民持续增收体制机制作为重点任务，明确缩小城乡收入差距的目标。根据2023年相关地区经济与社会发展统计公报，高淳区、溧水区、宜兴市、金坛区、溧阳市农村居民人均可支配收入分别为36715.0元、36192.1元、40633元、38138元、37742元，均显著高于全省农村居民人均可支配收入（30488元）；城乡收入比分别为1.92、1.93、1.78、1.79、1.75，均显著低于全省城乡收入比（2.07）。在推进城乡融合的过程中，宁锡常接合片区通过多种方式多种渠道提高农民收入，充分保障农民在项目推进中的合理利益，积极发挥农民的主体性作用，为城乡融合的顺利推进奠定了坚实的群众基础。

五　主要结论与展望

（一）主要结论

基于前述分析与比较结果，江苏省县域城乡融合发展呈现强劲的基础优势，尤其是在农业经济方面，综合发展水平稳居全国前列。

第一，江苏的农业生产率高达到 8.8 万元，显著高于其他粮食主产区。这不仅保障了粮食安全，还促进了三次产业协调发展，为劳动力向非农产业转移创造了条件，推动了城乡融合。

第二，2010~2022 年，江苏省县域城乡融合发展水平稳步提升，指数年均增幅为 4.44%。各区表现出不同趋势，苏北起点低增幅大，发展潜力突出。省域内区域间差距缩小，表明省域一体化政策效果显著。分维度看，基础设施融合指数快速提升，成为主要驱动因素，数字基础设施对城乡融合的促进作用逐渐增强。

第三，江苏省农业经济与城乡融合之间存在较强的关联关系，耦合协调度明显提升，但整体来看耦合协调度还处于初级协调阶段，有待进一步提升。苏南、苏中、苏北的耦合协调度呈现较为明显的区域分异性，苏北还有不少县处于轻度失调阶段。未来，重点应放在苏北，通过加快农业现代化和要素市场化，推动城乡全面深度融合，实现区域间的协调发展。

第四，宁锡常接合片区城乡融合发展的经验表明，创新体制机制是深入推进城乡融合的基础，科技引领赋能有利于突破瓶颈，产业发展平台搭建提升资源整合和信息共享水平，增加农业生态价值，提高农民收入，确保融合发展成果共享。

（二）加快农业转型推进城乡融合的几点展望

基于前述分析与典型案例剖析，未来需要更加关注农业现代化和城乡融合的耦合协调发展，需要从多个方面入手，包括科技赋能、功能拓展、产业

链打造、政策支持等，同时各地应根据自身实际制定差异化战略，实现农业经济与城乡融合的耦合协调发展。

1. 加强科技赋能与创新合作

一是推进农业科技园区建设。依托地方高等院校和科研机构，建设农业科技园区，集中力量攻克农业实际生产中面临的技术难题，并推广成功案例，以实现科技成果转化。二是健全科技服务网络。利用现代信息技术，建立线上线下相结合的科技服务平台，帮助农业经营主体获取最新农业技术和市场信息，提高市场效率与竞争力。

2. 加快农业多种功能价值实现

一是聚焦城乡融合发展大势，系统谋划发展农业新业态，如文化休闲农业、生物质能源产业等，提升农业多重价值，激发农业发展内部活力。二是建立健全与多功能农业发展相适应的制度框架，包括支持政策、组织机制、运营模式及评估体系等，激励农业经营主体积极作为，推动农业升级，实现更高的经济效益，为城乡融合提供更丰富的资源与更多的机会。

3. 不断完善农业产业发展平台

一是构建多层次协同产业链。进一步推动农业产业结构调整，鼓励地方特色农业的发展，促进优质农产品的生产与消费，避免同质化竞争。二是加强农业产业各环节，特别是加工储藏环节的研发与应用，促进科技成果的转化。完善产业链条，培育具有市场影响力的龙头企业，提升全产业链的竞争能力。

4. 加强政策支持与市场引导

一是改善农业新生产要素的导入环境。鼓励农民合作社、企业和科研机构共同搭建产业链，积极引入新技术，形成从生产、加工到销售的完整链条，提高农产品附加值。二是优化农村电商平台。发展农村电商，开辟农产品线上销售途径，在更大范围内对接外部消费市场。

B.3
江苏工业运行的进展与展望

沈宏婷 李斯嘉*

摘 要： 江苏坚持以制造强省建设为统领，加快推进新型工业化，着力构建"1650"产业体系，工业经济在总量提升、结构优化、提质增效等方面均取得显著成就，保持了在全国领先的位置，国际竞争力也进一步增强，彰显了应对复杂经济形势的强劲韧性。与此同时，江苏的产业发展仍处于全球产业链和价值链中低端，面临"卡脖子"技术瓶颈和基础制造能力不足等挑战。随着江苏制造业发展的基础条件和内外部环境的不断变化，既往发展路径的增长动能逐渐减弱，面临的瓶颈增多。下一阶段，为有效应对诸多不稳定因素，江苏应坚决扛起"走在前、做示范"的责任使命，树立更高的发展目标，围绕动力培育、主体协同、平台布局、要素支撑、载体建设探索推动工业高质量发展的路径，不断巩固江苏制造领先优势。

关键词： 工业运行 工业发展路径 江苏制造 江苏

在全球新一轮科技革命和产业转型加速推进的宏观背景下，江苏工业发展正迎来关键转折。尽管江苏制造业在全国保持领先，国际竞争力也有所提升，但仍面临"卡脖子"技术瓶颈和基础制造能力不足等挑战。为响应国家关于制造业高质量发展的号召，"十四五"期间，江苏出台了"智改数转网联"三年行动计划、《加快建设制造强省行动方案》，以"1650"

---

* 沈宏婷，博士，江苏省社会科学院经济研究所副研究员，主要研究方向为产业经济；李斯嘉，博士，江苏省社会科学院经济研究所助理研究员，主要研究方向为产业经济。

产业体系为框架,加强群链结合,在"稳增长"中持续推进工业提质增效,以巩固国内大循环、增强国际竞争力。2024 年,江苏工业经济率先实现整体回升,展现出强劲韧性和适应力。展望未来,江苏以科技创新和结构优化为支撑,致力于突破产业链升级瓶颈,全面推动建设全球先进制造业基地,全面践行"争当表率、争做示范、走在前列"的发展新要求。

一 江苏工业发展状况

江苏作为工业大省,长期以来工业规模稳居全国首位,为全省经济发展奠定了坚实的基础。2024 年,在面临众多外部挑战的背景下,随着宏观政策的落实、市场需求的恢复、新兴动能的培育和企业信心的提升,江苏工业经济运行呈现总量规模不断扩大、质量效益稳步提升、转型升级持续推进的良好发展态势,彰显了江苏工业体系的强劲韧性和抗风险能力。

(一)工业生产总体保持向好态势

2024 年前三季度,全省规模以上工业增加值同比增长 7.9%,高于上年同期 0.7 个百分点,快于全国,位居东部省份前列。分季度看,第一季度增长最快,增速达 9.5%,第二、三季度逐步放缓,增速分别为 7.6% 和 6.6%,其中第三季度内部各月也呈增速逐步加快的态势。分三大门类看,采矿业增加值增长最快,同比增速高达 17.8%,电力、热力、燃气及水生产和供应业增加值增长 12.5%,制造业增加值增长相对较慢,同比增速达 7.5%。分经济类型看,民营企业增长最快,同比增速为 8.7%,其次是股份制企业,同比增长 8.1%,外商及港澳台投资企业、国有控股企业同比增速低于全省平均水平,分别同比增长 7.6% 和 7.2%。分行业看,在列统的 40 个行业大类中,有 34 个行业增加值同比增长,行业增长面达 85.0%,比上半年提升 2.5 个百分点。其中计算机、通信和其他电子设备制造业,汽车制造业,电力、热力燃气及水生产和供应业,金属制品业实现两位数增长,分别增长 14.4%、10.6%、11.7%、10.9%，合计拉动规模以上工业增加值增长 3.7 个百分点，是拉动工业增长的重要力量。[1]

（二）先进制造业带动支撑作用明显

随着传统产业焕新、新兴产业壮大、未来产业培育的统筹推进，以装备制造业、高技术制造业为代表的先进制造业增势良好，对江苏省规模以上工业的支撑带动作用较强。装备制造业的"压舱石"作用日趋稳固。前三季度，规模以上装备制造业增加值同比增长 8.9%，对全部规模以上工业增加值增长的贡献率为 60.5%，比上半年提升 4.3 个百分点；其中，计算机、通信和其他电子设备制造业增加值增长 14.4%，汽车制造业增长 10.6%，金属制品业增长 10.9%。高技术制造业持续快速增长，形成有力支撑。前三季度，规模以上高技术制造业增加值同比增长 9.6%，其中规模以上数字产品核心制造业增加值增长 11.0%，分别高于全部规模以上工业 1.7 个百分点和 3.1 个百分点。其中电子工业专用设备制造、集成电路制造、通信终端设备制造实现两位数增长，增速分别为 29.3%、20.0%、14.1%；半导体分立器件、传感器、电子元件、集成电路、智能手机等产品产量均实现较快增长，增速分别为 26.3%、54.3%、30.8%、26.9%、12.1%。[2]

（三）产业转型升级稳步推进

绿色化、智能化新优势加快塑造。通过实施"智改数转网联"三年行动计划，江苏制造业在降本增效、产品质量、节能减排等方面取得了显著提升。截至 2024 年 7 月末，全省累计开展"智改数转网联"免费诊断的企业超 5.1 万家，实施改造项目约 5.6 万个，建成了包含智能制造工厂、车间和

---

[1] 《汪雪敏：前三季度工业经济平稳运行 动能转换有序推进》，江苏省统计局网站，2024 年 10 月 24 日，http：//tj. jiangsu. gov. cn/art/2024/10/24/art_ 85276_ 11400793. html。

[2] 《汪雪敏：前三季度工业经济平稳运行 动能转换有序推进》，江苏省统计局网站，2024 年 10 月 24 日，http：//tj. jiangsu. gov. cn/art/2024/10/24/art_ 85276_ 11400793. html。

工业互联网平台等在内的一批国家级和省级智能制造示范标杆，形成了良好的示范效应。① 新技术新产业与节能降碳、数字化转型密切联动，塑造江苏产业发展新优势。一方面，绿色低碳产业蓬勃发展，前三季度，江苏新能源汽车产业集群实现开票销售 1.36 万亿元，保持平稳增长，江苏新能源汽车产量达到 80.1 万辆，多项指标走在全国前列。② 另一方面，人工智能等信息技术应用场景加速落地，助力数字经济和实体经济、先进制造业和现代服务业加快融合，数字产品制造业加快赋能智能化，在工业机器人领域，南京埃斯顿已经成为国内市场出货量第一的自主品牌，专注于工业机器人的研发和生产。

（四）新动能持续培育壮大

全省以新质生产力为牵引，新产业、新业态、新模式不断涌现，拓展高质量发展的新空间。前三季度，全省数字经济核心产业开票销售增长6.7%，高新技术产业产值占规模以上工业比重达 50.8%，较上年同期提高1.0 个百分点。截至 2024 年 10 月，规模以上工业企业实施"智改数转网联"覆盖率达 96.5%。2024 年新增国家级专精特新"小巨人"企业 711 家，有效期内企业共 2186 家，均位居全国第一。③ 新兴产业的加快发展离不开科技创新供给的持续加强和产业更新步伐的加快。江苏省统筹推进重大科技创新平台建设，未来网络试验设施基本建成，全国重点实验室累计达 35 家。围绕第三代半导体、人工智能等 9 个重点领域，布局 46 项重大攻关任务。启动建设首个全国高校区域技术转移转化中心，建设首批 10 家概念验证中心，技术合同成交额增长 13%。设立总规模达 500 亿元的省战略性新兴产业母基金，组建首批 14 支总规模达 506 亿元的产业专项基金。

---

① 《建设制造强省 助推中国式现代化江苏新实践》，《江苏经济报》2024 年 10 月 10 日，第A01 版。

② 《江苏省工业和信息化厅是清：前三季度江苏汽车产量148.3 万辆》，新京报网站，2024 年 10月 30 日，https：//www.bjnews.com.cn/detail/1730288286168849.html。

③ 《前三季度江苏经济发展数据观察 | 看总量，5.7%背后的"稳"与"进"》，江苏省人民政府网站，2024 年 10 月 28 日，http：//www.jiangsu.gov.cn/art/2024/10/28/art_ 88960_11403677.html。

（五）企业盈利效益逐步趋稳

工业运行呈现速度与效益双提升的良好态势。1~8月，全省规模以上工业企业利润总额同比增长1.3%，延续年初以来的增长态势。列统的40个大类行业中，24个行业利润实现正增长，增长面达60%，其中汽车、化工、电力热力、有色等行业利润实现两位数增长，增速分别为60.6%、19.7%、17.8%、33.5%，合计上拉全部规模以上工业利润增速5.4个百分点。按营业收入排序的百强企业实现利润总额同比增长7.3%，增速高于规模以上工业平均水平6.0个百分点，对规模以上工业利润增长贡献率为84.3%；53家企业利润同比增加，其中5家企业扭亏为盈，8家企业亏损减少，11家企业连续两年实现盈利且利润增量超5亿元。[①]

（六）区域协同向更高水平迈进

分区域看，尽管1~8月规模以上工业增加值累计增速超过全省平均增速的城市在苏南、苏中、苏北均有分布，但排前3位的城市均分布在苏北、苏中，分别是淮安、南通和宿迁。淮安、宿迁"后发优势"显现，淮安实现了两位数增长，居全省首位，全市实现规模以上工业增加值同比增长10.2%。南通民营工业形成有力支撑。苏州工业经济强势反弹，其规模以上工业增加值同比增长9.4%，是苏南增长最快的城市。增速靠后的城市在苏南、苏中和苏北也均有分布，分别是南京、泰州、盐城，其中泰州增长最慢，为3.0%。[②] 总体来看，苏北工业的加快发展不仅为江苏工业发展带来了新的增长点，推动了江苏工业的协调发展，也使苏北在江苏重构经济格局的过程中发挥越来越重要的作用。

---

① 《汪雪敏：前三季度工业经济平稳运行 动能转换有序推进》，江苏省统计局网站，2024年10月24日，http://tj.jiangsu.gov.cn/art/2024/10/24/art_ 85276_ 11400793.html。

② 《2024年1~8月设区市规模以上工业增加值》，江苏省统计局网站，http://tj.jiangsu.gov.cn/art/2024/10/9/art_ 90214_ 11379769.html。

二 江苏工业发展面临的突出问题

在新发展理念的指引下，加快形成新质生产力推动江苏制造业向高端化、智能化、绿色化迈进刻不容缓。但"三化"目标的实现面临诸多瓶颈。

（一）企业自主创新能力不足

江苏虽然区域创新能力较强，但主要为高校、科研院所。而企业作为创新的主体，在自主创新能力方面还存在明显不足。企业 R&D 投入是反映企业创新能力的重要指标之一。由于经营压力较大、利润较低，江苏大多数制造业企业对技术创新的长远价值认识不足，或难以承担高额的研发成本，研发投入较低。在 2024 中国制造业企业 500 强研发投入榜单中，江苏入选 56 家，排第 3 位，落后于浙江、山东，比浙江少 30 家。只有江苏恒瑞医药股份有限公司入选研发强度排前 10 位的企业。除了投入不足，江苏企业的创新效率也明显低于广东。2022 年，广东规模以上工业企业研发投入是江苏的 1.07 倍，R&D 人员全时当量是江苏的 1.18 倍，有效发明专利却是江苏的 1.91 倍。

（二）头部领军企业缺乏

江苏工业企业数量众多，以中小微企业为主，缺乏投资规模大、技术含量高、产业链条长、集聚效应强的头部领军企业。多年来，在最能反映企业综合实力和影响力的世界 500 强榜单中，江苏入围企业始终维持在 3~4 家，未能实现大的突破，不仅一直落后于北京、广东、上海，也被浙江超越，并出现较大的差距。在 2024 年世界 500 强榜单中，江苏入围企业有 3 家，比浙江少 7 家，在全国排第 7 位。在 2024 中国 500 强榜单中，江苏有 40 家企业入选，比浙江少 11 家，在全国排第 5 位。在 2024 年中国制造业民营企业 500 强榜单中，浙江以 106 家企业位居榜首，江苏则以 79 家企业排第 2 位。

与上年相比，江苏入围企业数量减少了 10 家。领军型企业数量不足，与江苏经济规模、集群数量不相匹配。

（三）产业集群引领性偏弱

江苏产业集群众多，但以传统产业为主，集中在化纤纺织、丝绸、服装、鞋帽、五金制品、精细化工等劳动密集型轻工领域。这些传统产业集群创新投入较少，整体技术水平较低，全球竞争力不足。江苏虽然有 10 个先进产业集群入选国家级产业集群，但前瞻性布局的第三代半导体、基因技术、航空航天与海洋开发、量子科技、氢能与储能等未来产业布局集群效应还未显现。① 在很多产业集群内部，众多企业不是围绕龙头企业相互关联而集聚，而是同类企业横向集聚，没有形成上下游合作的整体效应。加工贸易占比高，加工制造与当地产业缺乏联系，产业"链"联系不明显，知识与技术溢出效应不明显，对制造业转型升级的引领性不足。围绕制造环节的技术、金融、知识产权、信息咨询等生产性服务配套总体滞后，先进制造业集群的制造业服务化、服务型制造尚未成为主流发展模式，个性化定制、精准供应链管理等刚刚起步，云计算、大数据、物联网与制造业深度融合不足，产业智能化水平偏低。

（四）产业链自主可控程度不高

江苏虽拥有较为完整的产业链，但仍然存在产业链供应链基础不牢、水平不高的问题。其核心技术、材料和关键零部件的对外依存度较高，在一些关键环节上面临"卡脖子"风险，限制了高端产品的供给。省内多个行业对进口设备依赖较大，特别是高端数控机床、智能制造装备、高精密加工设备、检验检测设备、工业母机等，这加剧了产业链上游的脆弱性。此外，由于基础研究能力和对核心技术的掌控力仍显薄弱，江苏在关键技术和零部件上难以摆脱对国外供应链的依赖，短期内实现产业链完全自主可控面临较大的挑战。

---

① 江静：《如何建设具有全球影响力的产业科技创新中心》，《群众》2023 年第 11 期。

（五）转型升级难度较大

江苏的产业发展仍处于全球产业链和价值链中低端，向中高端迈进的步伐较为缓慢，易陷入"低端锁定"困境。家具制造业、石油煤炭加工业和纺织服装业等传统行业虽然在出口规模和配套设施上具备一定的优势，但也普遍存在设备陈旧、技术工艺落后、产品结构和产能布局不合理，以及能源、资源消耗偏高等问题。随着碳达峰、碳中和等重大战略的推进及相关政策实施，环境监管日趋严格，劳动力成本不断上升，传统产业集群的可持续发展面临严峻挑战，亟待通过优化结构和提升效率来转型。然而，高端化、智能化及绿色化转型需要大量的前期投入，而其回报具有滞后性和不确定性，导致广大传统产业中小企业进行转型升级的动力不足。在战略性新兴产业以及知识密集型、资本密集型等工业中，同样存在"高技术不高"和"高端产业低端化"的问题，阻碍了江苏向更高端价值链的攀升。

三 江苏未来工业发展面临的内外环境及展望

（一）江苏工业发展面临的国内外环境分析

观察江苏工业经济，要结合发展阶段变迁和内外环境变化，用全面、辩证、长远的眼光看待。

从国际环境看，江苏经济发展面临诸多不稳定性因素，主要包括世界经济增长动能不足、全球产业结构和布局深度调整、地缘政治冲突和国际贸易摩擦频发等。这些因素均增加了江苏经济的外部风险和下行压力。其中，中美贸易摩擦以及与之密切关联的全球产业链供应链重构趋势将成为影响江苏工业发展的重要因素。

从国内环境看，国内有效需求不足、市场竞争激烈、企业成本上升、资源环境约束趋紧等制约企业生产经营的问题客观存在，但随着产业政策、稳增长促消费等多重政策效应的持续释放，新质生产力加快发展，持续赋能新型工业化发展，不断释放增长新动能。

（二）江苏工业发展面临的机遇和挑战

1. 机遇

一是全球科技革命和产业革命为江苏产业发展带来转型升级的机遇。在过去几轮科技革命中，江苏始终处于跟随状态。随着经济发展水平的不断提高，江苏在成熟产业升级方面面临全球价值链低端锁定、发达国家的降价打压、后发优势递减等多重阻力。在新一轮技术革命中，各个国家处在相近的起跑线上，新技术对既有产业的颠覆降低了进入壁垒。加之江苏在科技和产业能力、产业发展基础方面已取得长足进步，形成了较为齐全的产业门类和完善的产业配套，在基础设施、生产要素和政策支持方面，为抓住新一轮科技革命和产业革命机遇提供了强有力的支撑条件。以新能源产业为例，江苏已处于全国第一方阵，而且在动力电池这一新能源汽车关键部件产业链环节形成全球领先优势。

二是改革的持续深入推进和政策支持为制造业高质量发展提供了制度环境。近年来，我国政府相继发布了多项推动"数字中国"建设的政策，旨在加速产业的数字化转型，特别是推动制造业朝数字化、智能化方向发展。据初步统计，2018~2023年，我国相继出台了20余项涵盖数字经济和智能制造的相关政策。[①] 这些政策不仅提供了资金支持，也涵盖了技术更新和设备改造等多个方面。在国家和地方的共同推进下，江苏从产业实际出发，率先实施"高端装备跃升""智改数转网联赋能""绿色低碳转型""本质安全提升"四大专项行动，加快企业设备更新和技术改造。这种全面的政策扶持不仅能在短期内推动工业经济增长，也将带来深远的影响，有助于促进工业领域扩大内需、优化供给，并推动中长期产业结构的优化升级，使江苏

---

① 郭朝先、薄荣鑫：《我国制造业发展环境变化与制造业发展方向探析》，《中国国情国力》2024年第7期。

在未来的竞争中更具优势。

三是"双循环"新发展格局为制造业高质量发展注入新动能。在当前国际局势复杂多变、不确定性因素增加的背景下，依托国内大市场的优势，充分挖掘内需潜力，有助于应对外部冲击及外需下滑的影响。构建统一大市场，打通国内大循环的卡点堵点，将有效提高资源配置效率。从"双循环"的视角来看，江苏可以利用国内市场规模优势和已有的制造业发展基础，吸引全世界的技术、人才、知识等高级生产要素，加强国际交流，有效弥补国内高端要素供给不足的缺陷，加速推动制造业高质量发展。同时，"双循环"新发展格局将强化江苏制造业与全球经济的联动性，支持制造业深度融入全球产业链与分工体系，并为其产品创造更广阔的市场和需求空间。目前，江苏积极融入全国统一大市场建设，不断完善"1+5+13+N"营商环境政策体系，形成21项制度性成果；政务服务的优化和行政效能的提升，使13项"一件事"全部落地见效。

2. 挑战

一是低成本比较优势逐渐丧失。随着劳动力和土地要素供给的制约日益明显，江苏制造业原有的低成本优势正逐步消退。生产要素价格上涨使得制造业的成本控制成为迫切需求，尤其是对于低附加值的制造业企业而言，这类竞争压力尤为显著。同时，成本上升也使企业的利润空间缩小，削弱了其在国际市场中的价格优势。

二是资源环境约束日益趋紧。江苏传统产业占比较高，受发展理念、技术能力、管理水平等方面的制约，部分企业资源能源集约利用水平偏低，节能降碳和清洁生产的改造投资压力较大。在碳达峰、碳中和的目标导向下，江苏工业发展的资源和生态环境成本不断提升，高载能产业的规模扩张和投入增长将面临约束。

三是国际竞争压力持续加大。一些发达国家的高技术封锁和发展中国家的低成本竞争，对江苏造成双重挤压。美欧高端制造业的发展对我国制造业高端化升级形成冲击，增加了我国制造业转型升级的难度。随着国内外产业竞争不断加剧，江苏原有的同质化低水平供给体系无法适应消费升级趋势，只有在技术水平、质量性能、品牌建设等方面培育新优势，扩大优质产品供给，才能参与高水平国际合作竞争。

四是缺乏金融体系的有力支撑。受限于自身信用、财务和担保资源等问题，中小微工业企业在融资过程中常常面临诸多困难。同时受美国加息周期的影响，资本流动性紧缩使得江苏的制造企业，尤其是创新型企业，面临更高的融资成本和更大的波动风险。

五是人才供需矛盾较为突出。江苏虽为教育大省，但在制造业高端人才培养和产业对接上存在不足，导致产学研之间衔接不畅。尤其是在智能制造、新材料和先进装备制造等新兴领域，技术工人和高端研发人员的缺口明显。人才供需的错位使得江苏制造业无法有效匹配到所需的高端人才，限制了产业升级的效率和创新活力。

（三）江苏工业发展的未来展望

2025 年是"十四五"规划的收官之年，也是决定江苏制造业能否实现质的飞跃的关键时期。在长期的国际竞争中，江苏已然形成了独特的发展优势。展望未来，尽管江苏工业经济所面临的内外部环境依然复杂严峻，但江苏凭借深厚的工业基础、完备的工业体系、庞大的市场规模和完善的基础设施，继续展现出坚实的增长基础和向好态势。特别是在全国上下齐力推动新型工业化的背景下，其工业经济长期向好的趋势依旧稳固，增长基础坚实，产业结构调整与优化的步伐也保持稳健。

江苏成功实现新型工业化的关键在于，将高质量发展要求贯穿至新型工业化的各个环节，重点推进高端化、智能化和绿色化，培育新质生产力，巩固并提升江苏制造的领先优势。[①] 为此，江苏亟须突破产业基础高级化和产业链现代化的核心瓶颈，在产业集群建设、创新融合、骨干企业培育和基础能力提升等方面取得重大突破，以确保其在未来竞争中保持优势并实现可持

---

① 《作为全国工业最强省份之一，江苏距离"新型工业化"还有多远?》，《江苏经济报》2024年 1 月 9 日，第 A01 版。

续发展。

面对全球价值链多元化、分散化和去中心化发展趋势，江苏既要充分发挥自己的优势，又要积极应对，以更加开放的姿态拥抱崭新的机遇，以更加完善的产业生态带动企业共同发展，主动向价值链高端攀升。下一阶段，仍要加力推动存量政策和一揽子增量政策效应持续释放，着力激发市场需求潜力，聚力培育壮大增长新动能、竞争新优势，全力推动工业经济实现高质量发展。

四 江苏推动工业高质量发展的目标、路径与对策

面对复杂多变的内外部环境，江苏应坚决扛起"走在前、做示范"的责任使命，以制造强省建设为统揽，树立更高的发展目标，积极探索推动工业高质量发展的路径，并采取相应的对策措施，多措并举不断巩固江苏制造领先优势，加快建成以科技创新为引领、以先进制造业为骨干的现代化产业体系。

（一）江苏推动工业高质量发展的目标

工业高质量发展表现为科技水平高、生产效率优、经济效益好、产业韧性强、生态破坏少等特征。据此，将江苏工业高质量发展的目标设定如下：一是创新和技术进步成为产业水平提升和价值链跃迁的重要引擎；二是平台经济成为新型工业化新的产业组织形态；三是绿色低碳成为新型工业化的生态底色；四是形成以实体经济为支撑的现代化产业体系。

（二）江苏推动工业高质量发展的路径

面对长短期、内外需、新旧动能转换等矛盾交织，江苏需要保持"危中寻机"的警醒，直面挑战、排解隐患、勇扛责任，围绕动力培育、主体协同、平台布局、要素支撑、载体建设探索"化危为机"的路径。

1.加强关键核心技术攻关，提升创新策源能力

创新驱动发展是提升制造业生产效率的核心途径，必须面向国际科技前

沿和竞争态势，大力实施科技创新战略，重点聚焦实施产业基础再造工程，提高科技创新策源功能。要把技术放在要素配置更加突出的位置，全面提高关键共性技术和应用技术创新能力，加快育成技术创新发展优势。对标世界一流，加强前沿探索和前瞻布局，围绕战略性支柱产业集群和战略性新兴产业集群加大关键核心技术攻坚力度。根据产业当下急需和长远发展需要，凝练形成制约产业发展的"卡脖子"技术、具有先发优势的关键技术、引领未来发展的基础前沿技术清单，面向全球"揭榜挂帅"，组织实施重大科技攻关项目，提升产业创新能级。深化供给侧结构性改革，以科技创新引领产业结构和经济结构优化升级，推进企业技术改造和高端化、智能化、绿色化发展。

2. 强化企业创新主体地位，充分发挥多元主体的协同效应

要进一步提高企业在产学研合作中的地位，进一步重视民营企业参与重大创新，强化产业链薄弱环节攻坚，加快形成创新链、产业链和价值链一体化发展的新型产业分工体系。鼓励以创新型领军企业为主体构建创新联合体，在政府、高校和科研院所的共同参与下，统筹行业上下游创新资源，形成体系化、任务型的协同创新模式，突破一批关键核心技术。探索建立场景驱动、企业主导的新型科技成果转化体系，通过开展初创成果概念验证、培育技术转移服务市场等举措，打通从基础研究、技术攻关到成果转化的全链条。以产业需求为导向，鼓励龙头企业、新型研发机构牵头构建各种层次的公共技术服务平台和技术转移服务平台，充分利用人工智能、大数据等新一代信息技术，建立全链条、全方位的服务体系，带动大中小企业融通创新。

3. 建设高水平产业科技创新平台，不断优化平台布局

未来产业的高质量发展，离不开高水平科技创新基础设施和平台的建设。江苏应围绕国家战略需求，聚焦重大科研任务，在量子科技、第三代半导体、新型储能等领域布局科技基础设施建设，依托紫金山实验室等高水平科研平台，开展前瞻引领型重大科技基础设施预研，为未来产业发展提供支撑。

系统梳理产业技术短板，围绕人工智能、增材制造、高性能碳纤维、高

端工程机械、工业软件等关键领域，布局建设一批能够汇聚全省优势资源的制造业创新中心，努力在生物技术、微纳制造、智能交通等领域培育若干国家重点实验室，发挥体制机制优势，在高端装备制造、关键基础材料、核心零部件等环节，组织资源与人员集中攻关、重点攻关，逐步解决制约江苏省产业发展的核心技术问题、共性技术问题和质量技术问题，努力抢占产业发展制高点。

4. 放大数据要素的乘数效应，推进数字经济与实体经济深度融合

智能制造的发展不仅影响生产过程的智能化，更引导企业在生产方式和发展模式方面寻求创新和突破。以制造业的智能化为动力，促进跨界融合。围绕制造业重点行业领域，以智能工厂建设为抓手，推动涵盖研发、工艺规划、生产制造、采购、仓储、营销、服务等环节价值链的企业数字化、智能化，加快智能制造价值链整合重构，实现智能制造、网络协同制造、个性化定制和服务型制造。

充分发挥数字经济的引领带动作用，推动互联网、大数据、人工智能等同各产业深度融合，将数据要素全面渗透到生产、分配、流通和消费各环节，在推动传统产业信息化改造的同时，培育新技术、新产品、新业态、新模式。

5. 高水平打造现代产业载体，积极塑造产业新形态

以全产业链深度协作为纽带，依托省级及以上经济开发区、高新区、产业示范基地等产业集聚载体，坚持全省"一盘棋"，支持龙头企业加强产业链垂直整合，推动产业链跨区域协同发展，优化产业区域空间组织和地理布局，提升区域经济整体竞争力。立足"一带一路"交汇点建设，以国际产业合作园区为平台和抓手，深化与共建国家的园区合作，高水平建立和提升一批省级境外产业集聚区。

充分发挥产业集群在产业、企业、技术、人才和品牌集聚协同融合发展方面的综合竞争优势，打造地标性产业集群。强化制造业全产业链的协同创新，完善集群生产性服务功能，创新产业发展组织方式，构建产业发展生态网络，培育一批处于行业领先水平的国家级战略性新兴产业集群，打造一批具有全球影响力的知名品牌。

促进创新链、产业链融合和一体化布局，在深化区域分工合作中拓展新空间。以城市群来推动产业集聚，加快形成产业链的闭环。发挥各城市群发展技术比较优势，推动省内各城市群形成合理的分工，全面提升区域协同的水平。推动群链城市形成紧密的产业链和供应链，形成发展合力，促进产业在国内有序转移，优化区域产业链布局。

（三）江苏推动工业高质量发展的对策建议

1. 加快结构性改革，推动产业基础高级化、产业链现代化

推动制造业高质量发展，调整结构、优化布局贯穿始终。首先，江苏应持续优化产业结构，围绕氢能、储能、人工智能等未来产业关键领域，以创新为动力、企业为主体、场景为牵引，推动新技术、新产品、新服务的落地，为建设制造强省提供强大支撑。

其次，工业投资作为"压舱石"，是推动江苏工业经济增长和结构调整的重要动力。江苏应进一步深化产融合作，特别是通过引导国家制造业转型升级基金等产业基金的投入，保障资金流向高质量投资项目，精准滴灌制造业企业，提振企业的投资信心，提升江苏制造业的技术水平和生产效益。

最后，应加强技术改造和服务保障，如通过"数字工信"平台的跟踪调度有效监测重大工业项目的进展，确保项目建设顺利进行。通过这一全流程的保障机制，江苏将进一步提升制造业的现代化水平，增强在全国工业版图中的竞争优势。

2. 深化体制机制改革，提高资源配置效率

针对亟须突破的技术瓶颈、产业技术的迭代方向，整合创新资源，集中优势力量深化重大科技基础设施体系化布局，支持科技领军企业深度参与国家实验室等重大科技创新平台建设。引导高校、科研院所向企业开放科技基础设施，推进自主创新、开放创新、集成创新一体布局。

深化产教融合，完善校企合作，构建符合企业发展需求的人才培养模式。破除人才流动中的体制壁垒和机制障碍，畅通科技人才在高校、科研院

所与企业之间的流动渠道。同时，要进一步改进人才评价机制，健全人才激励机制。

以设立专门基金、税收优惠激励、加强信贷支持、债务/股权融资等多种财政金融手段协同支持企业创新。落实研发费用加计扣除、固定资产加速折旧等政策，通过减轻税负推动创新型领军企业加强研发投入、设备投资及更新改造。全面推广"创新积分制"，面向全产业链定期发布积分榜单，主动衔接支持企业创新的相关政策，精准引导要素供给向科技型企业有效集聚。支持科技领军企业开辟新领域新赛道，加大对科技领军企业同其他战略科技力量联合发起基础研究基金、参与国家重大科技决策的支持力度。

3. 建立健全科技服务业体系，营造创新要素充分集聚的产业生态

首先，建立健全科技服务业体系，是江苏构建创新要素集聚产业生态的重要策略。江苏应构建多层次的科技服务平台，在高科技产业集聚区设立创新中心和科技园区，汇聚高校、科研机构、企业等多方资源，形成集研发、孵化、服务于一体的创新生态系统，加速科技成果转化，提升区域科技创新能力。

其次，加强科技成果转化平台建设，提升科技服务业对接产业需求的能力。建立区域性和行业性技术转移中心，打通从技术研发到市场化的"最后一公里"，确保科研成果能够迅速应用于实际产业中，推进先进技术成果转化和示范应用。

再次，推广服务型制造模式，深化制造业与服务业的融合。推动制造业企业大力发展数字化设计、个性化定制、共享制造、在线监测和远程维护等服务创新模式，促进企业向"制造+服务"转型，实现"产品+服务"的价值升级。每年培育一批省级服务型制造示范项目和工业设计中心，逐步形成新的生产力格局，增强产业竞争力。

最后，江苏应加强生产性服务业的集聚化和平台化发展，尤其是在工业与文化融合领域。通过工业遗产项目的开发，推动其融入国家文化公园的建设大局，实现文化与制造业的相互促进，打造独具江苏特色的产业生态体系。

4. 坚持科技创新和制度创新"双轮驱动"，促进制造业绿色转型升级

工业绿色转型是一项复杂的系统工程，江苏需要在技术和制度两个层面实现深度融合和创新。

技术层面，一是加大绿色技术的研发力度，尤其在节能、环保、清洁生产和能源等关键领域，加快突破一批原创性、引领性绿色技术。通过实施绿色技术创新项目提升自主创新能力，推动绿色技术的产业化和市场化应用。二是培育一批绿色技术创新载体，如创建绿色企业技术中心和创新示范企业，促进绿色技术成果加速转化为产业实际应用。同时，建设绿色技术创新联盟，进一步增强企业绿色技术协同创新能力，为产业链上下游提供技术支撑。

制度层面，一是进一步完善绿色金融体系（构建"科技—产业—金融"循环生态），通过财政补贴、风险补偿、贴息贷款等手段，促进节能降碳、生态环境治理等领域的资金流动和创新发展，为企业绿色转型提供持续的资金支持。二是加快建立统一的绿色标准和认证体系，制定绿色产品认证目录，推动绿色产品认证试点城市建设，从而提升江苏绿色产品的市场认可度。三是加强绿色产业的国际合作，特别是在"一带一路"倡议下，推动绿色技术、标准、认证等方面的国际交流，助力江苏制造业"走出去"，提升全球竞争力。

5. 主动融入区域协同创新格局，充分利用外部创新资源

江苏工业高质量发展需要主动融入区域协同创新格局，充分利用外部创新资源。第一，江苏应深化长三角一体化战略下区域市场一体化建设，消除市场壁垒，为江苏工业产品提供更广阔的市场空间，促进省际科技协同和产业联动，形成互补共赢的创新共同体。第二，江苏要构建开放的创新生态系统，推动创新要素的开放共享，包括科研设施、数据资源、技术平台等，形成区域内外创新资源的互补和协同。支持江苏企业参与国际科技创新合作项目，引入国际先进技术和管理经验，提升本地创新能力和国际竞争力。第三，优化创新资源配置，引导企业根据自身发展需求，主动对接外部创新资源，通过技术许可、技术转让、联合研发等方式获取先进技术，提升产品竞

争力。第四，积极融入全球创新网络，设立海外研发中心，参与国际科技合作项目，引进国际顶尖人才，汇聚全球创新资源。同时，聚焦省内重点产业和技术短板，实施一批重大技术创新项目，加强产业链上下游协同，推动产业向高端化、智能化升级，提升江苏工业的全球竞争力。第五，推动创新政策的区域协同，与周边省份协同制定和实施创新政策，形成政策合力，降低企业跨区域创新合作的制度性成本。

参考文献

李晓华：《把握新一轮科技革命和产业变革机遇推进中国式现代化》，《学习与探索》2024 年第 8 期。

胡振雄：《我国先进制造业高质量发展的基础、挑战及对策》，《理论视野》2024 年第 3 期。

沈梓鑫：《提升产业链供应链韧性和安全水平》，《中国发展观察》2023 年第 4 期。

邓洲、李童：《制造业高质量发展的战略机遇与风险挑战》，《中国井冈山干部学院学报》2023 年第 2 期。

B.4
江苏服务业发展的进展与展望

侯祥鹏*

摘　要： 2024 年以来，江苏服务经济稳健增长，对实现全省经济平稳增长的综合贡献显著增强，生产性服务业专业化高端化进程提速，生活性服务业高品质多样化态势明显，国内消费市场和服务贸易齐头并进，服务业整体质量效益稳步提升，但在取得重大发展成就的同时，也存在发展不平衡不充分的现象，尤其在要素保障、主体培育、行业结构、对外贸易等方面还存在诸多短板弱项。未来，江苏服务业发展仍将面临机遇与挑战并存的外部环境，服务业扩大开放也将带来新的增长空间。江苏服务业需要坚持创新驱动，推动融合发展，加快数智转型，提升发展能级，在开放合作中实现高质量发展。

关键词： 服务业　创新驱动　扩大开放　江苏

服务业是推动我国经济发展的重要动力之一，已成为国民经济的"压舱石"。"十四五"以来，江苏将加快服务业发展作为构建现代化产业体系的重要举措，着力推进实施现代服务业高质量发展"331"工程，强化服务业在主体培育、集聚示范、融合发展、品质提升、综合改革等方面的引领作用。2022 年党的二十大擘画了全面建设社会主义现代化国家的宏伟蓝图，2023 年是全面贯彻党的二十大精神的开局之年，2024 年党的二十届三中全会对全面深化改革做出了重大部署。江苏服务业规模不断壮大，结构持续优

---

* 侯祥鹏，博士，江苏省社会科学院经济研究所研究员，主要研究方向为服务经济。

化，实力日益增强，质量效益稳步提升，但在取得重大发展成就的同时，也存在发展不平衡不充分的现象。2025 年是"十四五"规划收官之年，江苏服务业发展仍将面临机遇与挑战并存的外部环境。江苏要加快推动服务业创新驱动、融合发展、数智转型，着力补短板、强弱项、扬优势，助力高质量发展继续走在前列。

一　江苏服务业发展取得的主要成就

2024 年以来，江苏继续加快推动经济运行率先整体好转政策措施落地落实，全省服务业稳健增长，对实现全省经济平稳增长的综合贡献显著增强；生产性服务业专业化高端化进程提速，正成为加快形成新质生产力的关键动力；生活性服务业高品质多样化态势明显，正成为更好满足人民群众美好生活需要的重要保障；国内消费市场和服务贸易齐头并进，推动构建国内国际双循环相互促进的新发展格局；数字经济赋能构建优质高效的服务业新体系，持续激发服务业活力。

（一）政策帮扶持续发力，支撑全省服务业提质增效

《江苏省"十四五"现代服务业发展规划》提出加快构建优质高效、布局优化、竞争力强的江苏特色"775"现代服务产业体系，为江苏未来 5 年全省现代服务业发展提供了指引。继 2022 年出台《关于推动生活性服务业补短板上水平提高人民生活品质行动方案（2022—2025 年）》《江苏省生产性服务业十年倍增计划实施方案》等以来，2023 年和 2024 年陆续出台了《省政府关于加快培育发展未来产业的指导意见》《江苏省基本公共服务实施标准（2023 年版）》《关于鼓励跨国公司在江苏设立地区总部和功能性机构意见（2024 年版）》《江苏省推动大规模设备更新和消费品以旧换新行动方案》等政策文件。政策红利的持续释放有效提供了金融、土地、人才、科技、营商环境等要素保障，有力支撑了全省服务业发展（见表1）。

表1 2022～2024年江苏省服务业领域部分政策文件

序号	时间	文件名称及发文号
1	2022年5月9日	《省政府办公厅转发省发展改革委关于推动生活性服务业补短板上水平提高人民生活品质行动方案（2022—2025年）的通知》（苏政办发〔2022〕30号）
2	2022年5月23日	《省发展改革委等部门关于印发〈江苏省促进绿色消费实施方案〉的通知》（苏发改就业发〔2022〕535号）
3	2022年6月25日	《省政府办公厅关于印发江苏省推进多式联运发展优化调整运输结构行动计划（2022—2025年）的通知》（苏政办发〔2022〕49号）
4	2022年6月25日	《省政府办公厅关于进一步释放消费潜力促进消费加快恢复和高质量发展的实施意见》（苏政办发〔2022〕50号）
5	2022年7月24日	《省政府办公厅关于印发江苏省冷链物流发展规划（2022—2030年）的通知》（苏政办发〔2022〕61号）
6	2022年8月13日	《省政府办公厅关于转发省发展改革委江苏省"十四五"现代流通体系建设方案的通知》（苏政办发〔2022〕63号）
7	2022年8月13日	《省政府办公厅关于转发省文化和旅游厅省发展改革委江苏省贯彻"十四五"旅游业发展规划实施方案的通知》（苏政办发〔2022〕64号）
8	2022年9月3日	《省政府办公厅关于印发江苏省推进数字贸易加快发展若干措施的通知》（苏政办发〔2022〕69号）
9	2022年12月27日	《省政府办公厅关于印发江苏省生产性服务业十年倍增计划实施方案的通知》（苏政办发〔2022〕88号）
10	2023年1月16日	《省政府印发关于推动经济运行率先整体好转若干政策措施的通知》（苏政规〔2023〕1号）
11	2023年3月20日	《省政府关于加快打造更具特色的"水运江苏"的意见》（苏政发〔2023〕24号）
12	2023年5月19日	《省政府关于推动养老事业和产业发展提升养老服务质量的实施意见》（苏政规〔2023〕7号）
13	2023年5月19日	《省政府办公厅印发关于推动外贸稳规模优结构若干措施的通知》（苏政办发〔2023〕19号）
14	2023年5月20日	《省政府关于全面推进农村金融创新发展的意见》（苏政规〔2023〕5号）
15	2023年5月20日	《省政府关于金融支持制造业发展的若干意见》（苏政规〔2023〕6号）
16	2023年5月22日	《省政府办公厅关于加强和优化科创金融供给服务科技自立自强的意见》（苏政办规〔2023〕7号）

续表

序号	时间	文件名称及发文号
17	2023 年 6 月 26 日	《省政府办公厅转发省商务厅 省科技厅关于鼓励支持外商投资设立和发展研发中心若干措施的通知》（苏政办发〔2023〕24 号）
18	2023 年 8 月 17 日	《省政府关于印发江苏省海洋产业发展行动方案的通知》（苏政发〔2023〕70 号）
19	2023 年 10 月 20 日	《省政府办公厅关于转发省商务厅等部门江苏省推进跨境电商高质量发展行动计划（2023—2025 年）的通知》（苏政办发〔2023〕39 号）
20	2023 年 10 月 31 日	《省政府办公厅关于加快邮政快递业发展进一步促进消费扩大内需的实施意见》（苏政办发〔2023〕41 号）
21	2023 年 11 月 6 日	《省政府关于加快培育发展未来产业的指导意见》（苏政发〔2023〕104 号）
22	2023 年 12 月 18 日	《关于转发国家发展改革委等部门产粮大县公共服务能力提升行动方案的通知》（苏发改社会发〔2023〕1305 号）
23	2023 年 12 月 25 日	《省政府办公厅印发关于加快工业软件自主创新若干政策措施的通知》（苏政规〔2023〕15 号）
24	2023 年 12 月 27 日	《省发展改革委 省财政厅关于印发〈江苏省基本公共服务实施标准（2023 年版）〉的通知》（苏发改社会发〔2023〕1360 号）
25	2024 年 1 月 5 日	《省政府办公厅关于印发进一步完善医疗卫生服务体系实施方案的通知》（苏政办发〔2024〕1 号）
26	2024 年 1 月 19 日	《省发展改革委 省住房城乡建设厅 省自然资源厅关于转发〈城市社区嵌入式服务设施建设导则（试行）〉的通知》（苏发改社会发〔2024〕106 号）
27	2024 年 2 月 28 日	《省商务厅 省财政厅印发〈关于鼓励跨国公司在江苏设立地区总部和功能性机构意见（2024 年版）〉的通知》（苏商规〔2024〕1 号）
28	2024 年 3 月 1 日	《省政府办公厅关于印发加快打造更具特色的"水运江苏"三年行动计划（2024—2026 年）的通知》（苏政办发〔2024〕10 号）
29	2024 年 5 月 6 日	《省政府关于印发江苏省推动大规模设备更新和消费品以旧换新行动方案的通知》（苏政发〔2024〕41 号）
30	2024 年 5 月 11 日	《省政府办公厅印发关于支持城市更新行动若干政策措施的通知》（苏政规〔2024〕3 号）
31	2024 年 8 月 12 日	《省政府办公厅关于加快推动低空经济高质量发展的实施意见》（苏政办发〔2024〕28 号）
32	2024 年 9 月 12 日	《省政府办公厅关于印发促进银发经济高质量发展实施方案的通知》（苏政规〔2024〕4 号）

资料来源：根据相关政府网站信息整理。

江苏近年来还持续编制"江苏省服务业重点项目清单",将重点项目作为推进现代服务业发展的重要抓手,通过引领示范,聚焦服务业重点领域,推动区域协同发展。2024 年共安排 200 个服务业重点项目,其中生产性服务业项目 141 个,生活性服务业项目 59 个;总投资 4658 亿元,其中生产性服务业项目 3073 亿元,生活性服务业项目 1585 亿元;年度计划投资 1017亿元,其中生产性服务业项目 731 亿元,生活性服务业项目 286 亿元。这些服务业重点项目规模大、带动能力强、宏观效益显著,发挥了示范引领作用,提升了服务业发展能级,壮大了服务业发展新动能(见表 2)。

表 2　2023~2024 年江苏省服务业重点项目数量及投资情况

单位:个,亿元

指标	2023 年	2024 年
项目数	170	200
生产性服务业项目	110	141
科技服务类项目	46	46
现代物流类项目	27	50
软件和信息服务类项目	15	9
生活性服务业项目	60	59
文化旅游类项目	27	23
现代商贸类项目	—	23
健康服务类项目	10	8
总投资	4752	4658
年度计划投资	1015	1017

资料来源:根据相关政府网站信息整理。

(二)服务业整体稳健增长,凸显经济"压舱石"本色

在政策加持下,江苏服务业保持持续平稳发展的良好势头,总量规模不断增长,内部结构进一步优化。2024 年上半年全省服务业实现增加值33880.4 亿元,同比增长 4.8%,对经济增长的贡献率为 44.8%;占 GDP 的比重为 53.5%,比上年同期提高 0.2 个百分点,比 2022 年末和 2023 年末分

别提高 3.0 个和 1.8 个百分点（见表 3）。服务业对经济增长的综合贡献显著增强，经济"压舱石"的角色进一步凸显。

表 3　2022 年、2023 年、2024 年上半年江苏省 GDP 及其构成

单位：亿元，%

指标	2022 年		2023 年		2024 年上半年	
	绝对量	增长	绝对量	增长	绝对量	增长
GDP	122875.6	2.8	128222.2	5.8	63326.3	5.8
第一产业增加值	4959.4	3.1	5075.8	3.5	1736.2	3.0
第二产业增加值	55888.7	3.7	56909.7	6.7	27709.7	7.1
第三产业增加值	62027.5	1.9	66236.7	5.1	33880.4	4.8
批发和零售业增加值	13350.7	-0.3	14225.6	5.5	7068.3	8.5
交通运输、仓储和邮政业增加值	3655.6	-3.9	4224.5	11.0	2008.0	8.6
住宿和餐饮业增加值	1550.7	-5.9	1793.1	13.6	847.7	8.0
金融业增加值	9689.9	7.2	10230.8	6.8	5463.6	4.0
房地产业增加值	7932.6	-8.7	7783.7	-3.7	4062.2	-3.6
其他服务业增加值	25355.3	6.2	27424.3	5.7	14220.3	5.2

注：增长均为实际增长率。

资料来源：根据江苏省统计局网站数据整理。

从微观经营主体来看，服务业企业经营稳中有进。2024 年 1～8 月，全省规模以上服务业营业收入同比增长 8.8%，比 1～7 月提高 1.1 个百分点，比 2022 年末高出 2.6 个百分点，略低于 2023 年。分行业来看，信息传输、软件和信息技术服务业，租赁和商务服务业，科学研究和技术服务业，居民服务、修理和其他服务业增长较快，特别是租赁和商务服务业，科学研究和技术服务业，居民服务、修理和其他服务业增速超过服务业整体水平；交通运输、仓储和邮政业，文化、体育和娱乐业虽然增速低于服务业整体水平，但依然呈持续增长态势，其中交通运输、仓储和邮政业相较于 2022 年和 2023 年增速均有不同程度的提高（见表 4）。

表4　2022年至2024年8月江苏省规模以上服务业分行业营业收入增速

单位：%

行业	2022年1~12月	2023年1~12月	2024年1~2月	2024年1~3月	2024年1~4月	2024年1~5月	2024年1~6月	2024年1~7月	2024年1~8月
服务业	6.2	9.4	9.4	8.1	8.0	8.5	7.4	7.7	8.8
交通运输、仓储和邮政业	2.5	5.4	5.5	4.1	4.1	4.6	4.8	6.4	6.6
信息传输、软件和信息技术服务业	10.6	7.8	9.4	7.7	7.8	8.4	7.7	7.6	8.3
租赁和商务服务业	9.3	19.7	16.7	16.3	14.4	14.8	12.6	12.4	14.5
科学研究和技术服务业	10.0	8.6	10.2	7.7	9.0	10.4	6.8	7.5	11.0
水利、环境和公共设施管理业	-7.7	-10.2	-6.1	-4.1	-3.3	-3.0	-2.1	-5.3	-9.0
居民服务、修理和其他服务业	11.0	17.5	38.8	33.4	31.9	32.1	31.0	31.6	33.4
文化、体育和娱乐业	0.7	18.8	8.6	5.4	5.9	6.7	4.6	3.5	5.2

资料来源：根据江苏省统计局网站数据整理。

从投资来看，2024年1~8月全省固定资产投资同比增长2.3%，但是服务业投资增速下滑，同比下降了7.1%。这种下降，一方面是受房地产投资减速拖累，2022年以来房地产投资低迷，持续负增长。另一方面是前期高位投资后的调适。大部分行业固定资产投资在2022~2023年保持了较高的增长速度，如农、林、牧、渔专业及辅助性活动和金融业2022年固定资产投资增速分别高达31.0%和33.0%，科学研究和技术服务，卫生和社会工作，文化、体育和娱乐业等2022年固定资产投资达到两位数增速，居民服务、修理和其他服务业2023年固定资产投资增速更是高达56.7%，交通运输、仓储和邮政业2022年和2023年连续两年固定资产投资增速超过20%（见表5）。在消化前期固定资产投资数量增长的基础上，服务业固定资产投资趋于质量增长，处于结构性调整之中。

表5　2022年至2024年8月江苏省服务业分行业固定资产投资增速

单位：%

指标	2022年1~12月	2023年1~12月	2024年1~2月	2024年1~3月	2024年1~4月	2024年1~5月	2024年1~6月	2024年1~7月	2024年1~8月
固定资产投资	3.8	5.2	5.1	4.9	4.8	4.0	3.7	2.5	2.3
服务业	0.0	1.8	-2	-4.1	-5.5	-6.2	-5.8	-7.1	-7.1
农、林、牧、渔专业及辅助性活动	31.0	0.8	10.4	35.8	32.7	20.2	16.1	10.8	14.8
金属制品、机械和设备修理业	16.4	-11.5	-16.0	-6.5	-13.0	-15.2	14.7	13.0	2.6
批发和零售业	-12.7	4.9	-3.2	8.2	5.9	6.2	23.1	8.7	14.0
交通运输、仓储和邮政业	29.5	24.0	33.4	27.1	19.7	19.2	12.3	5.7	1.5
住宿和餐饮业	29.8	13.8	1.5	-21.3	-19.3	-13.6	-5.6	-3.9	-0.3
信息传输、软件和信息技术服务业	3.6	-6.0	-7.0	-26.0	-25.7	-21.3	-16.5	-17.3	-15.6
金融业	33.0	-9.3	-4.5	-9.3	-12.0	-35.5	-33.9	-52.6	-52.3
房地产业	-5.6	-3.0	-6.6	-7.3	-8.5	-9.0	-9.2	-9.5	-9.1
租赁和商务服务业	4.4	33.3	-7.4	-3.9	-0.1	-4.0	1.2	-3.8	-3.3
科学研究和技术服务	21.1	7.3	-13.0	-12.7	-4.2	-5.1	-3.4	-2.9	-0.3
水利、环境和公共设施管理业	-5.6	-4.5	6.0	-0.8	-4.3	-6.6	-3.5	-5.6	-6.0
居民服务、修理和其他服务业	9.4	56.7	3.9	7.9	11.5	11.8	10.4	-9.3	-8.5
教育	8.4	7.0	-16.2	-11.9	-19.9	-20.3	-19.4	-18.2	-19.8
卫生和社会工作	29.4	13.4	33.1	14.2	7.8	5.1	6.3	1.1	-0.2
文化、体育和娱乐业	24.5	-7.4	-15.7	-23.8	-9.6	-7.5	-2.6	-4.1	-0.9
公共管理、社会保障和社会组织	2.4	-0.7	-55.6	-45.5	-37.2	-34.8	-26.7	-20.2	-16.1

资料来源：根据江苏省统计局网站数据整理。

（三）生产性服务业加速推进，激发加快形成新质生产力动力源泉

江苏以服务业"331"工程和生产性服务业十年倍增计划为引领，加快构建优质高效的服务业新体系，大力发展生产性服务业，强力支撑工业尤其是先进制造业高质量发展，成为加快形成新质生产力的关键动力。江苏作为全国范围内率先开展两业融合试点工作的省份，自 2019 年省发展改革委下发《省发展改革委关于组织开展江苏省先进制造业和现代服务业深度融合试点工作的通知》（苏发改服务发〔2019〕1191 号）开始，不断探索推进两业融合发展的新路径、新模式，生产性服务业正加速嵌入先进制造生产环节，持续加快促进产业向高端化、高质化和高效化转型，两业融合走在全国前列。自 2019 年以来，江苏共认定三批省级两业融合试点单位 432 家；同时，江苏还积极创建国家级试点，张家港市、常州天宁经济开发区 2 个区域，以及徐工集团工程机械股份有限公司、江苏中天科技股份有限公司等 6 家企业入选国家两业融合试点单位，入选数量位居全国前列。

生产性服务业与先进制造业的深度融合发展，加速了新技术应用。工业互联网、大数据、人工智能等新一代信息技术不断渗透，推动制造企业数字化转型。在 2023 年 12 月工业和信息化部公布的第五批服务型制造示范名单中，江苏有 10 家示范企业、3 家示范平台、2 个示范城市，至此，江苏共有 29 家企业、13 个平台、5 个城市跻身服务型制造示范名单（见表6）。作为首批国家级服务型制造示范城市，苏州集聚了 14 个国家工业互联网双跨平台，5 个县级市（区）入选全国工业互联网推动数字化创新领先城区，持续打响"工业互联网看苏州"品牌。同样入选国家级服务型制造示范城市的无锡，围绕"物联网赋能制造业数字化转型"主线布局产业链，2024 年上半年物联网核心产业规模同比增长 12.6%，3500 多家物联网相关企业聚势成群，万物互联的场景正在加速落地。2021 年，江苏启动制造业"智改数转网联"三年行动计划，2024 年是收官之年，截至 2024 年 7 月末，全省累计开展"智改数转网联"免费诊断企业超 5.1 万家，实施"智改数转网联"改造项目约 5.6 万个；实现企业关键工序数控化率 63.7%、经营管理数字化普及率 85%、数字

化研发设计工具普及率89.4%。在"智改数转网联"的推进过程中，崛起了一批数字化转型服务商，建成了一批智能制造示范标杆，累计建设国家级数字领航企业8家、智能制造工厂32家、工业互联网双跨平台5个，省智能制造工厂690家、工业互联网平台273个、智能制造车间3838个。

表6　江苏国家级服务型制造示范名单

类型	序号	名称	批次
示范企业	1	双良节能系统股份有限公司	第一批次
	2	远景能源（江苏）有限公司	第二批次
	3	苏州富强科技有限公司	第二批次
	4	徐州工程机械集团有限公司	第三批次
	5	天奇自动化工程股份有限公司	第三批次
	6	格力博（江苏）股份有限公司	第三批次
	7	江苏凯米膜科技股份有限公司	第三批次
	8	江苏永鼎股份有限公司	第三批次
	9	苏州太湖雪丝绸股份有限公司	第三批次
	10	万帮数字能源股份有限公司	第四批次
	11	博众精工科技股份有限公司	第四批次
	12	常州科研试制中心有限公司	第四批次
	13	光大环保技术装备（常州）有限公司	第四批次
	14	南京钢铁股份有限公司	第四批次
	15	江苏亨通光电股份有限公司	第四批次
	16	中国天楹股份有限公司	第四批次
	17	江苏传艺科技股份有限公司	第四批次
	18	江苏国光信息产业股份有限公司	第四批次
	19	江苏红豆实业股份有限公司	第四批次
	20	龙腾照明集团股份有限公司	第五批次
	21	苏州迈为科技股份有限公司	第五批次
	22	江苏达实久信医疗科技有限公司	第五批次
	23	江苏鹏飞集团股份有限公司	第五批次
	24	中天钢铁集团有限公司	第五批次
	25	常州亚玛顿股份有限公司	第五批次
	26	江苏晶雪节能科技股份有限公司	第五批次
	27	法尔胜泓昇集团有限公司	第五批次
	28	德尔未来科技控股集团股份有限公司	第五批次
	29	昆山科森科技股份有限公司	第五批次

类型	序号	名称	批次
示范平台	1	电子产品行业智能工厂总集成总承包服务平台(主体:苏州博众精工科技有限公司)	第一批次
	2	绿色智能成套铸造装备工程技术服务平台(主体:苏州明志科技有限公司)	第二批次
	3	苏州智能工业融合发展中心(主体:工业和信息化部电子第五研究所华东分所)	第二批次
	4	集成电路封装测试服务平台(主体:华进半导体封装先导技术研发中心有限公司)	第三批次
	5	ASUN 离散行业供应链协同管理服务平台(主体:江苏中天互联科技有限公司)	第三批次
	6	工业气体智能化运营服务平台(主体:苏州金宏气体股份有限公司)	第三批次
	7	环保资源化处置利用综合服务平台(主体:苏州巨联环保有限公司)	第四批次
	8	全生命周期智慧化印染服务平台(主体:盛虹集团有限公司)	第四批次
	9	新能源汽车动力系统工程技术服务平台[主体:凯博易控车辆科技(苏州)股份有限公司]	第四批次
	10	盐城 CNC 产能共享平台[主体:上电智联科技(江苏)有限公司]	第四批次
	11	海澜智云工艺流程优化控制服务平台(主体:海澜智云科技有限公司)	第五批次
	12	德创视家平台(主体:苏州德创测控科技有限公司)	第五批次
	13	"超级虚拟工厂"共享制造平台(主体:江苏智云天工科技有限公司)	第五批次
示范城市	1	苏州市	第二批次
	2	无锡市	第三批次
	3	常州市	第四批次
	4	南京市	第五批次
	5	镇江市	第五批次

资料来源：根据工业和信息化部相关文件整理。

（四）生活性服务业增势良好，保障人民群众美好生活需要

随着疫情影响的消除和线下活动的重启，江苏的消费环境不断改善。根

据中国消费者协会 2024 年 3 月发布的《2023 年 100 个城市消费者满意度测评报告》,无锡居全国百城第 1 位,苏州、南京进入前 10 位,常州和盐城分别居第 14 位和第 17 位。全省生活性服务业呈现良好的增长势头,更好地满足了居民需求。2024 年上半年,规模以上生活性服务业营业收入同比增长 8.0%,住宿和餐饮业、批发和零售业增加值分别增长 8.0%、8.5%。2024 年 1~8 月,全省实现社会消费品零售总额 3.2 万亿元,同比增长 4.5%,其中商品零售额同比增长 4.6%,增长较快的有粮油、食品类,烟酒类,五金、电料类,电子出版物及音像制品类,家用电器和音像器材类,分别增长 11.4%、11.9%、11.3%、12.4% 和 11.3%,餐饮收入同比增长 8.1%(见表 7)。

2024 年是商务部确定的"消费促进年"。江苏深入拓展"苏新消费"系列活动,3 月启动"苏新消费·春惠江苏"、9 月启动"苏新消费·金秋惠购"等主题系列活动,出台《江苏省推动消费品以旧换新行动方案》《江苏省推动超长期特别国债资金支持消费品以旧换新的实施方案》《关于开展 2024 年苏新消费·绿色节能家电以旧换新专项活动的通告》《江苏省推进电动自行车以旧换新实施办法》等细化实施方案,扎实推进新一轮"以旧换新",聚焦汽车、电动自行车、家电、家装消费品等领域,确保政策落地见效。截至 2024 年 9 月 23 日,全省报废汽车回收 17.05 万辆,同比增长 128%;绿色节能家电累计销售 25.55 万件,销售额达 15.46 亿元,发放政府补贴 2.5 亿元,其中县域门店销售额达 4.78 亿元,发放政府补贴 8920.2 万元,进一步激活了下沉市场消费。① 居民消费方式也趋于便利化、绿色化、智能化,网络购物成为消费市场的常态。2024 年 1~8 月,全省限额以上单位通过公共网络实现零售额 2683 亿元,同比增长 18.3%,对限额以上零售额增长的贡献率达 83.2%,网络零售额占限额以上零售额比重达 23.5%,同比提升 2.6 个百分点。②

---

① 《建设具有世界聚合力的双向开放枢纽,江苏"起势见效"》,江苏省商务厅网站,2024 年 9 月 25 日,http://doc.jiangsu.gov.cn/art/2024/9/25/art_78721_11369558.html。
② 《8 月份全省消费市场持续恢复》,江苏省统计局网站,2024 年 9 月 25 日,http://tj.jiangsu.gov.cn/art/2024/9/25/art_85276_11369475.html。

表7 2022年至2024年8月江苏省社会消费品零售总额增速

单位：%

指标	2022年 1~12月	2023年 1~12月	2024年 1~2月	2024年 1~3月	2024年 1~4月	2024年 1~5月	2024年 1~6月	2024年 1~7月	2024年 1~8月
社会消费品零售总额	0.1	6.5	6.1	6.0	5.9	5.5	4.9	4.7	4.5
限额以上社会消费品零售总额	1.4	5.8	7.7	8.4	8.1	7.6	6.0	5.4	4.8
商品零售额	2.1	4.8	7.0	8.0	7.8	7.4	5.7	5.2	4.6
粮油、食品类	-0.9	7.9	8.5	9.4	10.2	10.5	10.7	11.3	11.4
饮料类	5.1	19.9	3.9	5.0	5.0	4.0	3.7	3.2	2.5
烟酒类	4.6	8.3	23.5	15.6	14.1	13.0	12.7	12.1	11.9
服装、鞋帽、针纺织品类	-4.0	8.1	11.0	13.9	13.1	13.9	10.9	9.3	8.9
化妆品类	3.1	1.4	-2.3	5.5	7.5	8.6	8.6	9.1	8.7
金银珠宝类	6.3	9.0	17.2	12.5	7.9	4.3	3.8	2.5	0.6
日用品类	-0.9	-8.7	2.2	1.5	3.5	8.8	8.2	8.0	7.4
五金、电料类	-5.4	6.5	16.2	13.0	15.8	14.3	13.4	12.2	11.3
体育、娱乐用品类	22.3	12.2	-11.3	29.8	22.7	15.6	5.5	6.2	5.3
书报杂志类	3.2	7.7	1.3	3.0	2.7	2.6	2.0	2.7	2.2
电子出版物及音像制品类	150.9	-55.2	-8.7	2.8	1.7	5.8	10.0	11.4	12.4
家用电器和音像器材类	0.6	-3.0	-0.9	6.9	10.4	14.2	11.0	10.5	11.3
中西药品类	15.9	4.9	3.3	2.7	4.5	4.5	5.4	5.4	5.6
文化办公用品类	8.8	0.5	-19.7	-8.8	-7.6	-9.0	-8.9	-8.2	-7.6
家具类	-9.2	4.8	0.6	4.6	1.7	0.1	1.4	-2.5	-5.7
通信器材类	5.1	19.2	7.5	4.9	7.3	3.6	-2.3	-3.4	-4.9
汽车类	2.8	5.0	8.9	7.5	6.1	4.2	2.0	1.4	0.4
餐饮收入	-8.8	20.4	17.8	14.3	12.0	10.2	9.9	8.7	8.1

资料来源：根据江苏省统计局网站数据整理。

随着消费潜力释放和消费结构升级，人们从物质享受转向精神追求，特别是文旅市场持续升温。江苏不仅是经济大省，也是文化大省、旅游大省，拥有深厚的文化底蕴、丰富的自然和人文景观。截至2024年上半年，全省有国家重点文物保护单位251家、A级旅游景区634家，其中5A级旅游景区26家，分布在全省13个设区市。近年来，江苏持续打造"水韵江苏"旅游品牌，从"旅游+"到"+旅游"，"演出+旅游""遗产+旅游""赛事+旅游""生态+旅游""科技+旅游"等新兴旅游业态不断涌现，融合发展态势尽显。2024年上半年，全省共接待游客5.28亿人次，实现旅游总收入6388.29亿元，实现旅游业增加值2336.67亿元（按不变价格计算），对GDP贡献率达9.6%；全省文旅消费额达3126.64亿元，占全国文旅消费总额的10.1%，继续位居全国第一。① "City Walk"成为旅游界"新宠"，无锡有"浪漫无锡"City Walk线路，苏州有十全河City Boat水上巴士，淮安有"City Walk淮安区万达带你通关八大景点"活动，南京博物院更是一票难求。2024年"十一"黄金周，全省纳入监测的A级旅游景区和省级以上乡村旅游重点村等共接待游客3883.74万人次，游客消费164.83亿元，按可比口径日均同比分别增长4.23%和4.55%，较2019年同期分别增长26.14%和26.97%。② 与旅游市场火爆相得益彰的是，游客满意度继续保持在较高水平。江苏旅游游客满意度调查显示，2024年上半年全省游客满意度综合得分为84.02分，稳定保持在"满意"水平。江苏旅游的满意度和美誉度不断提升，"水韵江苏"品牌不断出圈出彩，江苏旅游业日益成为服务江苏、惠及全国的民生产业、幸福产业。

① 《持续向好！今年上半年，江苏文旅消费位居全国第一》，新华报业网，2024年8月1日，https://www.xhby.net/content/s66ab37c2e4b00cab55aa5906.html。
② 《国庆假期江苏旅游市场成绩单"出炉"》，江苏省人民政府网，2024年10月8日，http://www.jiangsu.gov.cn/art/2024/10/8/art_88302_11378144.html。

（五）服务业扩大开放稳步有序，赋能服务业转型升级

江苏充分利用自由贸易试验区、服务业扩大开放综合试点等机遇稳步推进服务业开放，服务贸易稳步提升，助力全省打造具有世界聚合力的双向开放枢纽。2024 年 8 月是江苏自由贸易试验区挂牌 5 周年。5 年来，《中国（江苏）自由贸易试验区总体方案》113 项任务落地实施率超过 98%，累计形成近 400 项制度创新成果，其中 25 项在全国复制推广、10 项在国家部委备案、137 项在省内复制推广。江苏自由贸易试验区还积极融入"一带一路"交汇点建设，5 年来，连云港中欧（中亚）班列累计开行 3122 列，年均增长 18.3%。中哈（连云港）物流合作基地于 2014 年 5 月 19 日启用，历经 10 年发展，已经实现远洋干线、深水大港、内河航运、国际班列、物流场站的互联贯通。截至 2024 年 6 月 2 日，《区域全面经济伙伴关系协定》（RCEP）对 15 个签署国全面生效整一年。江苏积极利用 RCEP 规则，释放政策红利。2024 年 1~4 月，南京海关共签发 RCEP 原产地证书 3.83 万份，同比增长 11.80%；签证出口货值 109.28 亿元，居全国海关首位，预计相关企业可享受 RCEP 其他成员国关税优惠 1.64 亿元；江苏省企业享惠进口 RCEP 货值 68.85 亿元，享受关税优惠 1.6 亿元，同比分别增长 24.42% 和 36.95%。[①] 商务部研究院《全球服务贸易发展指数报告 2024》显示，2024 年江苏连续第 6 年稳居全国服务贸易第一梯队，居全国第 4 位，在全国服务贸易发展格局中的地位更加突出。自 2020 年以来，江苏开展了四批次省级服务贸易基地和服务贸易重点企业认定，截至 2023 年底，全省有省级服务贸易基地 46 家，省级服务贸易重点企业 243 家（见表 8），分布于数字服务、生物医药研发服务、文化服务、检验检测服务、工业设计服务、物流运输服务、船舶海工设计及维修服务、工程承包和建筑服务、知识产权服务等领域。

[①] 《一"证"在手，苏企出海底气足》，《新华日报》2024 年 6 月 12 日，第 3 版。

表 8　截至 2023 年底江苏省省级服务贸易基地和重点企业分布

单位：家

省级服务贸易基地	数量	省级服务贸易重点企业	数量
数字服务	21	数字服务	87
工业设计服务	6	工业设计服务	30
工程承包和建筑服务	4	工程承包和建筑服务	20
生物医药研发服务	4	生物医药研发服务	36
文化服务	3	文化服务	26
船舶海工设计及维修服务	2	船舶海工设计及维修服务	13
检验检测服务	2	检验检测服务	6
物流运输服务	2	物流运输服务	14
中医药服务	2	中医药服务	2
		知识产权服务	7
		人力资源服务	1
		旅游服务	1
合计	46	合计	243

资料来源：根据江苏省商务厅相关文件整理。

在江苏服务业开放发展中，南京的表现尤为亮眼。2023 年，南京服务进出口额突破千亿元大关，服务外包总执行额超 1500 亿元，规模居全国首位；2024 年上半年，服务进出口额超 600 亿元，实现两位数高速增长。[1] 2022 年，南京获国务院批复同意开展服务业扩大开放综合试点，2024 年 7 月 8 日，南京获国务院批复同意暂时调整实施有关行政法规和经国务院批准的部门规章规定，放宽文化娱乐、旅游服务、电信服务等领域外商投资市场准入，进一步扩大服务业对外开放。至此，南京服务业开放能级全国领先，是江苏省唯一叠加"服务贸易创新发展试点+服务业扩大开放综合试点+自由贸易试验区"三大重大开放战略的城市，这将有利于南京乃至江苏汇聚全球资源，赋能服务业转型升级发展。2023 年底，南京出台《南京市"全

---

[1] 《"南京服务"链接全球，数字贸易引领未来》，《南京日报》2024 年 9 月 26 日，第 A3 版。

球数字服务商计划"实施方案》，依托服务业扩大开放综合试点政策，聚焦金融、科技、商务、文旅、枢纽物流等重点领域，构建全方位、立体化的全球数字服务商服务体系，打造开放、创新、国际化的"南京服务"品牌，计划用3年时间培育全球数字服务商50家左右。2024年9月，南京发布首批10家全球数字服务商，这批数字领域的佼佼者汇聚南京，将聚焦数字技术、数字产品、数字服务、跨境电商和共享中心等5大类型，继续探索制度型开放路径。

（六）服务业载体扩容提质，打造全省服务经济增长点

"十四五"时期培育省级现代服务业高质量发展集聚示范区300家是江苏服务业"331"工程的重要内容之一。2022年3月，江苏认定第一批省级现代服务业高质量发展集聚示范区23家，这23家集聚区年平均营收超46亿元，主导产业营收占比均在70%以上，亩均累计投资超900万元，集聚企业8700多家，吸纳总就业人数超15万人。2023年1月，江苏认定第二批省级现代服务业高质量发展集聚示范区30家，这30家集聚示范区年平均营收超百亿元，年营收增长率超12%，亩均产出超2000万元，集聚企业或经营户超2万家，吸纳总就业人数超34万人。2023年12月，江苏认定第三批省级现代服务业高质量发展集聚示范区33家。至此，江苏分三批共认定了86家省级现代服务业高质量发展集聚示范区（见表9），加之"十三五"期间存续的相关服务业集聚区，截至2023年底，全省共认定242家现代服务业高质量发展集聚示范区。示范区按照"企业集中、产业集聚、资源集约、发展集群、功能集成"的发展路径，集聚资源、产业、服务，形成功能完善、设施配套、环境友好、服务高效、智慧绿色、管理科学的现代服务业集聚发展区域。这242家现代服务业高质量发展集聚示范区，基本涵盖了江苏现代服务业主要领域，涉及大数据、大健康、节能环保、文化旅游、科技、金融等，实现了13个设区市全覆盖。

表9 截至2023年底江苏省服务业"311"工程省级现代服务业高质量发展集聚示范区分布

单位：家

城市	数量	行业		数量
南京	8	生产性服务业	科技服务	19
无锡	6		现代物流	7
徐州	5		人力资源	6
常州	10		软件与信息服务	5
苏州	7		节能环保	3
南通	14		金融服务	3
连云港	3		农业服务	3
淮安	2		大数据服务	2
盐城	7		商务服务	2
扬州	8	生活性服务业	文化旅游	20
镇江	2		现代商贸	12
泰州	8		健康服务	4
宿迁	6	合计		86
合计	86			

资料来源：根据江苏省发展和改革委员会相关文件整理。

　　江苏不仅着力打造省级服务业载体，还积极培育建设国家级服务业载体，推动服务业载体建设提档升级。两业融合试点方面，张家港市、常州天宁经济开发区2个区域入选国家两业融合试点单位；服务型制造发展方面，苏州、无锡、南京3市创建成为综合类服务型制造示范城市，常州、镇江2市创建成为工业设计特色类服务型制造示范城市；软件与信息技术服务业方面，2024年1月工业和信息化部公布2023年中国软件名城评估结果，全国共14个城市通过评估，江苏的南京、苏州、无锡3市同时入选，入选数量位居全国第一；现代农业方面，有中国首批、长三角地区唯一的国家农高区南京国家农业高新技术产业示范区，全省累计建成苏州市吴江区、徐州市贾汪区、溧阳市、盐城市盐都区、仪征市、南通市海门区、连云港市连云区、淮安市金湖县等8个全国休闲农业重点县，南京市高淳区漆桥街道茅山村等86个中国美丽休闲乡村，数量位居全国前列；科创服务方面，南京、苏州、南通 3 市入选国家知识产权保护示范区建设城市，世界知识产权组织（WIPO）发布的《2024 年全球创新指数报告》显示南京位列全球十大科技创新集群榜；金融服务方面，南京获批建设科创金融改革试验区，南京、南通、宿迁入选 2024 年中央财政支持普惠金融发展示范区；现代物流方面，无锡空港经济开发区入选 2024 年全国首批快递业与制造业融合发展试点先行区，截至 2024 年 10 月全省获准建设 8 个国家物流枢纽，分布在 6 个城市，分别是南京港口型（生产服务型）国家物流枢纽、苏州港口型国家物流枢纽、连云港港口型国家物流枢纽、南京空港型国家物流枢纽、无锡生产服务型国家物流枢纽、徐州陆港型国家物流枢纽、苏州生产服务型国家物流枢纽和南通商贸服务型国家物流枢纽；服务贸易方面，2019~2023 年全国服务外包示范城市综合评价中南京连续 5 年位列全国第二；生活服务方面，培育打造南京、苏州、徐州、无锡等国际消费中心城市和扬州等区域消费中心城市，率先实现"一刻钟便民生活圈"国家试点城市设区市全覆盖；文化旅游方面，南京市玄武区、苏州市姑苏区、苏州市吴江区入选 2023 年首批国家文化产业和旅游产业融合发展示范区建设单位名单，南京、苏州入选首批国家文化和旅游消费示范城市，常州、无锡、连云港、淮安入选国家文化和旅游消费试点城市。这些高端服务业载体建设有力带动了生产性服务业向专业化和价值链高端延伸，推动了生活性服务业向高品质和多样化升级，成为全省服务经济的增长极。

二　江苏服务业发展存在的突出短板

江苏服务业在要素保障、主体培育、行业结构、对外贸易等方面还存在诸多短板弱项，发展不平衡不充分的现象仍然存在，需要加大改革力度，完善体制机制，推动服务业高质量发展。

（一）高端要素不够充分

服务业市场主体以民营企业为主，在发展过程中面临人才、土地、金融

等高端要素不同程度的约束。服务业高质量发展，离不开人才这个关键变量。以人才为例，当前，新模式、新业态、新技术正加速涌现，对相关人才的需求趋向综合性和专业化并存的局面，既需要深谙市场需求、能担市场风险、把握领域前沿、懂经营会管理的市场开拓型人才，也需要精于细分专业市场、熟练掌握专业技术技能的高度专业化技术型人才。目前，随着网络经济、低空经济、人工智能等新兴产业崛起，江苏对运营管理、文化创意、互联网技术、商务专员、客户与员工关系维护等岗位的需求将进一步增加。例如，苏州公布的《苏州市 2024 年重点产业紧缺专业人才需求目录》显示，在生产性服务业 59 个专业类别中，对应紧缺岗位 170 个，涉及数字金融、现代物流、科技研发与成果转化、工业设计、会计审计评估、知识产权等细分领域（见表 10）。金融资源方面，共有 12 家全国性股份制商业银行，这些银行为当地的经济发展和金融服务提供了重要支撑，北京占 4 席，广东占 3 席，上海、浙江、山东、福建、天津各占 1 席，江苏尚未实现零的突破。缺乏充足的金融资源，不仅约束金融业自身发展，也不利于为服务业提供强有力的金融要素支撑。

表 10　2024 年苏州市生产性服务业紧缺专业人才

重点方向	细分领域	排前 10 名的紧缺岗位
要素支撑服务	数字金融服务、现代物流服务、人力资源服务、碳中和服务	金融研究员、环保领域咨询专家、投资经理、信息技术工程师、模型建设分析师、数据建模分析师、资金交易经理、全栈 Python 工程师、私人财富顾问、软件开发工程师
质效提升服务	科技研发与成果转化服务、工业设计服务、检验检测认证服务	研发总监、药化总监、销售经理、给排水工程师、GIS 开发工程师、信息技术总监、跨境电商运营总监、产品经理、功能安全软件工程师、渠道销售经理
商务专业服务	会计审计评估服务、法律服务、知识产权服务、会展服务	合伙人、涉外律师、知识产权/专利主管、IT 审计师、审计经理、室内设计工程师、工程项目经理、测绘师、执业律师、专利专员

续表

重点方向	细分领域	排前 10 名的紧缺岗位
未来产业	数字人民币、金融科技、金融大数据	金融研究员、人民币与衍生品交易员、融资担保专员、国际业务产品经理、风险控制专员、市场专员、理财经理、合规主管、宣传专员、员工关系经理

资料来源：根据《苏州市 2024 年度重点产业紧缺专业人才需求目录》整理。

（二）头部企业不够强大

江苏服务业市场主体普遍规模不大，能级不强，影响力偏低。从 2023~2024 年中国服务业企业 500 强入围数量来看，2024 年江苏入围 56 家，比 2023 年增加了 14 家，但是与排第 1 名的广东相比仍有较大差距，与排第 3 名的浙江相比优势也有所缩减（见表 11）。特别是，在 88 家营收超千亿元的服务业企业中，江苏仅占 3 席，分列第 61 位、第 80 位和第 84 位，与北京的 28 席、广东的 15 席、浙江的 10 席、上海的 9 席相比都有较大的差距。随着数字经济发展和人工智能时代的到来，新一代互联网企业因其产品服务覆盖范围广、研发投入强度高而成为行业风向标。2024 年中国互联网企业 100 强中，江苏占 8 席，只比浙江多 2 席，和北京、广东、上海相比同样有较大差距，特别是江苏缺乏如北京的百度、美团、京东，广东的腾讯、金蝶，上海的拼多多、携程、哔哩哔哩，浙江的淘宝、支付宝等全国知名的链主型、标杆型服务业平台巨头。

表 11　江苏省与其他发达省份中国服务业企业 500 强、中国互联网企业 100 强数量比较

单位：家

省份	中国服务业企业 500 强		中国互联网企业 100 强	
	2023 年	2024 年	2023 年	2024 年
广东	80	74	15	15
江苏	42	56	7	8

续表

省份	中国服务业企业 500 强		中国互联网企业 100 强	
	2023 年	2024 年	2023 年	2024 年
浙江	52	49	6	6
上海	47	43	17	15
北京	41	42	33	32
福建	41	41	6	7

资料来源：根据中国企业联合会发布的《2023 中国服务业企业 500 强名单》《2024 中国服务业企业 500 强名单》以及中国互联网协会发布的《中国互联网企业综合实力指数（2023 年）》《中国互联网企业综合实力指数（2024 年）》整理。

（三）行业结构不够合理

江苏服务业整体上更偏向生产性服务业，这契合了江苏经济大省、制造业大省的地位，但在一定程度上也削弱了生活性服务业的发展。不论是投入结构还是产出结构，与生产性服务业相比，生活性服务业占比都偏低。2023年，全省规模以上生活性服务业营业收入占规模以上服务业营业收入比重仅为 25.4%。2024 年，全省服务业重点项目清单中，生活性服务业项目有 59个，尚不到总数的 1/3，投资总额达 1585 亿元，仅占总数的 1/3。在服务业载体建设上，生活性服务业投入也略显不足，如全省服务业"311"工程省级现代服务业高质量发展集聚示范区中生活性服务业集聚示范区为 36 家，占总数的 42%，省级服务贸易基地中生活性服务业贸易基地为 5 家，占总数的 11%，且这些载体大多集中在旅游、康养、商贸等领域，多样性不足，不能满足人民群众对高品质、多样化生活服务的需求。就生产性服务业内部而言，江苏发展亦不够均衡。根据国家统计局制定的《生产性服务业统计分类（2019）》，生产性服务业涉及国民经济行业 10 个大类、35 个中类、171 个小类，领域广，环节多。江苏两业融合尽管起步较早，成效初显，但也存在偏"重"偏"硬"、以制造业向服务业延伸为主，而"轻""软"不足、生产性服务业嵌入制造业程度不高的问题。这主要是因为，一方面，制造业的生产性服务以内部化为主，对外部服务需求萎缩；另一方面，目前生产性服务业行业分工细化不足，无法满足制造业的专业化、品质化需求。江苏仍然需要加强生产性服务业利基市场开拓，创新应用场景。

（四）区域发展不够均衡

江苏服务业发展存在一定的地域差异性，无论是苏南、苏中、苏北三大区域之间，还是"1+3"重点功能区之间，抑或13个设区市之间，服务业发展的规模、速度与能级都存在不同程度的差距。苏南、苏中占据主导地位，苏北相对滞后。2023年，苏南5市实现服务业增加值在全省中的占比超过一半，而苏北5市占比不到1/4。这一情况延续到2024年上半年。2024年1~6月，全省服务业增加值苏南5市占比达到59.1%，而苏北5市占比只有22.1%。高质量服务业载体在沿江沿海地区分布明显偏多。"十四五"时期认定的86家省级现代服务业高质量发展集聚示范区，63家位于扬子江城市群，24家位于沿海经济带，8家位于江淮生态区，5家位于淮海经济区；243家服务贸易重点企业，235家位于扬子江城市群，18家位于沿海经济带，7家位于淮海经济区；46家省级服务贸易基地，40家位于扬子江城市群，5家位于沿海经济带，5家位于淮海经济区；12家省级数字贸易平台和6家平台型数字贸易龙头企业全部位于扬子江城市群。江苏作为全国服务外包示范区，拥有6个国家级服务外包示范城市，其中5个位于扬子江城市群，1个位于沿海经济带，1个位于淮海经济区。[①] 各市服务业发展亦冷热不同。2023年，江苏13个设区市中，南京和苏州两市服务业增加值超过万亿元大关，而宿迁和连云港两市尚在2000亿元关口徘徊。这一情形同样体现在2024年上半年。2024年1~6月，苏州和南京两市服务业增加值已超过5000亿元，分别达到6621.9亿元和5618.5亿元，而宿迁和连云港两市尚没有超过1000亿元，分别只有998.2亿元和934.5亿元，实现服务业增加值最高的苏州是最低的连云港的7倍（见表12）。从规模以上服务业营业收入来看，2024年1~6月，南京4053.08亿元，同比增长4.8%；苏州2871.26

---

① 南通同时属于扬子江城市群和沿海经济带，其数据计入相应板块，存在重复计算。

亿元,同比增长 11.1%;淮安 344.4 亿元,同比增长 27.3%;镇江 254.67 亿元,同比增长 4.3%。[1]

表12　2023年和2024年1~6月江苏省设区市服务业增加值、同比增速及占GDP比重

单位:亿元,%

设区市	2023 年			2024 年 1~6 月		
	服务业增加值	同比增速	占 GDP 比重	服务业增加值	同比增速	占 GDP 比重
南京	11174.65	5.60	64.20	5618.5	4.6	65.3
无锡	7942.84	5.30	51.40	3910.3	5.2	52.6
常州	5080.01	6.60	50.20	2375.1	4.7	49.7
苏州	12916.80	5.50	52.40	6621.9	4.7	54.9
镇江	2589.19	6.70	49.20	1357.6	4.8	49.2
南通	5565.50	4.70	47.10	2954.2	3.8	47.0
扬州	3576.57	5.60	48.18	1807.7	4.5	50.5
泰州	3128.33	6.40	46.50	1591.1	5.1	47.4
徐州	4507.13	7.80	50.60	2298.6	6.3	54.4
连云港	1916.39	5.40	43.90	934.5	5.0	45.6
淮安	2528.90	10.30	50.40	1357.6	6.1	52.5
盐城	3603.80	5.50	48.70	1837.5	7.0	51.4
宿迁	2066.62	7.30	46.99	998.2	6.2	48.4

资料来源:根据各市统计局网站数据整理。

(五)服务贸易不够匹配

江苏是对外贸易大省,货物贸易进出口总额长期位居全国前列,但是服务贸易并没有取得较好的协同发展。2023 年,江苏货物进出口总额占全国比重为 12.6%,而服务贸易仅占 7.0%。2023 年,全球服务贸易与货物贸易

---

[1]《1—7月南京经济运行简况》,南京市统计局网站,2024 年 9 月 3 日,https://tjj.nanjing.gov.cn/tjxx/202409/t20240903_ 4756808.html;《苏州市上半年规上服务业营收高速增长》,《新华日报》2024 年 8 月 16 日,第 14 版;《淮安市现代服务业发展质效稳步提升》,《新华日报》2024 年 8 月 16 日,第 13 版;《上半年全市经济运行总体保持平稳》,镇江市统计局网站,2024 年 7 月 28 日,http://www.zhenjiang.gov.cn/tjj/tjdt/202407/c45e3d1353ac49a6be18721a6bee7a4a.shtml。

的比值为 0.31，同期我国的比值为 0.16，而江苏仅为 0.08，与全球和全国水平相比，江苏服务贸易尚存较大差距。江苏服务贸易不仅总量与货物贸易不匹配，并且服务贸易结构也不够优化，与全国服务贸易结构类似，江苏服务贸易以其他商业服务、旅游和运输等劳动密集型、资源密集型传统行业为主，金融服务，保险和养老金服务，个人、文化和娱乐服务等知识密集型、技术密集型服务贸易发展不足（见表 13）。这种不足受国家服务业开放政策影响。目前，我国在运输、建设、旅游等领域开放度较高，在金融、法律和会计、电信等领域限制程度较高，开放水平仍有待进一步提升。江苏服务贸易发展不足也与自身缺乏全国乃至全球知名的服务贸易龙头企业有关，服务贸易自身创新能力偏弱，"走出去"和"引进来"能力不足，缺乏带动能力强、具有全球竞争力的链主企业，大多数服务贸易企业仍处于全球产业链和价值链中低端。

表 13　2021 年至 2024 年 8 月中国服务贸易结构

单位：%

项目	2021 年	2022 年	2023 年	2024 年 1~8 月
加工服务	1.95	1.82	1.59	1.38
维护和维修服务	1.53	1.52	1.82	1.78
运输	34.03	37.70	29.55	27.74
旅游	15.99	15.32	24.14	29.24
建设	3.28	2.63	2.72	2.54
保险和养老金服务	2.77	3.03	2.78	1.81
金融服务	1.35	1.07	0.93	0.77
知识产权使用费	7.66	6.94	6.11	6.05
电信、计算机和信息服务	11.90	11.22	11.05	10.37
其他商业服务	18.30	17.64	18.18	17.25
个人、文化和娱乐服务	0.62	0.48	0.62	0.63
别处未提及的政府货物和服务	0.63	0.63	0.51	0.44
合计	100	100	100	100

资料来源：根据国家外汇管理局相关数据整理。

三 江苏服务业发展面临的新环境

江苏服务业发展面临国际环境、国内环境乃至省际竞争等一系列新情况，机遇与挑战并存。

（一）全球聚焦可持续发展目标，有利于服务业发展的积极信号涌现

当前，全球性问题加剧，局部冲突频发，不稳定、不确定性成为常态，经济全球化动力有所弱化，"脱钩断链"风险时隐时现。2024 年 6 月，世界银行发布《全球经济展望》报告，预测 2024 年全球经济增长 2.6%，远低于新冠疫情暴发前 10 年 3.1% 的平均水平。2024 年 10 月，国际货币基金组织（IMF）发布《世界经济展望报告》，预期 2024 年全球经济增长 3.2%，并警告地缘政治裂痕加剧，可能会导致出现更加分裂的全球贸易格局，从而降低全球供应链韧性，增加融资成本，扰乱跨境资本流动，降低市场效率，减缓发达经济体与发展中经济体之间的知识和技术转移，增加企业成本和风险，并推高绿色转型成本，进而影响全球经济长期增长。当前，全球正经历剧烈的变革与挑战。单边主义日益盛行，资源能源短缺、自然灾害、人口老龄化、气候变化等领域仍面临诸多挑战，特别是叠加俄乌冲突、巴以冲突、黎以冲突等，进一步加剧了全球化的不确定性，制约全球经济增长。

尽管全球经济长期增长前景不甚明朗，但 2024 年全球经济稳定增长亦呈现积极的信号。世界银行《全球经济展望》报告预测 2024 年全球经济将实现 3 年来首次稳定增长，经合组织 2024 年 9 月发布的《中期经济展望报告》也预测 2024 年和 2025 年全球经济将保持稳定增长。其一，构建人类命运共同体理念成为国际共识，有利于为全球可持续发展营造稳定和平的环境。推动构建人类命运共同体，就是要各国人民同心协力建设持久和平、普遍安全、共同繁荣、开放包容、清洁美丽的世界。构建人类命运共同体连续七年被写入联大决议，多次被写入上合组织、金砖国家等多边机制决议及宣

言，已成为国际共识。2024 年 9 月，联合国未来峰会通过了描绘世界未来发展蓝图的《未来契约》及其附件《全球数字契约》和《子孙后代宣言》，涉及可持续发展和发展筹资，国际和平与安全，科学、技术和创新及数字合作，青年和子孙后代，全球治理变革等五大领域，旨在改革国际治理体系，振兴多边主义，以更好地应对新时代所面临的诸多挑战。其二，服务业在全球贸易中的作用日益显著，将为中国乃至江苏服务业拓展发展空间。进入 21 世纪，全球服务业增加值占 GDP 比重已超 60%，服务业已成为全球经济支柱性产业，服务贸易日益成为推动全球贸易增长的动力。近年来，全球服务贸易以高于同期 GDP、货物贸易和外国直接投资的速度增长，2023 年增速达到 9%。据世贸组织预测，到 2040 年服务贸易在国际贸易中的占比将由 2023 年的 22% 提升至 33% 以上。

（二）我国经济基本面长期向好，服务业发展空间进一步拓展

当前和今后一个时期是以中国式现代化全面推进强国建设、民族复兴伟业的关键时期。我国经济持续向好的基本面没有改变。其一，我国经济韧性强、潜力大，有利于克服各方面压力实现持续向好。我国拥有规模庞大、层次多样的国内市场，也深度融入全球经济体系，我国经济已由高速增长阶段转向高质量发展阶段。2023 年，我国经济增长 5.25%，不仅高于全球 3% 左右的预计增速，在世界主要经济体中也名列前茅。其二，我国服务业在国民经济中的"压舱石"作用进一步增强，服务业经济运行稳中向好。2024 年 1~9 月，全国服务业实现增加值 530651 亿元，同比增长 4.7%；服务业增加值占 GDP 比重为 55.9%，比上年同期上升 0.3 个百分点，对国民经济增长的贡献率为 53.9%，拉动 GDP 增长 2.6 个百分点。服务业日益呈现融合发展态势，科技赋能服务业发展的内生动力增强，人工智能等信息技术助力数字经济和实体经济、先进制造业和现代服务业加快融合发展，数实融合、文旅融合、新场景应用等频现，服务业转型升级步伐加快，市场预期持续改善。2024 年 9 月，全国服务业生产指数同比增长 5.1%，比上月提高 0.5 个百分点；服务业业务活动预期指数为 54.6%，位

于景气区间。其三，我国服务业进一步扩大开放，为服务业发展注入新动力。我国已经成为全球服务业开放的重要推动者，高质量实施《区域全面经济伙伴关系协定》，积极推进加入《全面与进步跨太平洋伙伴关系协定》（CPTPP）、《数字经济伙伴关系协定》（DEPA），着力构建高标准服务业开放制度体系。持续举办大型高端进出口展会，截至 2024 年底，我国已举办 7 届中国国际进口博览会、11 届中国国际服务贸易交易会、4 届中国国际消费品博览会、2 届中国国际供应链促进博览会。持续缩减外资准入负面清单，2024 年 3 月商务部发布《跨境服务贸易特别管理措施（负面清单）》（2024 年版）和《自贸试验区跨境服务贸易特别管理措施（负面清单）》（2024 年版），标志着首次在全国对跨境服务贸易建立负面清单管理模式，形成了跨境服务贸易梯度开放体系。我国服务业开放领域和范围不断扩大。2015 年开始实施的国家服务业扩大开放综合试点历经一次升级、两次扩围，截至 2022 年已拓展到 11 个省市，包括 4 个直辖市、海南省和 6 个副省级城市（广州、南京、杭州、成都、武汉、沈阳）。2024 年 9 月 2 日，《国务院办公厅关于以高水平开放推动服务贸易高质量发展的意见》（国办发〔2024〕44 号）发布，对新形势下服务贸易高质量发展做出全面系统部署。这些政策利好将为江苏服务业转型升级扩能营造良好的外部氛围，注入新的动力。

（三）省际服务业发展竞争与合作并存

党的二十大报告提出，建设现代化产业体系，构建优质高效的服务业新体系。争抢服务业发展先机已成为各地构建现代化产业体系的重要抓手。上海大力推动创新型经济、服务型经济、总部型经济、开放型经济、流量型经济发展，加快形成以服务经济为主、创新内核高能、总部高度集聚、流量高频汇聚、深度融入全国全球的"五型经济"生态系统。2024 年 4 月，上海出台《关于进一步优化发展环境 促进上海专业服务业高质量发展的指导意见》，提出到 2025 年涌现一批具有较强国际影响力和品牌效应的高能级专业服务机构，基本形成与城市功能定位相适应的专业服务业发展格局；到

2035 年基本建立优质高效的专业服务业新体系。浙江加快建设现代服务业强省，聚力打造全球新兴产业科创高地、全球现代物流发展高地、全球数字贸易高地、全国现代金融服务高地、全国高端商务服务高地、全国品质生活高地等六大高地。2024 年 5 月，浙江出台《推动浙江服务业高质量发展三十条措施》，围绕六大高地建设推出 30 条举措。2024 年 9 月，浙江出台《关于构建浙江特色现代服务业体系 打造现代服务业强省行动方案》，提出到 2027 年基本建成浙江特色现代服务业体系。广东纵深推进粤港澳大湾区、深圳中国特色社会主义先行示范区"双区"建设，推动粤港澳三地规则衔接、机制对接，深入实施"湾区通"工程。2023 年 3 月，广东出台《中共广东省委 广东省人民政府关于新时代广东高质量发展的若干意见》，其中提出积极发展生产性服务业和知识密集型服务业，打好外贸、外资、外包、外经、外智"五外联动"组合拳。此外，2023 年 9 月山东出台《关于加快服务业高质量发展的意见》，2023 年 12 月安徽出台《关于加快实施 20 项重大工程推动服务业高质量发展的若干意见》，2024 年 6 月四川出台《四川省人民政府办公厅关于加快构建优质高效服务业新体系推动服务业高质量发展的实施意见》，2024 年 7 月天津出台《天津市促进现代服务业高质量发展实施方案》，2024 年 7 月重庆出台《重庆市加速推进现代生产性服务业高质量发展行动方案（2024—2027 年）》。各地除了纷纷建章立制推动服务业高质量发展，还通过城市群、都市圈等区域一体化平台加强服务业发展合作。比如，粤港澳三地联合主办粤港澳大湾区服务贸易大会，旨在促进粤港澳大湾区服务贸易的发展和合作；长三角持续推进公共服务一体化，搭建长三角现代服务业联盟平台，促进长三角现代服务业协同发展；四川提出推动成渝地区双城经济圈服务业协同发力。《国务院办公厅关于以高水平开放推动服务贸易高质量发展的意见》提出，强化服务贸易区域合作，发挥京津冀、长三角、粤港澳大湾区及成渝地区双城经济圈等区域优势，建设区域性服务贸易发展公共平台。可见，省际服务业在竞争发展的同时存在广阔的合作空间，应通过市场联动、要素流动，实现优势互补、资源共享，更好地推进服务业高质量发展。

四 江苏服务业高质量发展的战略选择与推进路径

2025年是"十四五"规划收官之年，为了在下一个五年中进一步实现江苏服务业规模增长和结构优化，推动服务业进入高质量发展提升期，需要坚持创新驱动，推动融合式发展，加快数字化转型，提升发展能级，在开放合作中实现量质效齐升。

（一）战略选择

1. 创新驱动发展战略

当今世界，创新已经成为一国一地谋求竞争优势的核心战略。江苏要以创新驱动引领服务业高质量发展，制度创新、模式创新、技术创新协同推进，深化体制机制改革，营造良好的创新环境，健全以创新为导向的政策体系，引导服务业企业重视创新并积极投入创新活动，拓展服务业创新的广度和深度，激发市场活力，增强发展动能，全面提高服务业发展的质量和效益，服务建设现代化产业体系，加快形成新质生产力。

2. 融合发展战略

融合发展已是大势所趋，可以取得1+1>2的协同效应。江苏要跳出服务业来发展服务业，充分发挥服务业覆盖面广、产业渗透性高、辐射带动作用强的特征和优势，积极推动服务业与先进制造业深度融合、服务业与现代农业深度融合、服务业内部不同行业深度融合，从而既为其他行业发展赋能，又为服务业自身发展拓展空间，实现"服务业+"的多赢格局。

3. 数智转型战略

在数字化时代，实现数智转型是实现行业高质量发展、提高企业效率和竞争力的关键。江苏要加快服务业领域信息化、数字化和智能化改造，引导服务业企业实施"智改数转网联"，以数字技术支撑新产品、新场景、新业态和新模式，重构服务业千行百业，为服务业注入源源不断的新动能，从而更好地满足生产者需求，更好地提升消费者体验，更好地推动服务贸易升级。

4. 能级提升战略

服务业能级反映了服务业综合实力及其对关联行业的影响辐射程度。一地服务业能级的高低，集中体现了该地服务业的竞争力、影响力和辐射力，呈现了服务业对当地经济社会发展的贡献力。江苏要在推动服务业发展的基础上全面提升服务业能级，扶持服务业发展洼地，打造高质量服务业载体，培育服务业头部企业，统筹服务业重大项目，实现服务业升级跃迁。

5. 开放发展战略

服务业已成为全球经贸合作的重要领域，全球服务业开放发展已成共识。江苏要在国家服务业开放发展统一部署下，高质量推动各项政策落地见效，充分利用江苏自由贸易试验区、南京服务业扩大开放综合试点等，深化服务业领域改革，积极对接国内国际两个市场，推动服务业在更大范围、更宽领域、更深层次形成制度型开放，打造符合江苏产业特点、具有江苏特色的服务业开放发展新格局，切实把政策红利转化为服务业转型升级的内生发展动力。

（二）推进路径

1. 完善发展服务业休制机制

党的二十届三中全会明确提出完善发展服务业体制机制，为推动服务业改革发展指明了方向。江苏要把敢为人先的创新勇气和开拓魄力倾注到服务业领域，深化服务业体制机制改革，推动服务业高质量发展。

一是完善服务业支持政策体系。在监管方式上，坚持包容审慎的监管原则，面对层出不穷的新业态、新技术、新模式，要管住底线，守住红线，无事不扰，敢于容错；在政府投入上，优先支持基本公共服务领域补短板，提升公共服务供给质量；在城乡、区域协调发展上，向农村地区、服务业发展相对滞后的地区倾斜，提升农村服务业基础设施水平，推进城乡服务一体化发展，支持落后地区建设高质量服务业载体平台和培育服务业龙头企业。

二是优化服务业统计体系。细化行业分类，针对不断涌现的服务业新业态、新模式，做好服务业细分行业分类与界定。完善统计指标体系，根据国家发展战略的指向以及江苏服务业发展新特点，增加新的统计指标，改进现有统计指标，以更好地反映服务业领域对国家战略的落实情况，并为监测、研判服务业自身发展态势提供基础数据。

三是推进服务业标准化建设。标准化是规范服务行为、优化行业结构、促进服务业可持续发展的重要工具。支持地方和企业申请国家级服务业标准化试点项目，制定出台服务业地方标准，积极贯彻国家已出台的服务业标准，打造江苏服务品牌。

2. 加快服务业数智化转型

数智化正在引领产业结构转型升级乃至重构产业体系，服务业也概莫能外。江苏要加快服务业领域"智改数转网联"，为服务业发展注入新动能。

一是加快数字基础设施建设。响应以数字化、网络化、智能化、绿色化为核心的新一代产业革命，做好顶层设计，加快以5G、数据中心、人工智能等为代表的新型基础设施建设，优化数字基础设施在城乡之间，苏南、苏中、苏北之间的布局、结构、功能和系统集成，使不同地区的居民、企业能够平等地获取数字基础设施的使用机会，降低使用成本，提高获取的便利性，弥合数字发展鸿沟。

二是引导服务业企业转型。制定和实施江苏省服务业数字化转型行动方案，推进服务业企业"上云、用数、赋智"，以互联网、大数据、人工智能、新一代通信技术、区块链等新技术赋能服务业，丰富服务业应用新场景，布局服务业发展新赛道，激发服务业发展新动能。

3. 深化服务业融合发展

服务业正在向知识密集型产业服务扩张，对其他行业的渗透性日益增强，赋能作用日益显著。江苏要以"服务业+"的思维深化服务业与其他行业的融合发展，催生新业态新模式，打造服务业发展新生态。

一是深化服务业与先进制造业融合发展。先进制造业和现代服务业融合发展是顺应新一轮科技革命和产业变革、增强制造业核心竞争力、培育现代化产业体系、实现高质量发展的重要途径。江苏是制造业强省，制造业规模约占全国的 1/8、全球的 4%，2023 年制造业高质量发展指数为 91.9，连续 3 年位居全国第一。江苏制造业高质量发展的要求也催生了对服务业的需求。要围绕构建现代化产业体系的重点领域和关键环节，聚焦"1650"产业体系，着力强链补链延链，拓展两业融合广度和深度，以服务业赋能制造业向价值链两端延伸，实现传统制造向智能制造转变、产品制造向服务型制造转变，不断提高两业融合发展水平。

二是深化服务业与现代农业融合发展。农业生产的日益专业化和社会化提升了对服务业的需求，催生了农业服务社会化。江苏是鱼米之乡，以占全国 3.2%的耕地生产出占全国 5.5%的粮食。要将生产性服务业融入农业产前、产中、产后各环节，覆盖农业生产、加工、物流、营销等各领域，以服务业赋能农业，拉长农业产业链，提升农业价值链。促进多种形式适度规模经营发展，大力培育农业服务公司、农民合作社、农村集体经济组织、供销合作社、服务专业户等多元化服务主体，促进农民增收、农业增效。鼓励农资企业、农业科技公司、互联网平台等各类涉农组织采取"农资+服务""科技+服务""互联网+服务"等方式，开展综合农事服务。

三是深化服务业自身融合发展。服务业是为生产者提供中间服务和为消费者提供最终服务的部门，涉及工农业生产的多个环节和人们生活的各个方面。服务业有生产性服务业和生活性服务业之分、传统服务业和现代服务业之分、市场性活动服务业和非市场性活动服务业之分，其中又存在交叉重叠，这就为服务业内各行业融合发展提供了空间。要加强服务业创新发展、跨界融合，将生产性服务业高技术要素融入生活性服务业，将现代服务业的科技手段和管理理念融入传统服务业，以市场性活动服务业的市场化方式提供非市场性活动服务，不断催生服务新业态，创造应用新场景。

4.形成服务业开放发展新格局

2024 年 9 月 12 日，国家主席习近平向 2024 年中国国际服务贸易交易会致贺信，指出中国将坚持以高水平开放推动高质量发展，完善高水平对外开放体制机制，创新提升服务贸易，主动对接国际高标准经贸规则，推动服务

领域规则、规制、管理、标准相通相容，有序扩大服务市场对外开放，提升服务业和服务贸易开放平台功能，打造市场化、法治化、国际化一流营商环境。近年来，我国服务业加快走向世界，服务业成为吸引外资的重要领域，服务贸易规模稳居世界前列。江苏要积极主动顺应国家服务业开放发展的整体部署，利用"一带一路"交汇点的地缘优势，发挥具有服务贸易创新发展试点、自由贸易试验区和全国最多的服务外包示范城市的政策优势，实现全域服务业高水平开放，形成具有江苏特色的服务业开放发展新格局。

一是对标高标准国际经贸规则。我国外贸"朋友圈"越来越广。2023年我国和厄瓜多尔、尼加拉瓜、塞尔维亚签署自贸协定，与新加坡签署自贸协定进一步升级议定书，和洪都拉斯实质性完成了自贸协定早期收获谈判。截至2024年1月，我国已经和29个国家和地区签署了22个自贸协定。我国加入的《区域全面经济伙伴关系协定》已正式实施近3年、全面生效1周年，我国还积极推动加入《全面与进步跨太平洋伙伴关系协定》和《数字经济伙伴关系协定》。江苏要切实加强国内外规制衔接，提前布局，梳理在跨境服务贸易、知识产权、电子商务、文化贸易以及数字贸易等领域的新应用场景，对接国际高标准经贸规则。

二是发挥标志性服务业开放载体平台的先行示范效应。2024年，江苏自由贸易试验区已挂牌5年，南京服务业扩大开放综合试点已获批2年。2024年9月，《商务部 国家卫生健康委 国家药监局关于在医疗领域开展扩大开放试点工作的通知》允许在9省市设立外商独资医院，江苏的南京和苏州位列其中。江苏要充分把握这些国家重大开放战略给江苏服务业带来的发展机遇，举全省之力统筹建设这些国家级高端服务业开放载体平台，加大政策宣介广度力度，精心梳理政策应用场景，确保重大政策在江苏落地落实见行见效，并总结形成在全省可复制可推广的经验，充分发挥这些载体平台的先行示范带动作用，引领江苏服务业开放发展。

三是推进服务业双向开放。形成服务业高水平开放新格局，既要高质量"引进来"，更要大踏步"走出去"。要建立健全跨境服务贸易负面清单管理制度，提升服务贸易自由化便利化水平，优化服务贸易结构，促进资源要素双向流动。一方面优化外商投资服务，引导外资存量继续深耕江苏市场，吸引外资增量投入数字技术、研发设计、医疗健康等新兴服务领域，让服务业外资进得来、留得住、发展好；另一方面优化省内企业服务，更大力度地护航省内企业"出海"，帮助企业拓展欧美、日韩、东盟、"一带一路"共建国家等市场，积极参与国际竞争与合作，融入国际服务业分工体系，以服务业双向开放助力全省加快建设具有世界聚合力的双向开放枢纽。

5. 营造服务业发展外部环境

良好的营商环境是地区经济软实力的综合体现，直接影响本区域内企业的生存和发展。江苏要秉承优化营商环境永远在路上的理念，持续深化"放管服"改革，更大力度激发市场活力，更好增强服务业企业内生发展动力，为全省服务业高质量发展营造良好的外部环境。

一是持续深化"放管服"改革。针对服务业企业行业面广、数量多、规模小的普遍特点，以商事制度改革为"牛鼻子"，不断深化简政放权、放管结合、优化服务改革，持续一体推进政策、市场、政务、法治、人文"五个环境"建设，着力营造一流营商环境，提升企业办事便利度，切实降低制度性交易成本，真正让国企敢干、民企敢闯、外企敢投。

二是推进统一大市场建设。破除行政壁垒、区域壁垒，让资源要素在更大的范围内自由流动。以环境引人，以待遇留人，以事业激励人，设立一站式人才服务专区，加快人才服务一站集成办理，为服务业企业招才引智提供帮助；搭建银企对接平台，引导银行业金融机构扩展业务广度、拓宽服务领域，为服务业企业提供高效便捷的融资服务；加大知识产权保护力度，提供信息咨询、宣传培训、业务指导、维权援助、纠纷调解和自律管理等多领域服务，加大知识产权执法力度，建立知识产权风险预警机制，完善知识产权维权援助机制，为服务业企业创新发展保驾护航。

三是做好服务业企业贴身服务。常态化开展大数据问卷调研、座谈会、企业访谈等，随时倾听企业的呼声，及时了解企业的诉求，协调解决企业发展过程中面临的痛点难点问题，切实为企业纾困解忧。

专题报告 ⊾

B.5

进一步全面深化改革、扎实稳健推进
中国式现代化江苏新实践的进展与展望

孙运宏*

摘　要：　江苏坚持以经济体制改革为牵引，推动高质量发展继续走在前列；以改革激发新质生产力发展动能，科技人才体制机制创新协同推进；以改革激发乡村振兴活力，由"农业大省"向"农业强省"转变的速度不断加快；以改革推进文化浸润，高质量建设社会主义文化强省；以改革创造高品质生活，在保障改善民生和推进社会治理现代化中走在前；以改革塑造生态优势，推动实现人与自然和谐共生的现代化。江苏在进一步全面深化改革上继续走在前列，要统筹推进各领域改革，充分激发各个方面的动力和活力；以改革彰显法治优势，在法治轨道上进一步全面深化改革、推进中国式现代化；以全面深化改革激发和增强社会活力，凝聚改革共识；坚持改革为了人民，持续增进民生福祉；以改革更好统筹发展和安全，为经济社会发展

---

　*　孙运宏，博士，江苏省社会科学院办公室副主任、助理研究员，主要研究方向为经济社会学、社会政策、社会治理。

营造和谐稳定的良好环境。

关键词： 全面深化改革　中国式现代化　高质量发展　江苏

党的十八大以来，习近平总书记对江苏全面深化改革提出一系列明确要求，为新时代江苏全面深化改革提供科学指引和行动指南。党的二十届三中全会科学谋划了围绕推进中国式现代化进一步全面深化改革的总体部署，《中共中央关于进一步全面深化改革　推进中国式现代化的决定》是指导新征程上进一步全面深化改革的纲领性文件。江苏将深入贯彻落实党的二十届三中全会精神，坚持以制度建设为主线，扎实稳健推进中国式现代化江苏新实践。

一　牢记习近平总书记重要嘱托和贯彻党中央决策部署，统筹推进江苏各领域全面深化改革

江苏作为改革开放的前沿阵地，通过用好改革开放这个"关键一招"，成功实现由农到工、由内而外、由低向高的发展变迁，并发轫出"四千四万""昆山之路""园区经验"等具有鲜明区域特质和时代特征的改革精神，展现出解放思想、开拓创新、敢闯敢试、敢为人先的智慧和勇气，极大地提高了人民群众的生活水平，成为中国特色社会主义伟大实践的现实缩影和生动诠释。进入新时代，江苏又以改革激发经济社会发展活力，创造了由富向强、高质量发展走在前列的历史性成就，进一步全面深化改革正成为谱写"强富美高"新江苏现代化建设新篇章的显著特征。

党的十八大以来，习近平总书记多次亲临江苏考察，为江苏改革发展指航定向。2014年习近平总书记为江苏擘画了建设"强富美高"新江苏的宏伟蓝图。2017年，习近平总书记在调研江苏时强调，坚守实体经济、坚持

创新发展等六大工作。2020年11月，习近平总书记赋予江苏"在改革创新、推动高质量发展上争当表率，在服务全国构建新发展格局上争做示范，在率先实现社会主义现代化上走在前列"① 的光荣使命。2023年3月，习近平总书记在参加江苏代表团审议时强调，"必须坚定不移深化改革开放、深入转变发展方式，以效率变革、动力变革促进质量变革，加快形成可持续的高质量发展体制机制"②；同年7月，习近平总书记再次亲临江苏考察，赋予江苏"继续在改革创新、推动高质量发展上争当表率"③ 的重大任务。2024年3月，习近平总书记要求江苏"深化科技体制、教育体制、人才体制等改革，打通束缚新质生产力发展的堵点卡点"④。

新时代，江苏在改革开放这条"必由之路"上勇毅前行，聚焦习近平总书记对江苏改革点题的重点任务，全省改革呈现全面发力、多点突破、纵深推进的良好态势，展现出干部群众敢闯敢试、争先率先的生动实践。以新质生产力为高质量发展注入新动能，紧密围绕高水平科技自立自强持续推进科技创新；深化经济体制、科技体制等改革，建立高标准市场体系，创新生产要素配置方式，让各类先进优质生产要素顺畅流动；加强同其他区域发展战略和区域重大战略的对接，更好发挥经济大省对区域乃至全国发展的辐射带动作用；深化自由贸易试验区改革，建设更高水平开放型经济新体制；聚焦践行"两山"理念，深化生态文明体制改革；聚焦提高人民生活品质，健全保障和改善民生制度体系；等等。以一系列实际行动做新时代全面深化改革的坚定践行者，开创了以全面深化改革推动经济社会发展整体性跃升的新局面。

① 《习近平在江苏考察》，中国政府网，2020年11月14日，https：//www.gov.cn/xinwen/2020-11/14/content_ 5561530. htm。

② 《习近平在参加江苏代表团审议时强调牢牢把握高质量发展这个首要任务》，《人民日报》2023年3月6日。

③ 《习近平在江苏考察时强调在推进中国式现代化中走在前做示范谱写"强富美高"新江苏现代化建设新篇章》，《人民日报》2023年7月8日。

④ 《习近平在参加江苏代表团审议时强调因地制宜发展新质生产力》，《人民日报》2024年3月6日。

二 江苏进一步全面深化改革取得扎实成效

江苏坚决扛起习近平总书记和党中央赋予江苏的重大使命任务，坚持新发展理念，推动新时代江苏全面深化改革取得扎实成效，为推进中国式现代化贡献江苏力量。

（一）以经济体制改革为牵引，推动高质量发展继续走在前列

党的二十届三中全会强调，以经济体制改革为牵引，健全推动经济高质量发展体制机制。近年来，江苏着力推动各项改革任务落实落地，以高质量发展扎实稳健推进中国式现代化江苏新实践。

1. 立足提升国有资本配置效率，提高国有企业核心竞争力

江苏以实施国企改革深化提升行动为契机，针对省属贸易企业长期存在的小而散、同质化、核心功能不突出等问题，对苏豪、汇鸿、海企、惠隆、舜天等5家企业实施战略性重组、专业化整合，推动资源要素向主责主业和优势领域集中，重点打造了全省规模最大的国资进出口和国内贸易企业。重组整合改革涉及5家企业及所属4家上市公司、65家海外分支机构、2万余名员工，是江苏近20年来涉及面最广、力度最大、最为系统完整的一次国企改革。5家企业不是谁吃谁、谁并谁，而是联合形成一个新集团，对原有业务功能和资源进行重新整合，形成主业更突出、核心竞争力更强的产业布局。通过推动新苏豪控股集团深化改革，梳理明确30个方面的改革任务，落实300多项具体改革举措，推动内部业务结构持续优化调整，实现一体化运营，在改革发展上实现一体化规划，在公司治理上实现一体化管控。2023年，重组整合后的新苏豪控股集团实现营业收入1128亿元，利润总额同比增长341%，进出口总额超过110亿美元，经营质效实现近年来最好，位居全国省级贸易企业前列，所属3家贸易类上市公司市值超大盘近20个百分点；2024年1~5月，新苏豪控股集团实现营业收入483.8亿元、同比增长15.4%，利润总额同比增长5.1%。围绕全省发展供需矛盾突出的物资，打

造煤炭能源、油气化工、金属矿产等大宗商品贸易和物资储备板块；围绕构建全省国际贸易服务网络，打造国际化经营板块；围绕传统优势业务融合升级，打造具有江苏特色的纺织服装板块；围绕满足群众高品质生活需求，成立省物流集团，打造商贸物流板块；围绕现有优势业务，着力培育一批"链主"企业，打造智能制造板块；围绕发展实体经济，加大对人工智能、高端装备、新材料等战略性新兴产业的投资力度，打造以融促产板块，加快发展新质生产力。

2. 围绕服务构建新发展格局，增强维护产业链供应链安全的核心功能

江苏通过改革对国有贸易类企业资产进行整合配置，有效提升了战略安全支撑保障能力。一是构建战略物资储备的保供体系。发挥"贸储一体"运营优势，整合资源组建省物资储备公司，在全省系统规划建设储备基地，统筹承担原油、煤炭、食品、医疗等全品类省级应急物资储备任务。二是构建重要能源资源的供应体系。集中力量加强对江苏紧缺的煤炭能源、油气化工、金属矿产等大宗商品贸易业务的拓展布局，重组后大宗商品贸易量同比增长超20%，铬、锰、镍、钛、锌等金属矿产进口量位居全国贸易企业前列。在南非、印度尼西亚等国获取一手矿产货源，不断完善国际供应链布局。三是构建内外贸一体化的协同体系。在全球系统规划布局建设海外仓或常驻机构，成立江苏中亚中心，实施跨境电商倍增计划，构建江苏国际贸易服务网络。开通运行24条中欧（亚）班列线路，实现运贸一体化发展，增强贸易物流运输支撑服务功能，中欧（亚）班列组建4年开行列数年均增长17.4%。

3. 完善落实"两个毫不动摇"体制机制，支持民营经济发展壮大

江苏不断加大对民营经济的支持力度，努力探索具有江苏特色的民营经济发展新路径。2023年中国民营企业500强榜单中，江苏有89家企业入围，总数位居全国第二，江苏成为全国首个个体工商户超过1000万户的省份。一是聚焦破除民企公平竞争的深层次制度障碍，营造更加公平的市场准入环境。全面落实公平竞争政策制度，严格执行市场准入负面清单制度，大力清理市场准入限制显性和隐性壁垒。2024年1月，江苏省委、省政府印发《关于促进民营经济发展壮大的若干措施》，聚焦当前制约江苏民营经济高质量发展的堵点难点，制定了充分体现江苏辨识度的 20 条政策举措，促进民营经济发展壮大。2024 年 3 月，江苏省发展改革委出台《关于进一步强化民间投资支持不断激发活力的通知》，首次发布 200 个省级民间投资重点产业项目清单，年度计划投资 648 亿元，推进全省稳定和扩大民间投资。2024 年 1~8 月，全省民间投资同比增长 5.0%，增速高于全部投资 2.7 个百分点；民间投资占全部投资的 67.5%，占比较上年同期提高 1.7 个百分点。二是鼓励和支持民营企业围绕全省重要和优势产业链加大科技创新投入力度，形成高质量创新成果。2023 年，全省民营高新技术企业达 39924 家，同比增长 20.1%，占全省高新技术企业的 88.8%，且占比持续扩大。江苏加快转变政府职能，统筹推进有效市场和有为政府更好结合。加大助企纾困力度，接续出台系列政策措施，不折不扣落实减税降费，2023 年新增减税降费及退税缓费 2185 亿元、办理出口退税 1985 亿元，减税降费及退税缓费规模、出口退税规模位居全国前列。三是缓解中小企业融资难题。深化政银合作，将中小企业"白名单"库扩充至 4.8 万家，发放贷款超 2000 亿元。建设省级综合金融服务平台，推出"苏岗贷""苏质贷"等政银合作产品。截至 2023 年底，全省民营企业贷款余额 4.5 万亿元，同比增长 12.05%。优化政务服务。持续简政放权，在全国率先清理规范省级部门行政审批中介服务事项，累计取消下放调整行政权力事项 1344 项，核准管理项目比例压减至 2.55%，98% 新设企业实现"零见面、零成本"办理。四是强化法治保障，厚植民营经济发展沃土。2024 年 1 月，江苏高院出台优化法治环境促进民营经济发展壮大"10 条措施"，全力推动民营经济健康发展。依法保护经营主体合法权益。建立"法企同行"工作站，开展"千所帮万企"行动，率先实现省、市两级破产管理人协会全覆盖。推进构建"产业链+法律服务"模式，省及各设区市均成立产业链法律服务联盟。依法审理涉民企行政复议案件，健全涉民企行政复议调解和解机制。推行涉企柔性执法。制定行政合规指导清单、免罚轻罚清单和行政裁量基准，2023 年全省共办理免罚轻罚案件 2.3 万件，其中 67% 的免罚轻罚对象是民营企业。强化知识产权

保护。构建"1+13+N"知识产权快速协同保护体系，开展"双打""护航"等知识产权专项执法行动，近5年全省共查处专利商标违法案件约6万件。

4.稳步扩大制度型开放，塑造更高水平开放型经济新优势

近年来，江苏在推动开放型经济稳中向好、稳中有进的同时，积极对接国际高标准经贸规则，稳步扩大规则、规制、管理、标准等制度型开放，初步形成了多点突破、全面推进的格局，有力带动了相关领域的改革创新，激发了高质量发展的澎湃活力。一是持续放宽外资市场准入。准确把握国家关于对外资实施负面清单管理、取消审批和备案制度等重大管理体制变革，全面落实鼓励外商投资产业目录和外资准入负面清单，做好外商投资法规、规章和规范性文件专项清理工作，确保外资依法平等进入负面清单之外的领域。以先进制造业、现代服务业为招商引资的重点，助推全省实际使用外资规模连续多年保持全国首位。自2022年12月国务院正式批复同意南京等开展服务业扩大开放综合试点以来，南京聚力推动104项试点任务落地落实，截至2024年7月，5项创新举措入选国家服务业扩大开放综合试点示范建设第二批最佳实践案例。二是积极对接国际高标准经贸规则。制定出台中国（江苏）自由贸易试验区（以下简称"江苏自贸区"）探索高水平制度型开放等38项政策，聚焦货物贸易、服务贸易、数字贸易及"边境后"规则等领域开展先行先试，目前已有28项落地见效。① 例如，探索实施进口未注册医疗器械分级分类管理和生物医药研发用物品进口"白名单"制度，进一步拓宽试点物品种类和区域范围；率先探索推进综合保税区外、自贸试验区内的保税维修业务试点。三是促进商品要素跨境高效便捷流动。江苏自贸区总体方案113项改革试点任务落地实施率超过98%，累计总结形成近400项制度创新经验案例，其中25项在国家层面复制推广，相关的制度创新成果让货物通关、资金进出、要素流动更趋便利。2021年获准在苏州工业园区和昆山金改区开展信贷资产跨境转让等5项试点并已全部落地见效，2023年底又获准在全省开展跨境贸

---

① 陈涛：《稳步扩大制度型开放 塑造更高水平开放型经济新优势》，《群众》2024年第16期。

易投资高水平开放试点。四是服务推动重点产业新兴业态模式发展。聚焦生物医药这一战略性新兴产业，在全国率先研究推动自贸试验区生物医药全产业链开放创新，省级层面22项支持政策全部落地。2023年，江苏自贸区实现生物医药产值近3000亿元，规模占到全省约一半，全省获批的一类创新药、第三类创新医疗器械多数来自三大片区。加快做大做强跨境电商，2023年全省跨境电商出口同比增长12.3%，培育打造了"跨境电商网购保税进口+实体新零售"、江苏—北布拉邦"前展后仓"等业态融合的新模式。

（二）以改革激发新质生产力发展动能，科技人才体制机制创新协同推进

科技创新是发展新质生产力的核心要素，人才是创新主体。近年来，江苏不断加大改革攻坚力度，激发创新主体活力，打通束缚新质生产力发展的堵点卡点，为培育新质生产力、塑造高质量发展新动能提供了有力支撑。

1. 强化国家战略科技力量服务保障，加快重大科技创新平台建设

习近平总书记2023年在参加江苏代表团审议时强调，努力突破关键核心技术难题，在重点领域、关键环节实现自主可控。江苏全力构建高水平实验室体系，出台保障支持苏州实验室、紫金山实验室的若干措施，以苏州实验室和31家全国重点实验室为依托，吸引首批55家成员单位加入江苏省实验室联盟。创新关键核心技术攻关组织机制。探索建立部省联动实施国家重大研发任务新机制，江苏与科技部联合实施2个重点专项、16个重点研发项目。采用新型组织方式，围绕人工智能、量子通信、生物医药等领域实施142个科技攻关项目。推进基础研究的体系化设计、系统化布局。针对全省优势特色产业和社会发展关键领域重大科学问题，出台加强基础研究行动方案。在国家实验室以及基础研究优势突出的高校试点设立"应用基础研究特区"，每年实施一批基础研究重大项目，加快培育建设一批重大科技基础设施预研项目。

2. 完善"四链"深度融合机制，提高创新成果转化和产业化水平

江苏出台12项措施引导民营企业参与重大科技创新，推出"高新技术企业贷""创新积分贷"等科技创新金融服务。实施国企科改示范行动，在业绩考核中提高研发费用视同利润加回的比例。实施创新型领军企业培育工程，支持创新型领军企业或重大科技创新平台牵头整合产业链上下游企业、科研单位、高校和社会力量，建设"任务牵引型"创新联合体。健全科技成果转化激励机制，出台职务科技成果赋权试点工作指引，探索"低收费长赋权""先试用后转让"等做法，充分调动科研人员积极性。建立教育科技人才一体推进跨部门联席机制，进一步推动科教融汇、产教融合。2023年，江苏统筹推进89个产业前瞻技术研发项目、85个重大科技成果转化项目。深耕江苏省产业技术研究院改革"试验田"，制定江苏省产业技术研究院发展促进条例，构建"概念验证+拨投结合+基金支持"的前沿技术产业化全链条支持体系。

3. 围绕人才发展的全维度深化改革，切实做到减负松绑赋能

江苏着力构建人才全链条支持体系，筑牢高质量发展人才支撑。注重加强人才自主培养，着力集聚产业科创顶尖人才制定实施"登峰计划"。2023年，江苏高校6人当选两院院士，3名个人、4个团队获"国家工程师奖"。不断创新人才组织形式。推动人才向重大科技创新载体集聚，由两院院士和国家级人才领衔组建关键问题攻关联合体，支持人才协同攻关"卡脖子"难题。探索高校与产业双向对接机制，2023年从全国高校院所中新选派649名教授、博士到基层担任"科技镇长"，选聘1512名科技人才到企业兼任"科技副总"、599名科技企业家到本科高校担任"产业教授"。激发人才发展活力。围绕培养、引进、使用、激励、评价、保障等关键环节，持续向用人主体授权、为人才松绑。实行人才特殊调配，根据攻关需要灵活设立双聘、兼职、全职等多元岗位，在薪酬、绩效等方面探索突破性政策。推进人才聘任制改革，打破身份、部门和体制壁垒，首次聘任5名人才进入省属高校领导班子。江苏省产业技术研究院在全球范围内遴选聘请具有创新资源整合能力和重大科技项目组织经验的一流领军人才担任"项目经理"，培育成立研究所或创业公司。由"项目经理"牵头完成市场技术需求调研、全球整合资源组建团队、举办小型专业国际研讨会、完善建所方案或公司商业计划书等。截至 2024 年 4 月，江苏省产业技术研究院已累计聘请 370 余位"项目经理"，其中，国内两院院士 21 名、海外院士 22 名。

4. 完善支持全面创新的制度体系，大力营造良好创新生态

江苏不断完善科技创新法治保障，主动对标《中华人民共和国科学技术进步法》修订相关条例，提出"建立政府首购首用制度""设立省政府科技奖项"等举措，完善省市知识产权保护中心和快速维权中心的协同保护体系，为进一步提升自主创新能力提供法律保障。加大科技领域简政放权力度。出台 18 条科研人员减负重点事项清单，在省属高校开展综合授权改革，以"综合授权+负面清单"方式，赋予编制使用、岗位设置、经费使用更大自主权，探索经费包干制，推动科研人员把主要精力放在科研上。深化科技评价改革。强化实绩导向、贡献导向，破除职称评价"四唯"倾向，对科研项目实行"里程碑"式考核，通过实施不同学科多元评价、发挥市场评价作用等方式，进一步释放广大科研人员的积极性和创造性。

5. 推动"智改数转网联"创新，以技术创新赋能传统产业升级

江苏深入开展两化融合管理体系和智能制造能力成熟度等国家标准宣贯，推广数字化转型、智能制造、两化融合等线上评估工具。截至 2023 年底，全省累计组织 5.3 万家企业开展线上两化融合自评估，数量位居全国第一。稳步推进免费诊断服务工作，制定印发《制造业智能化改造和数字化转型诊断工作指引（2023 年版）》，着力优化诊断工作平台，加强诊断全过程监督管理，省市县联动为中小企业提供免费诊断服务。2023 年组织全省 1.8 万家企业开展免费诊断服务工作，已完成约 1.6 万家。加强诊断成果应用推广，定期开展诊断工作"回头看"，组织编制诊断数据分析报告，梳理推广一批适配制造业转型需求的环节、场景和案例，推动更多企业诊有重点、改有方法、转有目标。2023 年全省已完成诊断的企业中，有 2125 家实施了数字化、智能化改造，985 家创建了星级上云、智能车间和工厂。聚焦龙头企业，突出分级示范引领，支持重点制造业集群和产业链龙头企业，对标世界一流水平，建设具

有产业链竞争优势的"智改数转网联"标杆企业，引领带动产业链各环节联动和模式创新。2023年，江苏新创建国家级"数字领航"企业5家、智能制造示范工厂20家，新培育省级智能制造示范工厂、工业互联网标杆工厂、5G工厂共273家。

（三）以改革激发乡村振兴活力，由"农业大省"向"农业强省"转变的速度不断加快

江苏有农村改革的传统和基因，从"春到上塘"到乡镇企业蓬勃发展，从城乡发展一体化到乡村全面振兴，"江苏标识"在农业农村改革发展的各个阶段都有所体现。新时代新征程，江苏全面贯彻落实"在推进农业现代化上走在前""率先基本实现农业现代化""走共同富裕的乡村振兴道路"等重大要求，着力推进农业农村改革，为推进乡村全面振兴蓄势赋能。

1. 充分发挥试验区先行先试作用，顶层设计与基层实践协同联动

江苏依托全国农村改革试验区和先后五轮省级农村改革试验，大力推进农业农村体制机制创新，在破解难题、带动面上和成果转化上取得明显成效，一批改革经验成功转化为制度安排，在全省乃至全国范围内得到推广。截至2024年7月，江苏共有5个全国农村改革试验区，数量居全国首位。通过强化财政支持保障，推动农村改革试验不断拓展深化，省级设立农村改革试验专项，每年安排7000万元左右财政资金，专门用于支持农村改革试验项目的组织、实施和管理，为改革试验提供有力支撑。建立专家服务机制，组建专家团队参与改革试验项目的评选和方案的修订完善，更好保障改革方向不偏离。近年来，江苏累计获批48项全国农村改革试验区任务，持续居全国首位。五轮省级农村改革试验，累计安排122项改革试验任务，有力保障了改革试验覆盖多领域、兼顾多方面，实现全面发力、一体推进。2023年，启动实施首批农村集成改革试点试验，支持8个县（市、区）以"一点多试"方式探索综合机制创新，着力固根基、扬优势、补短板，激发乡村资源要素活力，为推进农业现代化走在前、建设农业强省提供强劲动力。江苏一批可复制、可推广的制度性成果被转化为指导全国农业改革的政

策措施。盐城射阳县土地租金合理形成机制、常州武进区水稻收入保险试点等改革试验做法被中央一号文件采纳。南京农村产权流转交易市场建设、苏州户籍制度改革等试点做法，为国务院出台相关领域文件、行政法规提供了实践基础。

2. 构建多元化粮食安全政策供给体系，全方位夯实粮食安全根基

江苏以占全国 3.2% 的耕地，产出了占全国 5.5% 的粮食，为保障国家粮食安全做出了重要贡献。江苏严格贯彻落实中央对粮食安全党政同责的部署要求，创新农业政策供给，调动种粮、抓粮"两个积极性"。一方面，着力激发农民种粮积极性，不断完善农户种粮收益保障机制，推动稳产保供与经济发展协同并进。另一方面，探索市际种粮利益补偿机制，加大对产粮大县转移支付和奖励力度，创新"纵横结合"的粮食主产地区利益补偿机制，进一步调动地方抓粮积极性。2024 年 8 月，江苏省委办公厅、省政府办公厅出台《关于加强耕地保护提升耕地质量完善占补平衡的实施意见》，确保到 2035 年全省耕地保有量不低于 5977 万亩、永久基本农田保护面积不低于 5344 万亩，确保耕地总量较新一轮规划基期年稳定增加。耕地保护工作情况纳入各级领导干部经济责任审计和自然资源资产离任审计环节，相关结果作为考核、任免、奖惩领导干部的重要参考。同时，深挖全省各地独特的资源禀赋，以食物多元化供给丰富百姓餐桌。持续加大农业基础设施建设力度，不断完善农田配套设施，农业生产的标准化育苗、数字化光管被普遍采用。

3. 培育壮大新型农业经营主体，持续创新农业生产经营模式

早在 2019 年，江苏省委农办、省农业农村厅联合省发展改革委等 12 部门出台《关于进一步推动家庭农场和农民合作社高质量发展的实施意见》，明确了全省各级实施家庭农场培育计划的相关要求和政策措施。2021 年以来，江苏先后修订完善了《江苏省农民专业合作社条例》《江苏省家庭农场名录管理办法》《江苏省省级示范家庭农场评定及监测办法》，为培育壮大新型农业经营主体提供了有力制度保障。2023 年 1 月，出台《江苏省农村土地经营权流转管理办法》，加强对工商资本流转土地规模的监管，防止土地流转后搞非农

化、非粮化，出现土地资源浪费、损害农民利益等现象。2024 年 1 月，《江苏省家庭农场促进条例》正式施行，进一步引导和规范土地有序流转，依法稳定家庭农场预期，维护家庭农场土地承包经营主体的合法权益。2024 年 9 月，江苏省十四届人大常委会第十一次会议审议了《关于加强农业社会化服务体系建设的决定（草案）》，在全国率先推进农业社会化服务体系建设的立法工作，为农业产业化联合体和区域性农事服务组织发展提供法治保障。

（四）以改革推进文化浸润，高质量建设社会主义文化强省

近年来，江苏聚焦文化强省建设的重点难点，既注重在制度建设上夯基垒台、立柱架梁，又注重在关键领域中打通堵点、攻克难点，实施了一系列创新性、标志性的重大文化体制改革举措，为推动社会主义文化强省建设注入强劲动能，有力推动了全省文化事业全面繁荣、文化产业高质量发展，更好满足了人民群众高品质文化需求。

1. 推动文化管理体制改革，党管宣传文化的职能职责显著加强

江苏不断深入推进"放管服"改革，省级新闻出版、文旅、广电行政许可事项减少到 59 项，累计委托下放权力事项超过 40 项。① 加快深化文化市场综合执法改革，有效解决文化市场执法力量分散、多层级执法等问题。2024 年 5 月，江苏省文旅厅印发《2024 年文化和旅游领域"放管服"改革优化营商环境工作要点》，深化简政放权推进统一大市场建设，以有力监管营造公平公正营商环境。同时，不断完善国有文化资产监管体制。按照中央"完善党委和政府监管有机结合、宣传部门有效主导、管人管事管资产管导向相统一"要求，出台深化改革发展实施方案、重大事项管理办法等一系列制度性文件，推动省属文化企业实现"两效统一"。江苏凤凰出版传媒集团有限公司、江苏省广电有线信息网络股份有限公司均连续多年入选"全国文化企业 30 强"。2024 年 5 月发布的"2024·全国成长性文化企业 30 强"中，江苏新华报业传媒集团有限公司位列其中。此外，强化红色文化

---

① 徐福生：《实施重大改革举措 加快建设文化强省》，《群众》2024 年第 17 期。

资源的法治保障。2024 年 3 月，《江苏省红色资源保护利用条例》正式实施，对红色资源保护利用在立法层面上进行了明确规定，为更好地弘扬革命文化"建章立制"，是贯彻落实中央、省委关于红色资源保护利用工作决策部署的重要举措。

2. 加快国有文化单位改革，发展活力得到有效激发

江苏进一步推动国有文艺院团改革，出台深化国有文艺院团改革的实施意见，召开全省院团改革推进会，坚持以演出为中心，因地制宜推动国有文艺院团建设。常州创新出台"员额制"测算办法，提升保障水平，完善绩效管理、源头策划、项目赛马、成果转化、基金激励五大机制，激发演职人员积极性。淮安涟水县淮剧团聚焦"以服务基层群众为主要任务，更多承担政策宣传、公共服务、惠民演出、艺术普及等"的职能定位，积极稳妥推进基层国有文艺院团建设，进一步创新内部运行机制，根据剧种特色、院团特点和群众需求，以"现实题材农村轻喜剧"为剧团创作方向，坚持创排"叫好叫座"的优秀作品、切实锻造"能创会演"的人才队伍、积极开拓"多演常演"的市场空间，推动实现社会效益和经济效益相统一。2022年，江苏省委宣传部、省文旅厅共同出台《关于推进小剧场建设的指导意见》，推进全省小剧场规范化建设、高质量发展，"布局打造街头巷尾的公益性小剧场，让更多的文艺爱好者有场地排练、有舞台表演、有机会出彩"。江苏突出国有文化企业改革，在全国率先出台《国有文化企业深化改革加快发展实施方案》，着力打造彰显文化特色的现代企业制度，进一步激发国有文化企业活力。2023 年 12 月，江苏省财政厅牵头印发《江苏省省属文化企业国有资本经营预算收入收缴和支出管理实施细则》，进一步加强和规范省属文化企业国有资本经营预算管理，支持省属文化企业改革发展和国有资本布局优化调整。

3. 健全公共文化服务体系，更好保障人民群众文化权益

2024 年 9 月，江苏省委宣传部、省发展改革委、省财政厅等多部门联合印发《推动省直博物馆高水平开放高质量发展若干政策措施》，从提升开放服务效能、完善激励机制、加强保障支持等方面推动博物馆更好服务群

众。进一步完善了激励机制。对博物馆文化创意衍生商品、知识产权（IP）授权、创意开放活动取得的收入，按照"收支两条线"要求，全部用于博物馆事业发展和人员激励；对做出突出贡献的人员和团队，实行倾斜奖励。同时，江苏着力活跃文艺创作生产，精品力作不断涌现。建立创作生产引导机制，构建党委、政府、群团和创作主体统筹谋划、统一部署、统合推进的创作生产体系。以国家级重大工程为重点，高质量参与建设长江和大运河国家文化公园。出台全国首部促进大运河文化带建设地方性法规、设立全国首支大运河文化旅游发展基金、发行全国首只大运河文化带建设专项债券、创办全国首个大运河文化旅游博览会、出版全国首部运河通志《中国运河志》。以系统性学术研究为基础支撑，持续推进江苏文脉整理研究与传播工程，规划3000册的《江苏文库》已出版1300余册，成果规模超过其他省（区、市）现今已编和在编同类著作。江苏在全国率先出台《关于让文物活起来、扩大中华文化国际影响力江苏行动方案》，研究制定加强非遗保护工作、历史文化保护传承、传统工艺高质量传承发展等实施意见，深入研究挖掘江苏地域文化精髓，连续举办江南文脉论坛、汉文化论坛等活动。

（五）以改革创造高品质生活，在保障改善民生和推进社会治理现代化中走在前

1. 以医联体建设和强基层为改革抓手，加快构建分级诊疗格局

江苏聚焦紧密型县域医共体建设，省委一号文件连续5年将县域医共体建设纳入实施乡村振兴战略的重要内容，列为省委、省政府年度重点工作任务。截至2024年6月，全省已组建县域医共体157个，在全国率先实现医共体建设以县区为单位全覆盖。2024年，国家卫生健康委基层司在东台连续召开三期紧密型县域医共体建设政策培训暨经验交流会，宣传推广东台经验做法，东台在建设紧密型县域医共体中的做法得到国家卫生健康委的充分肯定。2023年9月，江苏省委办公厅、省政府办公厅印发《关于进一步深化改革促进乡村医疗卫生体系健康发展的实施意见》，明确要创新医共体管理体制和运行机制，逐步实现行政、人事、财务、业务、用药目录、信息系统等统筹管

理，建立责任、管理、服务、利益共同体。同月，在全国率先出台的省级基层卫生条例《江苏省基层卫生条例》，从法治层面保障和推进医共体建设。自2022年起，江苏每年将"县域医共体建设发展水平"纳入全省推进乡村振兴战略实绩考核指标体系，进一步压实各级政府及相关部门责任。加强县域医共体建设核心指标动态监测分析，推动县域内医疗卫生服务质量整体提升，确保百姓能够就近就便获得更高水平的基本医疗卫生服务。完善医共体激励措施，对已经实现"六统一"的县域医共体，坚持总额预算下以DRG/DIP按病种付费为主的多元复合支付方式，指导各设区市试点探索对紧密型医联体（医共体）实施总额打包付费，鼓励对县域医共体牵头单位直接结付医保基金。

2. 深化养老服务体制机制改革，建设普惠共享的养老服务体系

江苏立足进入老龄化社会时间早、速度快、程度深的现实情况，坚持以应对老龄化、少子化的人口发展趋势性特征为重点，以满足老年人需求为导向，健全养老服务保障、供给、监管体系，聚力打造"苏适养老"服务品牌。推动实现全体老年人享有基本养老服务是加强普惠性、基础性、兜底性民生建设的重要内容。江苏多措并举推动基本养老服务均衡发展，扩大普惠服务供给，通过加大省级养老服务体系建设专项资金投入，确保基本养老服务占比超过70%，并更新调整《江苏省基本养老服务指导性目录清单》，细化服务标准、内容和对象。同时，统筹城乡养老服务发展，截至2024年6月，江苏建成标准化乡镇区域性养老服务中心236家、示范性乡村互助养老睦邻点1043个，实现高龄津贴和经济困难老年人护理、服务补贴制度全覆盖，建立健全特殊老年人探访关爱制度，确保每位老年人都能感受到温暖与关怀。江苏在巩固家庭养老基础性地位的同时，积极推动居家社区机构养老服务协调发展，江苏累计建成标准化城市街道综合性养老服务中心493家、居家社区养老服务站点1.8万余个，并设有各类老年助餐服务点8000多个，为老年人提供便捷的餐饮服务。在机构养老方面，全省拥有养老机构2200多家，床位40余万张，其中护理型床位占比高达68%。全省共评定五级养老机构38家，机构等级评定通过率超过70%，并大力开展养老机构标准化

建设，提升养老机构整体服务水平。同时，江苏着力补齐农村养老服务短板，努力破解农村养老机构床位使用率低、农村失能老年人专业照护能力不足等共性问题。总结推广江苏农村养老服务改革"新沂模式"，积极推动农村敬老院体制机制改革，整合小而散的农村敬老院资源，设立区域性养老服务中心，通过县级民政部门直管、委托专业机构经营、转制为国有企业等模式，提升运营质效。人才是养老服务高质量发展的重要支撑，为此，江苏设立了全国首家本科以上层次的养老服务与管理学院，巩固首届全国民政行业职业技能大赛取得办赛、参赛双丰收的成果，以率先建立养老护理专业技术职称体系为引领，打通养老服务职业上升通道，抓好职业技能人才和专业技术人才并行发展，让更多高层次人才"引得进、留得住"。

3. 健全灵活就业人员社会保障政策，保障灵活就业人员合法权益

江苏通过完善灵活用工法律法规，将灵活就业纳入法治化保障。《江苏省就业促进条例》明确规定，支持多渠道灵活就业和新就业形态发展，将灵活就业岗位供求信息纳入公共就业服务范围，以个性化、专业化服务对接新就业形态劳动者需要。《江苏省集体协商条例》进一步完善了集体协商制度，支持鼓励灵活就业人员通过集体协商方式保障合法权益。健全新就业形态劳动者权益保障体系。加强灵活用工职业伤害权益保障，将具备劳动关系的就业人员纳入工伤保险制度覆盖范围并保障其权益。2024 年 7 月，江苏省总工会、省委社会工作部、省委网信办、省人社厅等多部门联合印发《关于加强新就业形态劳动者行业工会建设和入会工作的意见》，进一步推动新就业形态劳动者工会工作，促进行业规范健康持续发展。要通过畅通入会渠道、强化思想引领、加强阵地建设、突出维权服务等举措，扎实推进新就业形态劳动者入会。加快工会、人社、交通运输等部门间的数据交换对接工作，畅通网上申请入会渠道，推行集体登记入会、流动窗口入会等方式；坚持实体建会、属地建会，做实线下工会组织，实现新就业形态劳动者"平台+驻地"双重入会。

（六）以改革塑造生态优势，推动实现人与自然和谐共生的现代化

党的十八大以来，江苏稳步推进生态文明体制改革，充分发挥部省共建制度优势，推进生态环保制度综合改革试点省、生态环境治理现代化试点省建设，持续深入打好污染防治攻坚战，推动生态环境"一域之美"向美丽江苏建设"全域五美"重大转变。新时代以来，江苏在地区生产总值连跨7个万亿元台阶的同时，全省 $PM_{2.5}$ 浓度改善54.8%，连续3年以省为单位达到环境空气质量二级标准。

1. 加强顶层谋划，努力将生态文明建设的"施工图"转化为"实景画"

江苏始终坚持把建设"强富美高"新江苏，作为推进中国式现代化江苏新实践的总蓝图。2020年，江苏省委、省政府出台《关于深入推进美丽江苏建设的意见》。2021年，江苏省委办公厅、省政府办公厅出台《美丽江苏建设总体规划》；同年召开的江苏省第十四次党代会要求，更加有力推进美丽江苏建设。2023年，聚焦全面推进中国式现代化江苏新实践，江苏省委十四届四次全会将美丽江苏建设作为必须着力推进的十项牵引性工作之一；同年，江苏省委、省政府高规格召开了全省生态环境保护大会，全面部署美丽江苏建设工作。2024年5月，江苏省委、省政府出台《关于全面推进美丽江苏建设的实施意见》，对新时代新征程全面推进美丽江苏建设做出系统部署。江苏公众生态环境满意度连续5年超过90%，绿色已然成为江苏高质量发展的鲜明底色。

2. 注重制度创新，不断放大生态文明体制改革的政策效应

江苏生态文明体制机制改革在全国先行先试，是全国生态环境管理制度改革试点省、生态环境治理体系和治理能力现代化试点省。生态环境部与江苏围绕"以高品质生态环境支撑高质量发展 加快推进人与自然和谐共生的现代化"，共建合作推出20项改革创新举措。江苏在全国率先开展排污权有偿使用和交易，率先建立生态补偿制度，率先划定生态保护红线，率先实施减污降碳财政政策，率先构建生态环境损害赔偿综合制度，率先出台自然生态保护修复行为负面清单。围绕统筹协调区域发展和生态环境保护，江苏制定升级版的分区管控方案，划分4560个管控单元，建立生态环境准入清单。2024年6月，江苏记录的物种数更新至8842种，较2022年增加了1939种，金雕、豹猫等多年未有记录的物种回归视野，东方白鹳、江豚等

物种的分布范围进一步扩大。

3. 优化监管方式，推进生态环境执法规范化精准化

江苏制定《关于加快推进生态环境非现场监管的意见》，建立"1+N"制度体系，对线索归集分析、远程问询调查、证据整理固定、数据执法应用、行政立案处罚等进行全流程改造。2024年2月，江苏省生态环境厅印发《关于推进生态环境非现场执法的实施意见（试行）》，推动开展非现场执法，充分利用遥感、无人机巡查、远程监控、大数据分析等科技手段，有效提升执法效能。出台全国首部地方性监测法规《江苏省生态环境监测条例》，明确自动监测数据用于行政处罚的法律效力，为非现场执法夯实法治基础。2024年2月，江苏省生态环境厅出台《省生态环境厅关于开展环评与排污许可"两证审批合一"工作的通知》《江苏省生态环境监测社会服务机构环保信用监管办法》，在全省推广"两证审批合一"，有力推动环评与排污许可制度衔接融合，优化行政审批程序，进一步提高环评与排污许可审批效能；通过综合运用法律、行政、经济、市场等多种手段，强化事前备案、事中留痕定位、事后分类分级等全流程监管，严厉打击监测数据弄虚作假行为，加大典型案例曝光力度，以智能化市场化机制推动社会化服务，不断规范生态环境监测服务市场，提高监测数据和服务质量。

三 进一步全面深化改革、扎实稳健推进
中国式现代化江苏新实践不断取得新突破

迈上新征程，江苏肩负着在推进中国式现代化中走在前、做示范的重大使命，必须在进一步全面深化改革上继续走在前列，以更高站位、更宽视野、更大力度进一步全面深化改革。

（一）统筹推进各领域改革，充分激发各个方面动力和活力

改革是一场深刻而全面的社会变革，是涉及经济社会发展各领域各层面

的复杂系统工程。当前，我国改革发展进入"深水区"，进一步全面深化改革涉及"五位一体"总体布局和"四个全面"战略布局的方方面面，其中经济体制改革是牵引，民主法治、文化、民生、生态文明和国家安全等领域改革都是其重要组成部分，必须以各领域的深化改革促进各项事业全面发展、整体进步。要科学研判政出多门、利益固化、条块分割的现状叠加外部多重不确定性因素，全面分析改革有可能带来的系统性风险，及时发现并防范化解潜在风险，强化底线思维、树立协同意识，从纵向协同和横向联动两个层面下功夫，增强改革发展的协同性和系统性。

（二）以改革彰显法治优势，在法治轨道上进一步全面深化改革、推进中国式现代化

法治具有固根本、稳预期、利长远的作用。习近平总书记在省部级主要领导干部学习贯彻党的二十届三中全会精神专题研讨班开班式上强调，"要坚持改革和法治相统一"，为抓好改革落实提供了重要方法论。只有加强法治建设，才能有效促进、保障高质量发展和现代化建设。要善于运用法治思维和法治方式推进改革，充分发挥地方立法的实施性、补充性、探索性功能，加快法治江苏建设，坚持在法治下推进改革、在改革中完善法治，特别是要加快人工智能、数字经济、低空经济、绿色经济、营商环境等重点领域、新兴领域、涉外领域的法规制度建设，以高质量立法保障进一步全面深化改革。

（三）以全面深化改革激发和增强社会活力，凝聚改革共识

要着眼于解决问题、促进发展、提升人民生活品质，切实提高各方面推动改革取得实效的积极性，找到全社会意愿和要求的最大公约数，凝聚全面深化改革的最大多数人的心。要充分释放全社会的创新创造活力，破解阻碍高质量发展的难点、人民群众反映的痛点、影响市场活力的堵点，让干部敢为、地方敢闯、企业敢干、群众敢首创成为江苏干事创业的风向标，让争当表率、争做示范、走在前列不仅成为一种目标追求，也成为一种精神气质。全面深化改革不能为了局部利益损害全局利益、为了眼前利益损害长远利

益，越是全面深化改革进入攻坚期和深水区，越需要统一思想、凝聚共识，为推进改革发展、战胜各种风险挑战凝聚强大力量。

（四）坚持改革为了人民，持续增进民生福祉

抓改革、促发展，归根结底就是为了让人民过上更好的生活。要坚持以人民为中心推进改革，把改善人民生活、增进民生福祉作为进一步全面深化改革的出发点和落脚点，做到人民有所呼、改革有所应。改革必然涉及利益调整，关键是要将惠民生、得民心结合起来，合理引导社会预期，促进社会公平正义。完善基本公共服务制度，加强普惠性、基础性、兜底性民生建设，不断提高人民生活品质。特别是江苏作为全国进入老龄化社会时间早、速度快、程度深的省份之一，要以应对老龄化、少子化为重点完善人口发展战略，健全覆盖全人群、全生命周期的人口服务体系，促进人口高质量发展。

（五）以改革更好统筹发展和安全，为经济社会发展营造和谐稳定的良好环境

当前，我国进一步全面深化改革面临的战略机遇和风险挑战并存，百年未有之大变局下的不确定、非预期性因素增多，需要应对的风险挑战、防范化解的矛盾问题更加云谲波诡、严峻复杂。江苏地处改革开放前沿，位于应对战略承压前端、防范风险挑战前哨，统筹发展和安全任务艰巨繁重。全省企业本质安全水平不高、主体责任不落实等问题仍然存在，"安全系数"较高的中高端产业比重较低。产业安全、产业链安全和供应链安全有待进一步强化，尚未形成全产业链优势和自主可控的供应链体系。解决这些问题都需要以改革更好统筹发展和安全，进一步健全国家安全、公共安全、社会治理等体系，筑牢基层基础，将风险隐患消除在萌芽状态、化解在未发之时，确保进一步全面深化改革行稳致远。

B.6

江苏完善高水平开放型经济体制机制的
进展与展望

张　莉[*]

摘　要： 自"制度型开放"被正式提上议程以来，江苏作为领先的开放型经济大省，主动对接国际高标准经贸规则，积极探索，使适应新的国际经贸格局的开放型经济体制机制得到优化，稳外资促外贸取得实际成效，开放型经济发展整体稳步推进。但总体上，与新格局下发展开放型经济的要求相比，江苏的制度型开放水平，特别是服务业开放程度，还有很大的提升空间。展望未来，江苏要持续深入对接国际高标准经贸规则，稳步落实制度型开放举措；继续发挥开放平台的试验田作用，在关键领域先行先试；营造市场化、法治化、国际化的开放型营商环境，加快全省要素统一大市场建设；发挥企业的主体作用，积极参与国际经贸规则的制定；立足交汇点，完善推进高质量共建"一带一路"机制。

关键词： 开放型经济　制度型开放　营商环境

党的二十届三中全会对推进中国式现代化做出了总体战略部署，进一步全面深化改革、不断完善各方面体制机制，是中国式现代化从蓝图变为现实的主要动力和制度保障。当前，地缘政治经济格局深入演变，由于俄乌冲突、巴以冲突、欧美进入大选之年，许多国家政局面临变化，

---

[*] 张莉，江苏省社会科学院世界经济研究所助理研究员，上海国际问题研究院世界经济博士后，主要研究方向为国际贸易与投资。

区域经济一体化趋势更加明显，新的全球化模式正在形成，核心都指向高水平的制度型开放。"完善高水平对外开放体制机制"① 不仅是江苏更好发展开放型经济的现实需要，也为全省进一步发挥开放型经济优势指明了方向。

一 江苏完善高水平开放型经济体制机制的进展

自 2018 年中央经济工作会议正式提出"推动由商品和要素流动型开放向规则等制度型开放转变"以来，作为全国领先的开放型经济大省，江苏积极探索，主动推动制度型开放由浅至深、由表及里、逐层推进、系统谋划，适应新的国际经贸格局的开放型经济体制机制持续完善。

（一）主动对接国际高标准经贸规则，制度型开放稳步推进

近年来，我国加快了与贸易伙伴自贸协定安排的"深度一体化"进程，一批高水平的经贸规则生效实施，特别是 2022 年全面生效的《区域全面经济伙伴关系协定》（RCEP），覆盖范围广、兼容性强、协定质量高。2024 年，中国是 RCEP 非东盟方轮值主席国，有引领各缔约方高水平履约的责任。江苏积极研究落实新签订或者升级的区域自贸协定，从全省实际需求出发，加强顶层设计，将区域贸易、投资和要素流动的自由化和便利化安排纳入全省发展战略，力求最大限度地激发贸易投资创造效应。如2024 年 9 月，江苏省委、省政府联合出台《关于巩固增强经济回升向好态势进一步推动高质量发展的若干政策措施》，专门做出"促进外贸外资稳中提质"安排，对外资总部企业给予便利化措施支持，具有较强的导向性和操作性。以深入对接 RCEP 等高水平区域自贸协定安排为抓手，继续组织举办 RCEP 分类培训会和政企交流会，加强实务指导，切实提高企业和

---

① 《完善高水平对外开放体制机制》，"求是网"百家号，2024 年 8 月 16 日，https：//baijiahao. baidu. com/s？id＝1807537871696090563&wfr＝spider&for＝pc。

全省商务服务部门对高水平经贸规则的整体认知水平和应用能力，推动企业将 RCEP 原产地规则纳入生产管理，提升规则利用效率。适应新一代区域经贸协定更加重视"边境后"的规制融合趋势，对跨国公司重点关注的国有企业、知识产权、电子商务、竞争政策、政府采购等规制内容进行了主动探索。如 2024 年 6 月，在确认满足数据安全合规要求后，特斯拉 Model Y 成功进入江苏省政府新能源用车采购目录，成为特斯拉进入政府采购目录的首个案例[①]，这既是对"保障外商投资企业国民待遇"措施和公平竞争规则的落实，也是支持新能源汽车开放创新发展的实践，在全国发挥了重要的示范作用。

（二）坚持政策集成与服务创新并举，推动外贸体制改革

抓住 RCEP 全面生效的机遇提升贸易便利化水平，进一步培育外贸新业态新模式，发展数字贸易，促进全省贸易结构优化。各地总结推广一批先进经验，共同推动外贸创新发展。依托"关长送政策上门""企业问题清零""业务引导员"等服务机制，南京海关高效落实关税减让和 RCEP 统一原产地累积规则利用政策，帮助企业充分了解最新的自贸协定优惠政策。如及时宣传输越南原产地证书自助打印政策，并上门指导企业用足用好原产地证书智能审核、自助打印等便利化举措；通过大数据比对，持续梳理"可享惠未享惠"清单，对重点企业进行精准辅导。2024 年 1~9 月，南京海关累计签发 RCEP 原产地证书 9.17 万份，同比增长 11.08%，出口签证金额 255.66 亿元，继续列全国海关首位；江苏企业自 RCEP 项下享惠进口 163.36 亿元、享受关税优惠 3.81 亿元，同比分别增长 23.04%、35.22%。[②] 积极推动符合条件的企业申请 AEO[③] 认证，增强企业国际市场竞争力，截至 2024 年 9 月，

---

① 《江苏省党政机关、事业单位及团体组织 2024—2025 年度新能源汽车框架协议采购入围公告（三）》，江苏政府采购网，2024 年 6 月 6 日，http：//www.ccgp-jiangsu.gov.cn/ jiangsu/js_ cggg/details.html？gglb=rwjg&ggid=5943e763d8aa4a628e5a10fd69963e80。

② 《前 9 月南京海关 RCEP 签证出口货值超 250 亿元》，《新华日报》2024 年 10 月 23 日。

③ AEO 指经认证的经营者。

全省 AEO 企业数量达 575 家①。服务贸易数字化趋势，创新国际贸易"单一窗口"业务，数字贸易板块在全省范围内上线运行。提升企业贸易风险应对能力，自 2020 年海外知识产权纠纷应对指导中心江苏分中心成立以来，南京等 7 市分中心相继获批，数量居全国第一，帮助企业积极应诉，降低贸易成本和风险，完善省级重点外贸企业跟踪服务机制，指导企业应对贸易救济调查，维护出口市场。持续推动跨境电商发展，有效落实 2023 年出台的《江苏省推进跨境电商高质量发展三年行动计划（2023—2025 年）》，常州和南通等重点城市也积极出台地方行动计划，有力推动企业开拓国际市场重点扩大跨境电商等新业态出口；以"市采通"平台为重点，积极服务专业市场和满足中小微外贸企业出口需求，打造跨境电商"江苏模式"。以南京服务业扩大开放综合试点为依托，创新提升服务贸易，积极在金融服务、法律服务、商务服务等重点领域深化改革，104 条试点任务实施率近 90%②，探索实现与国际高标准的对接，提升了南京乃至全省的服务业发展能级，也为进一步争取先行先试政策打下了基础。积极贯彻落实 2023 年底国务院出台的《关于加快内外贸一体化发展的若干措施》，作为全国首批内外贸一体化试点地区，江苏已经遴选出了两批累计 375 家试点企业，积极探索可复制、可推广的经验做法，加快内外贸规则制度衔接融合，深化推动内外贸一体化改革。

（三）贯彻落实外资促进政策，持续优化营商环境

近两年，面对稳外资的压力，江苏积极贯彻和落实国家稳外资的系列政策法规，从本省实际出发，以优化营商环境和落实国民待遇为重点，形成稳定在苏外商投资企业预期的合力。2024 年 2 月，省政府印发了《关于进一步优化外商投资环境加大吸引外商投资力度的若干措施》，作为对 2023 年 8 月《国务院关于进一步优化外商投资环境加大吸引外商投资力度的意见》

---

① 《信用赋能，助推企业出海提速增量 江苏省 AEO 企业总数达 575 家》，南京海关网，2024 年 10 月 21 日，http：//nanjing. customs. gov. cn/nanjing_ customs/589276/589277/6161062/index. html。
② 《扩大开放，南京服务业不断出新出彩》，《南京日报》2024 年 8 月 3 日。

的回应，除在外资重点关注的市场准入和提高投资便利化等方面安排了具体落实政策外，还发挥了江苏现有的南北结对帮扶合作机制作用，利用苏南、苏中和苏北的产业梯度，推动外商投资跨区域协同发展。以对标 2024 年 2 月国务院办公厅发布的《扎实推进高水平对外开放更大力度吸引和利用外资行动方案》为牵引，依法依规探索落实行业开放，深化"放管服"改革，强化"互联网+"监管和"双随机、一公开"等事中事后监管配套措施，持续优化市场化、法治化、国际化营商环境。持续完善外资沟通交流机制，开展"跨国公司江苏行"，与其他国家的中国商会、行业协会常态化交流，开展"外企与部门面对面"等系列活动，发挥好外资企业问题诉求收集办理系统工具作用，全面了解和尽力解决外资企业的实际需求，并将其纳入政策制定考量范围。广泛征求社会意见，持续更新外资总部鼓励政策，当前已经修订到 2024 版，此外，还举办全省外资总部相关政策培训，解读相关认定管理办法，鼓励跨国企业总部在江苏落地经营。高度重视与重要经贸伙伴的合作，近年来，省高层领导率团出访日韩等重点经贸合作伙伴国，各部门协同推动一系列活动和项目达成，引领作用显著。

（四）自贸试验区争取先行先试，积极复制推广成功经验

作为对接国际高标准经贸规则的试验田，中国（江苏）自由贸易试验区（以下简称"江苏自贸区"）获批建设五年来，围绕首创性、集成性和差别化，聚焦货物贸易、服务贸易、数字贸易等重点领域，立足全产业链创新发展实际需求，不断加大制度供给力度，形成了不少可复制、可推广的先进经验，取得了显著的阶段性成效。国家明确的 113 项改革任务在江苏自贸区落地实施率超98%，累计形成制度创新成果近 400 项，其中，"海事政务闭环管理"等 25 项在全国复制推广、"保税检测区内外联动模式"等 10 项在国家部委备案、"专利精准导航助力产业集成创新"等 137 项在省内复制推广。① 江

---

① 《中国（江苏）自由贸易试验区设立五周年新闻发布会》，中国（江苏）自由贸易试验区网站，2024 年 9 月 10 日，http://doc.jiangsu.gov.cn/art/2024/9/10/art_ 79282_ 11352668. html。

苏自贸区对标 CPTPP①、DEPA② 探索制度型开放的"38 条"超 2/3 已经落地，在探索具有先导意义的数据跨境流动治理机制方面也起到了示范作用。苏州自贸片区打造了全国首个地级市数据出境安全合规服务平台，2024 年 2 月，"苏数通"数据跨境公共服务平台正式上线，并落地首例数据出境安全评估服务，南京自贸片区落地全国首个跨境电商和首个企业查询领域数据出境安全评估案例。围绕江苏省重点产业链研发中遇到的难点，主动谋划创新和积极复制推广其他自贸区的先进经验，加强系统集成，扩大制度型开放的溢出效应。如在生物医药行业，"研发—制造—流通—使用—保障—安全"全产业链条系统集成改革得到商务部肯定支持。复制中国（上海）自由贸易试验区"白名单"制度，自生物医药研发用物品进口"白名单"制度 2023 年首次在江苏自贸区苏州片区落地以来，2024 年，"白名单"制度适用范围进一步扩大到全省，无锡成为全国首个落地该制度的地级市，2024 版的江苏外资总部鼓励政策还将进一步推广到全省跨国公司地区总部和功能性机构。五年来，江苏自贸区外贸进出口和实际利用外资分别实现 2.6 万亿元和 112.6 亿美元，占全省的比重均超过 1/10。③

（五）大通道建设有力，提升"一带一路"合作机制

十多年来，江苏以"一带一路"交汇点建设为引领，以重点项目为平台，积极服务于与共建"一带一路"国家的经贸合作，使国际物流大通道更加通畅，东西双向开放更加便捷。积极对接中亚内陆地区的出海口需求，发挥连云港新亚欧大陆桥东前沿作用，不断提升亚欧重要国际交通枢纽能级，将连云港—霍尔果斯串联起的新亚欧陆海联运通道打造成共建"一带一路"国家的标杆和示范项目。作为"一带一路"倡议提出后落地的首个实体项目，中

---

① CPTPP 指《全面与进步跨太平洋伙伴关系协定》。
② DEPA 指《数字经济伙伴关系协定》。
③ 《中国（江苏）自由贸易试验区设立五周年新闻发布会》，中国（江苏）自由贸易试验区网站，2024 年 9 月 10 日，http：//doc. jiangsu. gov. cn/art/2024/9/10/art_79282_11352668. html。

哈（连云港）物流合作基地自投入运营以来，实现了海铁水远洋航线、深水港、中欧班列、物流场站间的互联贯通，累计开行中欧（亚）班列接近 7000 列。2024 年 1～9 月，连云港中欧班列累计开行 706 列，同比增长 15.3%[①]；哈萨克斯坦 80% 以上的进口消费品和出口矿产品在连云港集散，有力促进了中日韩同中亚国家的互联互通和贸易往来，也提升了哈萨克斯坦在中亚的枢纽地位，发挥了其在国际交通运输体系中的作用。以此为基础，江苏参与了中国与哈萨克斯坦共建中欧班列跨里海国际运输路线项目，这是第三届"一带一路"国际合作高峰论坛的务实合作项目之一。2024 年下半年，连云港与哈萨克斯坦国家铁路公司携手共建的阿克套港集装箱枢纽项目已经开工建设，这将是中欧线路多元化发展的重要契机，在当今地缘政治冲突不断的背景下，更具有重要的安全意义。2024 年 9 月，江苏中亚中心落户南京，为江苏和中亚企业双方提供贸易投资往来服务。

二 江苏完善高水平开放型经济体制机制取得的成效

（一）区域经贸合作提速，外贸规模创历史同期新高

根据南京海关统计，2024 年 1～9 月，全省货物贸易进出口 4.12 万亿元，同比增长 7.7%，占全国比重上升到 12.8%，较 2023 年全年提高了 2.0 个百分点，稳居全国第二，其中出口 2.65 万亿元，同比增长 7.8%；进口 1.47 万亿元，同比增长 7.5%。[②] 贸易结构进一步优化，机电产品出口比重进一步提升，手机、船舶、"新三样"等江苏优势产品出口明显增长，1～9 月，全省机电产品出口实现 1.81 万亿元，同比增长 9.4%，占江苏出口总值的近七成，较 2023 年全年提高了 0.4 个百分点，其中，手机和船舶出口分别同比增长 35.5% 和 74.3%。重点市场支撑有力，对前五大贸易伙伴东盟、

---

① 《江苏中欧班列运行品质效率持续提升》，江苏数据局网站，2024 年 10 月 15 日，http://jszwb.jiangsu.gov.cn/art/2024/10/15/art_71797_11387684.html。

② 《前三季度我省进出口规模创新高》，《新华日报》2024 年 10 月 21 日。

欧盟、美国、韩国、日本的进出口，合计占江苏同期进出口总值的 59.3%，东盟稳居江苏第一大贸易伙伴，对美国的进出口达 5086 万元，同比增长 4.7%，其中出口增长 8.1%；与共建"一带一路"国家的贸易额总体呈上升趋势，2024 年 1~9 月，全省对共建"一带一路"国家实现进出口 1.82 万亿元，同比增长 11.3%；与东盟、韩国等亚洲邻国（地区）间的贸易规模有较为明显的增长，同比分别增长 10.4%、13.2%。跨境电商打开外贸增长新空间，民营企业拉动外贸增长有力。2024 年前三季度，全省民营企业进出口 1.85 万亿元，同比增长 10.5%，继续发挥出口主体作用，并出现了跨境电商领军型企业。根据《2024 中国跨境电商发展报告》，2023 年，江苏本土跨境电商企业 SHEIN 实现销售额 300 亿美元，高于 TikTok Shop 的 200 亿美元、AliExpress 的 195 亿美元和 TEMU 的 140 亿美元。

（二）结构持续优化，外资规模保持全国领先

2024 年上半年，江苏实际使用外资 131.2 亿美元，占全国比重上升 0.4 个百分点至 18.7%，其中，江苏自贸区实际使用外资 20.7 亿美元，同比增长 27.2%[①]；前三季度全省预计实际使用外资 157.5 亿美元，有望继续保持全国首位[②]。江苏外资利用保持了相当的定力，江苏依旧是吸引外资的"强磁场"，主要呈现以下特征。一是利润再投资稳定增长，外商深耕江苏的热情和意愿不减，以 2023 年为例，江苏外企利润再投资 74.4 亿美元，同比增长 25.8%，占同期江苏实际使用外资的比重为 29.4%，规模连续六年居全国首位。[③] 二是得益于制造业领域外资准入限制措施清零，江苏使用外资金额企稳回升，2024 年上半年，制造业实际使用外资 50 亿美元，占全省实际使用外资的比重同比提升 3.8 个百分点至 38.1%。截至 2024 年 9 月，江苏

① 《上半年江苏使用外资规模继续保持全国首位》，江苏省人民政府网站，2024 年 7 月 31 日，http：//www.jiangsu.gov.cn/art/2024/7/31/art_ 60095_ 11310666.html。

② 《前三季度江苏经济发展数据观察》，江苏省人民政府网站，2024 年 10 月 28 日，http：//www.jiangsu.gov.cn/art/2024/10/28/art_ 60095_ 11403666.html。

③ 《江苏加快建设具有世界聚合力的双向开放枢纽》，《江苏经济报》2024 年 9 月 26 日。

入选全国制造业领域的标志性重大外资项目数、重点外资项目数分别占全国的 27.5%、19.9%，数量均居全国第一。① 三是通过实施产业强链补链延链行动，推动外资参与先进产业集群建设，促使全球高端要素加快集聚江苏。生物医药、汽车制造、新能源电池、化工等高技术产业外资占比提升较快，2024 年上半年占比提升 13.1 个百分点至 48.6%。② 四是重大项目落地有力，安赛乐米塔尔软磁材料、比利时嘉顿户外休闲用品运营中心和阿斯利康创新药等一批优质项目加快落地落户，起到了积极的示范带动作用，截至 9 月，江苏共有 84 个项目被列入商务部重点外资项目清单，数量居全国前列。③截至 2024 年上半年，超过 80% 的世界 500 强企业在江苏投资兴业，全省现有外资企业超过 4.3 万家④，外资企业集聚度很高，仅太仓就集聚了 500 多家优质的德国企业。

（三）资源配置能力提升，对外投资合作有序布局

持续支持有条件的优势企业提升跨国经营能力，深度参与构建产业链供应链的区域布局。根据江苏省商务厅统计数据，2024 年 1~9 月，全省新增对外投资项目 1109 个，同比增长 23.5%，苏南、苏中和苏北区域占比分别为81.0%、9.6% 和 9.4%；中方协议投资额 78.7 亿美元，苏南地区同比增长1.3%，苏南、苏中和苏北区域占比分别为 75.0%、8.9% 和 16.0%。对外承包工程新签合同额 60.9 亿美元，同比下降 1.7%，其中苏南占比 82.0%；完成营业额 49.7 亿美元，同比增长 17.2%，其中苏南占比 64.9%。在新兴经济体和发展中国家建设境外合作园区是江苏企业"走出去"的重要抓手，通过发挥领军企业在"走出去"中的主体作用，复制推广江苏在开发区建设和运营中的成功经验，境外合作园区稳步发展，资源配置能力不断提升。目前江苏已

---

① 《江苏加快建设具有世界聚合力的双向开放枢纽》，《江苏经济报》2024 年 9 月 26 日。
② 《江苏加快建设具有世界聚合力的双向开放枢纽》，《江苏经济报》2024 年 9 月 26 日。
③ 《江苏加快建设具有世界聚合力的双向开放枢纽》，《江苏经济报》2024 年 9 月 26 日。
④ 《超 80% 世界 500 强企业在江苏投资兴业》，江苏省人民政府网站，2024 年 7 月 6 日，http：//www.jiangsu.gov.cn/art/2024/7/6/art_60095_11290574.html。

在5个国家建有7家境外合作园区，为300多家企业提供了集成式服务，带动当地就业和税收增长作用明显，集聚效应显著。其中，2008年开始共建的柬埔寨西港特区园区已经入驻包括欧美日中跨国企业在内的175家企业，全年实现进出口总额超过25亿美元，已经成为中柬合作乃至共建"一带一路"国家合作样板。大项目是江苏企业"走出去"的重要支撑，对产业链上的中小企业形成了有力的带动作用，促使中小企业在重点合作区域形成集聚发展。

（四）开放平台改革深入推进，能级不断提升

江苏开放平台众多，这些平台是高水平开放型经济体制机制服务的主阵地，也是江苏自贸区先进经验溢出的重要对象。开发区是江苏改革开放的"排头兵"，近年来，各开发区围绕转型升级目标，着力加快重点产业发展，进一步优化营商环境，破除"玻璃门""旋转门"，产业结构不断调整、优化和聚焦。全省158家省级以上开发区创造了全省一半的经济总量和一般公共预算收入，60%的固定资产投资，70%的规上工业增加值，80%的实际使用外资和外贸进出口。① 根据商务部公布的2023年国家级经济技术开发区综合发展水平考评结果，在综合排名居前30的国家级经济技术开发区中，位于江苏的有9家，其中苏州工业园区连续8年列国家级经济技术开发区综合考评第一名；在国家级经济技术开发区实际使用外资10强中，位于江苏的有3家，均在苏州。全省13个设区市都相继获批了跨境电商综合试验区，根据商务部2023年全国跨境电商综合试验区考核评估结果，苏州第二次与杭州、上海和深圳等地同列"成效明显"第一档。同时，通过与海关协同共治，共同优化跨境电商生态圈。如以全国首批"智慧口岸"建设试点为依托，提升海关开放能级，从企业需求出发，持续推动2023年出台的综合保税区综合改革23条举措落地实施。截至2023年，全省有17个综合保税区及5个保税物流中心拓展跨境电商网购保税进出口业务，9个综合保税区

---

① 《上半年江苏使用外资规模继续保持全国首位》，江苏省人民政府网站，2024年7月31日，http://www.jiangsu.gov.cn/art/2024/7/31/art_60095_11310666.html。

开展保税维修业务，5 个综合保税区拓展保税研发业务①，开放平台再添新动能。

但总体上，与发展开放型经济的要求相比，江苏制度型开放水平特别是服务业开放程度，还有很大的提升空间。

三　江苏完善高水平开放型经济体制机制面临的新形势

（一）大国竞争态势不减，价值链"区域化"深度演进

为了维持自身在世界格局中的核心地位，美国在维护和打造自身竞争优势的同时，针对中国的思路也日益清晰。中美贸易摩擦仍在持续，美国在持续对中国优势商品加征高额关税的基础上，加快在芯片、量子信息和人工智能等关键领域与中国脱钩，并通过其行业引领地位联合西方盟友逐步形成对中国高科技的"包围圈"，经济安全化的趋势日益明显。

与此同时，欧美对外商投资审查力度的加大和审查范围的扩大，也提高和增加了江苏企业"走出去"到当地进行并购的门槛和难度。欧美对事关未来竞争力的高科技领域的限制不断细化升级，客观加速了 2020 年以来跨国公司主导的全球价值链向区域价值链演化的进程，在竞争中寻求合作将是未来开放发展的"新格局"，这也对未来江苏完善高水平开放型经济体制机制提出了方向性要求。

（二）数字技术成为全球化新动能，高标准国际经贸新规则制定话语权争夺激烈

以 5G、智能应用、物联网、大数据、云计算、区块链和人工智能为代表的第四次工业革命代表着新一轮产业变革，改变着生产力和生产关系，也

---

① 《扩大高水平对外开放 加快建设具有世界聚合力的双向开放枢纽新闻发布会》，江苏省人民政府网站，2024 年 2 月 22 日，http：//www.jiangsu.gov.cn/art/2024/2/22/art_46548_288.html。

改变着经济全球化的内容和模式。数据成为新的生产要素，数字技术也使当下面临的国际经贸规则等越来越复杂。各国对外开放背后主要是各国监管的异质性同质化的过程，数字化背景下的跨境服务贸易、金融服务、电信、电子商务等服务业开放已成为多边、双边贸易投资协定的焦点。美国、欧盟和中国在出台数字经济相关的法律法规的同时，也逐步加紧对相关经贸规则制定权的争夺。近年来生效的 CPTPP、USMCA（《美墨加三国协议》）和 RCEP 等高水平高标准的大型区域经贸协定对电子商务、数据存储和跨境流动等进行了详细的安排。当前，世界范围内超过 130 个区域贸易协定将数字经贸规则作为重要章节。全球数字治理深入推进，其本质是为 21 世纪的贸易规则、技术和供应链定标准，以保护各国在未来产业与领域的竞争力。

以数字贸易为代表的高标准经贸规则的制定和完善，以及其在区域贸易协定中的应用，必须依赖强大的数字产业基础和相关数字贸易的广泛实践，中国数字经济规模仅次于欧盟和美国。2023 年，中国数字服务贸易实现进出口 3666.1 亿美元，列美国、爱尔兰、英国、德国和荷兰之后，位居第六。近年来，我国也加快了高标准区域贸易协定商签的步伐，2021 年我国正式提出加入 DEPA，DEPA 是当前国际上唯一专门协调数字经济规则的区域贸易协定，我国与 DEPA 成员举行 5 次部级会议、多次首席谈判代表会议及技术磋商。2024 年 6 月，我国与新西兰联合启动了自贸协定服务贸易负面清单谈判；8 月，中欧建立了数据跨境流动交流机制并召开第一次会议；9 月，中国与瑞士自贸协定升级谈判正式启动，市场准入、电子商务和绿色经济成为升级谈判的重要内容；10 月，中国—东盟自贸区 3.0 版升级谈判实质性结束，中国与东盟达成各自经贸协定中最高水平的数字经济、绿色经济、供应链互联互通章节，达成各自缔约实践中最高水平的标准技术法规与合格评定程序章节。① 江苏数字经济规模已超 5 万亿元，数字经济核心产业增加值占 GDP 的比重稳步增长，2023 年已经达到11.4%，人工智能和大数据产业发展居全国第一梯队，实现可数字化交付

---

① 《自贸区升级将更好促进中国东盟互利共赢（和音）》，《人民日报》2024 年 10 月 21 日。

服务进出口 334.8 亿美元，列上海、广东、北京之后，位居第四①，数字经济必将是江苏参与构建国际竞争新优势的重点领域，也将是江苏未来很长一段时间完善高水平开放型经济体制机制的重点所在。

（三）跨国公司投资模式经历剧变，企业国际化程度仍在加深

近年来，欧美跨国公司主导的国际直接投资呈两大趋势。一方面，受增长乏力、贸易和地缘关系紧张、工业政策调整和供应链重塑等因素影响，全球外国直接投资表现普遍疲软，特别是国际项目融资以及跨国并购类投资。根据联合国贸发会议发布的《2024 年世界投资报告》，2023 年全球外国直接投资下降 2%，已经连续两年下降，2024 年前景也充满挑战。另外，麦肯锡与世界经济论坛联合发布的"2024 年全球合作风向标"也提出，在过去 10 年的绝大部分时间内，全球合作展现出了强大的韧性，现在却停滞不前，处于所谓拐点；2020 年以来，跨国公司海外资产和海外雇员数相对下降的同时，海外销售比重上升却相对更快，跨国公司综合跨国指数正逐年恢复，企业国际化程度仍在加深。这种表面的矛盾反映了数字技术飞速发展背景下，信息获取和沟通成本大幅下降，依托数字化治理平台，跨国公司海外业务更倾向于轻资产和非股权投资运营，以及供应链的管理和整合，对以往跨国并购和绿地投资的依赖减少，国际分工和全球化的模式、路径正在发生变化，但全球化的趋势并没有改变。

跨国公司投资模式的巨大变化，依赖的是数字化平台治理能力和环境，这对东道国和母国的总体营商环境，特别是数字化水平和监管能力提出了更高要求，主要国际组织、各国政府和企业都意识到了相关投资便利的重要性。《2024 年世界投资报告》总结认为"投资便利化和数字政务成为吸引国际投资最重要和更有效的工具"，2024 年 2 月，WTO（世界贸易组织）公布了《投资便利化协定》，2024 年以来，我国也密集发布了《扎实推进高水平

---

① 《中国数字贸易发展报告 2024》，商务部网站，2024 年 10 月 17 日，http：//fms. mofcom. gov. cn/xxfb/art/2024/art_ 2af090f44fd44b16b4d281d55dd5a31c. html。

对外开放更大力度吸引和利用外资行动方案》《国务院办公厅关于以高水平开放推动服务贸易高质量发展的意见》《关于做好自由贸易试验区对接国际高标准推进制度型开放试点措施复制推广工作的通知》等旨在扩大市场准入、畅通高端要素流动和对接国际高标准经贸规则的一系列增量政策文件。2024年9月，中国欧盟商会发布了《欧盟企业在中国建议书2024/2025》（以下简称《中国欧盟商会建议书》）①，在肯定了政府相关改革蓝图，特别是2023年出台的"外资24条"后，对中国的营商环境提出了1043条具体建议，集中在市场准入与采购、人力资源与商务差旅、数字化和网络、绿色能源获取、知识产权、投资促进和引导六大领域，呼吁采取更多的落实行动。欧洲企业在江苏有很高的集聚水平，中国欧盟商会反映的问题具有一定的代表性，为江苏完善高水平开放型经济体制机制提供了一定的参考。

四　江苏完善高水平开放型经济体制机制的展望

（一）持续深入对接国际高标准经贸规则，稳步落实制度型开放举措

江苏要发挥与欧美发达国家广泛合作的基础优势，坚持以对外开放促进对内改革，以对内改革推动对外开放。作为全国领先的开放型经济大省，江苏要积极高效地用好最新生效和落地的区域经贸协定，及时宣传，加强培训，从企业实际需求出发，研究建立相应的机制和平台工具，发挥与重要贸易伙伴国多重贸易优惠安排的叠加效应，将国际经贸规则用好用足，切实提升全省企业国际化经营的能力和水平，为稳住外贸基本盘赋能。江苏要发挥国家近年来稳外资促外贸的一系列增量政策的杠杆效应，围绕生物医药和新一代信息技术等先进产业集群，引进和扶持欧美服务业外资企业，集聚全球高端要素，依法依规对外资企业进行鼓励和支持，更加主动和高效地参与国

---

① 中国欧盟商会网站，https：//www.europeanchamber.com.cn/en/press-releases/3649/european_chamber_calls_for_more_action_not_more_action_plans。

际经济循环。江苏在服务企业开放发展方面，遇到的问题最多也比较复杂，应主动对标 CPTPP 和 USMCA，将开放的重点转向"边境后"议题，突出问题导向，积极向上争取制度试点，在劳动政策、环境保护、竞争政策、国有企业、知识产权、互联网规则和数字经济等议题上进行前瞻研究和适当探索。如与研发相关的鼓励政策要与知识产权保护和降低对企业内部组织结构的要求相结合，减少跨国企业相关顾虑，从而为我国正在进行中的加入 CPTPP 的谈判提供相关的实践探索。

（二）继续发挥开放平台的试验田作用，在关键领域先行先试

自贸区等开放平台要在中国式现代化进程中发挥联通国际国内要素市场的功能，发挥高标准、全方位开放的全局性先导作用。江苏要以贯彻落实《关于做好自由贸易试验区对接国际高标准推进制度型开放试点措施复制推广工作的通知》为抓手，依托三大片区，围绕集成电路、生物医药、人工智能等未来产业服务需求，以集群发展为目标率先探索服务全产业链解决方案。如发挥江苏数字经济规模优势，率先实施高标准数字贸易规则，研究如何更好地在国家、产业安全和数据自由流动之间取得平衡，创新数据跨境流动监管，积极在数据跨境流动、数字技术应用、数据开放共享和治理等领域进行探索，为我国申请加入 DEPA 提供地方实践经验。江苏自贸区可尝试打造"单一窗口"升级版，将货物贸易便利化的制度创新拓展覆盖到服务贸易，逐步将维修服务、离岸贸易、服务外包、技术贸易等纳入"单一窗口"管理范围，加快推进医疗、旅游、金融、文化、教育等高端服务领域的贸易便利化。取消对专业人才流动的限制和放宽对跨境支付等形式的服务贸易的限制。逐步探索将服务贸易进出口退税申报纳入"单一窗口"管理范围，切实拓展贸易便利化的覆盖领域。根据《国务院关于同意在沈阳等 6 个城市暂时调整实施有关行政法规和经国务院批准的部门规章规定的批复》，更好发挥南京服务业扩大开放综合试点作用，推动南京在文化娱乐、旅游服务、电信服务、医疗等开放领域深入探索首创性差别化改革。

（三）营造市场化、法治化、国际化的开放型营商环境，加快全省要素统一大市场建设

完善开放型营商环境最核心的是要构建有利于国内外要素资源市场化配置的最优制度环境，要从加快建立统一开放、竞争有序的现代市场体系的实际需要出发，深化"放管服"改革，为各类企业创造公平竞争的市场环境，增加有利于要素市场化、国际化发展的制度供给，总体朝着提高竞争力、开放服务、监管制度现代化、促进劳动力流动、提高透明度和法治水平的方向努力，让资源要素在更大范围内自由流动。进一步细化落实2024版外商投资负面清单和跨境服务贸易负面清单等内容。要积极回应外资和民营企业的合理要求，逐个梳理清除产业开放和准入方面的不合理限制门槛，进一步厘清"权力清单"和"负面清单"，在管理体制、开放路径、考核机制、风险管理等方面进一步深入探索，在重点领域、发展业态、贸易模式、载体建设和政策体系等方面加大创新力度。如在公平竞争制度中建立审查投诉举报和受理回应机制，鼓励政策制定部门在公平竞争审查工作中引入第三方评估，提高审查质量。中国欧盟商会于2024年9月发布的《中国欧盟商会建议书》影响较大，其中也不乏一些合理建议。江苏的欧洲企业比较集中，可以从江苏实际需求出发，部署研究，既为优化营商环境提供解决思路，也积极回应外资企业的关切，稳定外资企业的预期，从而进一步提高外资企业投资江苏的信心。

（四）发挥企业的主体作用，积极参与国际经贸规则的制定

要依托江苏跨国公司生产制造子公司众多的优势，立足江苏经济社会发展的长远转型需求，强化政策引导，吸引更多跨国公司在江苏设立研发、财务、核算、采购、销售、物流、行政管理、信息处理等功能性总部，建设总部经济发展高地，发挥国际标准在深化改革中的引领作用，推动新的国际标准在制定时纳入江苏、中国的场景和标准。完善内外贸一体化体系，围绕江苏优势产业链，依托试点企业，加强内外贸相关标准、认证等的衔接，在不

同领域形成具有较强国际影响力的产品和服务品牌。引导企业特别是出口导向型企业积极转变思路，适当降低外贸依存度，主动为国内市场提供高品质的产品和服务，推动企业抓住国内消费市场迅速上升的机遇期，打造世界级企业，从根本上增强我国在全球经贸领域的竞争优势和在国际经贸规则重塑中的话语权。

（五）立足交汇点，完善推进高质量共建"一带一路"机制

积极贯彻落实单边开放政策，围绕服务国内大市场需求，继续探索"跨境电商+加工贸易+中欧班列"新模式，打造丝路电商和江苏地域内重要的全球进出口货物集聚地。以中哈物流合作基地和连云港为抓手，与共建"一带一路"国家共同发展"亚太地区国家—中国—哈萨克斯坦"路线，打通新亚欧大陆桥和里海通道，进一步畅通我国和中亚、欧洲的贸易通道。积极"走出去"，继续与 RECP 其他成员国等重要贸易伙伴国和北美地区国家高质量共建境外经贸合作区，发挥龙头企业在产业链"走出去"中的引领作用和集成服务优势，为合理规避美国和欧洲对我国的贸易限制提供现实选择，也为我国与发展中国家区域经济一体化安排提供范本经验。

参考文献

江小涓：《全球化、开放与增长新动能》，《经济导刊》2024 年第 2 期。

张二震：《以高水平开放为发展新质生产力营造良好国际环境》，《开放导报》2024 年第 5 期。

赵伟洪、张旭：《中国制度型开放的时代背景、历史逻辑与实践基础》，《经济学家》2022 年第 4 期。

盛斌、黎峰：《以制度型开放为核心推进高水平对外开放》，《开放导报》2022 年第 4 期。

赵蓓文：《制度型开放与中国参与全球经济治理的政策实践》，《世界经济研究》2021 年第 5 期。

B.7

江苏推进完善高质量基本公共服务体系、保障改善民生的进展与展望

刘玢 鲍磊*

摘 要： 围绕提质量、品质化、均等化和现代化，江苏在推进完善高质量基本公共服务体系、保障和改善民生方面取得了显著成效，切实兜牢了民生底线，全面提升服务水平，推动多元化需求得到进一步满足，社会治理效能得到提升，人民群众的生活品质持续提高。同时，也面临服务供给均等化有待进一步提升、民生服务供给仍需提质增效、内需消费促进生活品质提升的动力不足以及民生服务政策和保障机制尚不完善等问题。进一步保障和改善民生，需要深化收入分配制度改革、强化就业优先政策、完善社会保障体系、深化医药卫生体制改革以及健全人口发展支持和服务体系等。在具体措施上建议完善基本公共服务制度体系和社会政策兜底保障机制，优化多元服务主体参与机制，强化生活服务消费提升机制，并推动数字化赋能民生智慧发展。

关键词： 公共服务 民生保障 高质量发展

人民幸福安康是推动高质量发展的最终目的，完善基本公共服务体系与保障改善民生是实现共同富裕、推进中国式现代化的核心要素。江苏始终牢记习近平总书记"人民对美好生活的向往，就是我们的奋斗目标"的重要指示要求，主动适应社会主要矛盾的变化和经济社会发展形势变化，围绕在

---

* 刘玢，博士，江苏省社会科学院社会学研究所助理研究员，主要研究方向为民生保障；鲍磊，博士，江苏省社会科学院社会学研究所副所长、研究员，主要研究方向为公共服务。

发展中保障和改善民生这一重大任务，坚持尽力而为、量力而行，兜住兜牢兜准民生底线，持续加强普惠性民生建设，创造引领高品质生活，促进社会包容性发展，紧紧围绕奋力推进中国式现代化江苏新实践，在推动高质量发展中更好满足人民美好生活需要。

一　江苏保障改善民生的主要进展

2024年，江苏以推进完善高质量基本公共服务体系、保障改善民生为目标，不断提升基本公共服务水平，加快城乡区域群体协调步伐，促进优质医疗资源扩容下沉和区域均衡布局，大力发展养老事业和养老产业，健全完善就业公共服务体系，多渠道增加城乡居民财产性收入，提升社会治理效能，高质量完成民生实事年度目标任务，持续改善民生福祉。

（一）强化基本公共服务，兜住兜牢兜准民生底线

2024年，江苏聚焦群众急难愁盼问题，紧紧围绕"民生七有"，扎实推进民生实事项目落地，取得明显成效。根据"十有三保障"确定的主要领域和范围，2024年发布55件民生实事，与2023年相比，13件为新提出、42件为接续实施。实行清单式管理、项目化实施，形成"1+1+1"的民生实事方案，对项目实施进行任务分解，按照"可感知、可量化、可考核"要求，对每件民生实事均设立量化目标，并逐条明确建设内容、年度投资、财政保障、政策依据、责任部门、设区市任务，做到与经济发展相协调、与财力状况相匹配、与实施条件相适应。

兜底兜牢兜准民生底线有力有效，多元救助模式持续优化，低收入人口动态监测机制更加完善，城镇就业规模持续扩大，养老服务供给持续优化。江苏不断健全分层分类的社会救助体系，做到及时发现、应救尽救。截至2024年7月底，在城乡低保和救助方面，全省保障了64.4万名城乡低保对象，为20万城乡特困人员提供了援助，实施了8.6万人次的临时救助措施，支出资金达9800万元。在儿童福利和未成年人保护方面，全省48.85万名

困境儿童得到保障和服务，开设"爱心暑托班"2095个，服务儿童56.53万人次。在残疾人福利和流浪乞讨救助方面，全省有67.3万人获得了困难残疾人生活补贴，76.6万人享受到了重度残疾人护理补贴，其中，困难残疾人生活补贴的平均标准达到每人每月602元，位列全国之首；针对低收入人口的动态监测，共发出超过7万条的监测预警信息。① 在就业帮扶方面，全省城镇新增就业75.4万人，同比增长4.1%，占全国总量的1/10以上，帮扶38万失业人员和9万就业困难人员就业，向失业人员发放失业金49.7亿元，线下建成55个省级规范化零工市场、481个标准化零工市场。② 在养老服务方面，已建成并运营8546个各类老年助餐服务点，相比2023年底增加了401个，共为96.24万老年人提供服务，并发放了超过1亿元的助餐补贴。此外，还有339万老年人享受到居家上门服务，为1.8万名特殊困难老年人提供了常态化的探访关爱服务。改造提升583个乡村互助养老睦邻点，新建扩建43个城乡公益性骨灰安放（葬）设施。③

（二）全面增强公共服务能力，提升便民惠民利民水平

随着经济与社会的进步以及人们生活水平的提升，民众对于公共服务的需求已从简单的"是否存在"转变为更加注重"质量优劣"，即从基本的生存保障性需求升级到了更高水准的品质生活服务型需求。为应对这一转变，江苏围绕民生保障与服务质量双提升的目标，不断创新服务方式方法，在便民惠民利民方面采取了一系列有力措施。江苏在"一刻钟服务圈"上继续走深走实，推动政务服务圈、医疗服务圈、教育服务圈、养老服务圈的建设，大大提高了服务的可及性和便捷度。政务服务能力整体提升，全省政务服务实

① 《聚力"惠民生"，答好"期中卷"——江苏民政2024半年"成绩单"》，江苏省民政厅网站，2024年8月22日，https：//mzt.jiangsu.gov.cn/art/2024/8/22/art_78620_11332369.html。
② 《江苏上半年城镇新增就业人数超全国1/10》，江苏省人民政府网站，2024年8月6日，https：//www.jiangsu.gov.cn/art/2024/8/6/art_84322_11316155.html。
③ 《全省民政系统"半年报"出炉 聚焦"一老一小"，托起稳稳的幸福》，《新华日报》2024年8月22日。

现了从"能办"到"易办""快办"的跨越式发展。2024 年以来，江苏承担了国务院部署的"高效办成一件事"2024 年度重点事项清单 13 项中的 4 项，是承担创新示范任务最多的省份之一，目前 4 个创新示范"一件事"已在全省范围内落地见效。此外，江苏已全面推行基层高频事项"一平台办理"的改革试点，覆盖全省 58 个乡镇（街道）。在这些试点区域，基层工作人员及群众只需登录一体化政务服务平台，便能办理来自民政、人社、医保、卫健、税务等领域的 30 项高频政务服务事项，具体涵盖了 37 个业务操作。

"一刻钟便民服务圈"和智慧社区建设让公共服务供给方式持续优化，为群众提供家门口的优质服务和精细管理。坚持高效便捷的服务理念，简化政务服务流程，遵循"减少群众跑腿"的原则，不断提升政务服务的质量和效率，构建与经济社会发展水平相匹配的城乡社区服务体系，为居民提供更加安心、舒适和便捷的生活环境。同时，积极发展贴近社区居民日常生活的各种便利设施，如便利店、综合超市、菜市场、生鲜店、早餐店、美容美发沙龙、洗衣店以及药店等。在老年人服务方面，江苏已设立了超过 8500 个方便老年人就餐的服务点，日均助餐服务超过 7 万人次。在就医方面，江苏省基层医疗卫生机构已经超过 3.2 万家，建有专家工作室 1089 个、联合病房开放床位 4434 张，在省内乡镇卫生院和社区卫生服务中心的覆盖率已经达到 56%，全省共建成居家社区养老服务中心 1.8 万个，基层卫生人员数占全省卫生人员总数的比例超过 35%，老百姓可以更加便捷地享受医疗服务。此外，江苏多个地区不仅建立了便捷的服务网络，还创建了智能商业区、宜居生活圈等多种模式，极大地增强了居民的生活便利性。

（三）加快生活性服务业发展，满足多元多样多层需要

个性化多层次多样化服务需求持续呈刚性增长，生活性服务业提质扩容持续"领跑"，发展态势良好。一是家政服务与社区服务深度融合，培育出"家政+物业"、"家政+社区综合服务"以及"家政+养老"等新型服务模式，并推广了"套餐化订单"和"一站式服务"等特色经营模式。这一过程中，江苏已经制定了一系列家政服务行业的标准和地区标准，且江苏在家

政服务企业数量上领先全国其他地区，居于首位。截至 2023 年底，江苏家政服务企业数量 38461 家，同比增长 5.99%，销售额 502.1 亿元，同比增长 6%，从业人数 80.33 万人，同比增长 5%。二是高水平医院建设取得积极成效，优质医疗资源进一步扩容。目前，16 家医院已初步形成了优势明显的国家级临床"名科"集群，新增国家临床重点专科建设项目 8 个，总数达到 79 个。三是银发经济高质量发展，江苏老年产品覆盖了老年人"衣食住行用"诸多领域，大部分领域已形成完整的供应链体系和产业生态系统，发展呈现集群化、融合化、智能化特征。全省 50 项产品（服务）入选国家智慧健康养老产品及服务推广目录，数量占全国的 11.6%，76 家重点企业、86 个智慧健康养老优秀产品（服务）入选项目库。面向老年人提供社会化服务，共建成两证齐全的医养结合机构 869 家、护理院 387 家，护理院实现县（市、区）全覆盖、数量占全国总数的 1/3 以上。①

持续推进城乡公共文化服务标准化、均等化，深入实施"双千计划""送戏下乡"等文化惠民工程，推动文旅产业提质增效、提升竞争力，运用文旅发展成果提升人民生活品质。大力发展"互联网+生活性服务业"，推动生活性服务业融合发展，打造一批高品质生活服务消费集聚区。2024 年，省级"送戏下乡"范围已扩大至全省 718 个乡镇。公布重点文旅产业项目 65 个，其中，苏南五市 33 个，占比 50.8%；苏中三市 14 个，占比 21.5%；苏北五市 18 个，占比 27.7%。截至 6 月底，全省文化和旅游市场共有经营主体 33285 家，较 2023 年底新增 545 家。2024 年上半年全省营业性演出共 1.7 万场，观演人次 187.9 万人次（其中省外观演人次占比 46.6%），票房收入 10.3 亿元。全省共举办 68 场马拉松，其中，苏州、淮安、南通、盐城等地的赛事一周内拉动外地游客量环比分别增长 14.9%、8.7%、8.1%、6.3%。上半年全省纳入监测的 84 家博物馆接待游客量增长 41.5%，体现出"文博+旅游"强劲的消费拉动效应。

---

① 《江苏银发经济驶入"快车道"》，江苏省数据局网站，2024 年 10 月 14 日，https：// jszwb.jiangsu.gov.cn/art/2024/10/14/art_ 71797_ 11386598. html。

（四）提升社会治理效能，确保人民生活更幸福美好

江苏在提升社会治理效能方面采取了一系列措施，旨在确保人民生活更加幸福美好。这些举措涵盖了数字化转型、基层治理强化、公共服务优化以及民生保障等多个方面。大力推动数字政府建设，重点在于完善一体化政务大数据系统，通过重塑和优化政府治理流程与模式，持续提升政府的管理效率和服务质量。全省各地级市以数据赋能城市精准精细治理，集成综合治理数字化、网络化、智能化，提升市域治理体系和治理能力现代化水平。以南通为例，该地创新性地整合了大数据、网格化管理、"12345"市民服务热线以及数字城市管理等职能，构建了一个覆盖全市的联动指挥系统。该系统集数据的汇聚、治理、共享、交换于一体，形成了基础数据中台和"大数据+AI"业务中台，被应用于危险化学品、群租房、城市违法建筑、渣土车管理等 130 个关键领域。该系统融合了全景、跨域、多维、实时、立体的监测预警智能模型，有效地解决了跨部门、跨区域、跨层级的综合治理难题。

全面推进信访工作法治化，大力加强矛盾纠纷多元化解"一站式"平台规范化建设，着力提升矛盾纠纷综合化解能力。2024 年，全省共有人民调解员 10.6 万人、人民调解委员会 2.4 万余个、人民调解工作室 5691 个，并在 15 个专属领域建立个人调解工作室 1552 个。自"苏解纷"非诉服务平台推广以来，已处理并通过该平台分配了超过 13.8 万件调解案件，平均解决时间较以往减少了 48%。近 5 年来，各级人民调解组织成功解决了约 685.9 万起矛盾纠纷，其中 95% 以上的纠纷在乡镇（街道）、村（社区）和企事业单位层面得到妥善处理，实现了"小事不出村、大事不出镇、矛盾不上交"的目标。社会组织的活力得到进一步激发，江苏现有社会组织数量已达 7.5 万个，具有等级的社会组织覆盖率达到了 45%。同时，江苏大力促进慈善事业的发展，制定了全国首个关于公开募捐管理的地方标准。2024年上半年，有 46 个组织获得了慈善捐赠税前扣除资格，全省登记备案的公开募捐项目共计 292 个，同比增长了 20.16%。实施的儿童重大疾病救助项

目和低保对象补充医疗救助项目分别帮助了 706 人和 18501 人。2024 年 1~7 月，全省福利彩票销售额达到 82.53 亿元。截至 7 月底，全省已有 85 个未成年人保护工作站（关爱之家）完成升级改造，引入了 118 个社会组织参与运营，打造了 32 个精神障碍社区康复服务点。

二　江苏民生发展中存在的短板与不足

江苏已经建立了较为完整的基本公共服务和民生保障制度体系，在保障广大民众基本生活和提高民生福祉以推动经济社会发展中发挥了重要作用，取得了重大成就，并在这一过程中逐步积累了一些成功的实践经验。但正如习近平总书记所强调的，"保障和改善民生没有终点，只有连续不断的新起点"①。从发展角度看，江苏民生建设与保障依然存在一些短板或不足，亟待进一步完善和发展。

（一）服务供给均等化有待进一步提升

江苏在实现服务供给均等化方面已经取得了显著进展，但受经济发展水平、人口结构变迁、家庭功能弱化、民生需求升级等因素影响，城乡之间、地区之间、不同社会群体之间的服务供给仍然存在不均衡现象。在供给层面，部分领域内的基本公共服务在规模和质量上尚不能完全满足人民群众日益增长的需求，尤其是在幼儿教育、学校教育、医疗服务和养老服务等方面，供需之间的矛盾仍然显著。在覆盖范围上，公共服务资源在城乡之间、不同地区之间以及不同群体之间的分配仍存在不均衡现象，特别是农村地区、基层社区以及困难群体的基本公共服务需要进一步加强。在机制方面，社会力量和市场机制参与程度仍然不高，基本公共服务的统筹协调、运行保障等制度供给有待进一步深化。在保障方面，现有财政投入、基层人才、信

---

① 《持续改善民生　增进人民福祉》，中国政府网站，2022 年 7 月 20 日，https：//www.gov. cn/xinwen/2022-07/20、content_ 5701763. htm。

息化服务方式等还不能很好地适应群众需求。

城乡间的教育设施存在不均衡现象，部分县城的教育布局相对滞后，大班额和大校额问题较为显著，教育资源的不足主要集中在主城区，而教育资源相对盈余则出现在苏中及苏北的农村地区。城乡养老机构设施配置不均衡，全省乡村人口老龄化率高于城镇10.0个百分点以上，然而乡村的养老机构普遍面临设施不完备、专业人才匮乏以及服务水平待提升等问题。养老机构布点运营存在不均衡现象，部分养老机构床位紧张或一床难求，而另一些地区的公办农村特困供养机构则大量空置，资源闲置率较高；医疗卫生资源供给不均衡，苏南地区拥有三级医院89家，占全省总数的50.6%；苏南地区拥有省级及以上临床重点专科696个，远超苏中166个、苏北263个；苏南地区每千人执业（助理）医师为3.2人，高于苏中2.63人、苏北2.71人；基层医疗卫生机构运行较为困难，设施设备老化，卫生人才短缺，乡村医生中50岁以上和60岁以上的老龄村医占比分别超过54.9%和20.3%，医务人员负担较重，卫生信息化水平不高；农村医养融合设施水平相对较低，现行医疗保障制度、养老设施建设面临严峻挑战。

（二）民生服务供给仍需提质增效

在新时代背景下，人民群众对美好生活的向往日益强烈，对民生服务的需求也更加多元化、个性化，江苏改善民生需要有和高质量发展相匹配的优质服务供给，在一些民生领域进一步提质增效。一是住房保障与老旧小区改造力度需要加大。江苏城市化进程较早，一些住宅小区建设年代久远，存在设施老化、环境脏乱差等问题，影响居民生活质量和城市整体风貌形象的提升。大量新市民、青年人涌向城市，新市民特别是青年职工"买不起房、租不好房"的问题日益突出，目前保障性租赁住房的供给与需求之间还存在差距。二是托育服务需求较大而托育机构质量参差不齐。随着家庭照护功能逐渐弱化，社会对托育服务需求不断提高，托育机构托位数量与入托年龄段人口数相比，缺口巨大。对照"十四五"末每千人口托育机构托位数4.5个的目标，截至2023年底，全省共有托育机构5400家，可提供托位32.4

万个，每千人口托育机构托位数3.8个，应加大托育机构托位建设。三是居家养老服务有效供给不足。当前，居家养老服务主要针对特殊困难老年人或高龄老年人，服务内容较为单一，层次较低，多集中于一般性的日常生活照料。相比之下，老年人对长期照护、康复护理、心理支持和精神慰藉等专业服务的需求较大，但这些服务的供给却相对不足，导致失能、失智、高龄及空巢老年人的特殊刚性需求难以得到有效满足。此外，养老护理服务人员缺口较大。全省养老机构目前仅有医生、护士、护理员、康复师等一线专业人员3.56万人，对照全国民政行业标准《养老机构岗位设置及人员配备规范》，存在很大的专业人才缺口，如考虑居家失能老年人的专业照护需求，缺口更大。收入水平低、工作强度大、风险高、职称晋升通道缺失、职业美誉度低等制约着护理队伍建设。全省在业养老机构2199家，机构床位40万张，护理型机构床位占比超过67%。但是，第七次全国人口普查抽样数据显示，全省仅0.7%的老年人居住在养老机构，一些服务单一、收费偏高、位置偏远的养老机构"边建设、边空置"，全省养老机构平均床位使用率不足40%。全省养老机构平均每床收费标准约每月3500元，民办、护理型、服务质量较高的机构收费更高，高于企业退休人员人均养老金水平，更显著高于城乡居民养老保险保障水平。

此外，江苏在文化服务和文化产品供给上存在均等化、社会化等方面的不足。江苏作为文化大省，要在深化公共文化服务、艺术创作生产、文化遗产保护利用等领域走在前、做示范。目前江苏的文化产业发展迅速，但仍存在文化服务形式相对单一、优质文化产品的供给不足以及文化产业的投融资企业、社会资本投资意愿不强等问题，影响了文化产品供给能力的提升。在基础设施建设方面，全省图书馆、博物馆、美术馆等公共文化平台的数字化运营水平有待进一步提升，电子图书、数字档案等资源建设难以满足日益增长的数字化需求，需要加大信息技术的应用力度，提供更多便捷高效的线上服务。在体育场地设施方面，除城乡、区域分布不均外，设施类型较为单一，难以满足群众多样化的需求。目前全省已经建成大量的健身步道和体育公园，但在某些特定类型的体育设施上仍然存在不足，如游泳馆、篮球场、足球场等。许多体育设施的信息查询、预约等服务尚未实现数字化，给市民带来不便，导致部分资源未能充分利用。

（三）内需消费促进生活品质提升的动力不足

长期以来，江苏的供给能力和实际产出主要集中在制造业领域，而广大居民的最终需求则主要集中在服务业领域。这种情况下，一般制造业的供给过剩与现代服务业投资不足和产能瓶颈并存，制约了内需潜力的充分释放，从而影响了人民生活品质的提升。首先，新型消费发展面临瓶颈，一些主打消费主义的新型消费行业如奶茶、潮玩、剧本杀、新式火锅等，由于缺乏持续创造消费需求的能力，出现疲软态势，且同质化严重，也限制了新型消费空间的进一步拓展。其次，消费基础设施存在短板，技术支撑不足，服务设施不完善，如冷链物流、智能快递等满足居民生活需求的服务设施仍不完善，影响了数字化消费产品和服务的普及。同时，新业态新模式的监管也有待加强，监管力度不足和市场秩序不规范等问题频发，影响了新业态新模式乃至新型消费的持续健康发展。此外，消费服务供给不足与融合欠缺也是一大问题，服务消费需求大但有效供给不足，且传统消费行业与新技术融合程度不深，限制了消费市场的进一步发展。最后，居民收入与消费预期的不对等也制约了江苏市场消费动力的提升，尽管江苏经济和工业体量领先，但受经济下行压力影响，消费预期转弱，消费信心有待提振。

从具体的消费领域来看，一是城乡市场发展不均衡问题突出，农村市场潜力释放不足制约消费潜力释放。2024 年前三季度，江苏社会消费品零售总额 35384.4 亿元，其中，城镇消费品零售额 30880.0 亿元，占全省社会消费品零售总额的 87.27%；乡村消费品零售额 4504.4 亿元，占全省社会消费品零售总额的 12.73%。二是受人口结构影响，江苏人口出生率不断创新低，在日益加剧的老龄化趋势下，相关母婴消费自 2019 年起增速明显放缓，甚至出现下降趋势。三是在耐用消费品和大宗消费品上消费动力不足，生存型消费占消费总支出的比重较大，出行类、升级类消费提升空间较大。四是网购商品的品质不能满足消费升级需求而产生供需结构性

矛盾。网购商品退货率较高，退货产品数量与品种与日俱增，人们对产品质量也提出更高要求。追逐流量导致的低俗带货、虚假宣传，渴求收益导致的假冒伪劣、退款纠纷，制度不健全导致的售后服务欠缺等对消费者信心产生消极影响。

（四）民生服务政策和保障机制尚不完善

完善的民生服务政策和良好的保障机制对提升民众生活质量、促进社会公平正义与和谐发展具有不可替代的作用。一是常住地的基本公共服务制度不够健全。省内外人口流出地与流入地公共服务联动机制还未全面落实，城镇常住人口与城镇户籍人口在享有的公共服务上存在较大差异。在教育、医疗、养老、住房、就业等人民群众最关注的领域不能公平享有公共服务，使相当一部分城镇化人口被迫游离于"市民化"之外，他们没有能力也没有机会加入市民行列，处于"不完全城镇化"状态，即就业在城市、户籍在乡村，挣钱在城市、消费在乡村，进而导致城镇化发展质量和数量的不同步、不协调。二是统筹协调机制尚不完善。江苏及各设区市都建立起公共服务联席会议制度，但实际运行状况并不理想，缺少对公共服务规划落实、重要公共服务问题会商、重大相关形势研判等方面的主动联席。三是权责分担机制不够到位。市县财政综合保障能力根据人均一般公共预算财力来评价，并未将常住人口要素纳入评价体系，造成地方财政负担加重。财政转移支付机制对人口流动规模估计不足，在确定共同财政事权转移支付金额时，未充分考虑常住人口规模及人口变动幅度，导致转移支付金额与共同财政事权事项的实际支出存在偏差。

公共服务资源配置标准未能做到因地制宜，还存在"一刀切"的情况。根据国家和省相关政策文件，现有的卫生、教育等领域的公共服务配置标准、目标以行政区划或居住人口数量为单元，比如"每个乡镇设置1个政府办卫生院""每1万左右常住人口设置1个幼儿园""每1万~2万常住人口设置1个完全小学""到2025年每千人口拥有3岁以下的婴幼儿托位数达4.5个"。苏北部分乡村的公共服务资源配置未考虑地区人口大量流出的事实和居民实际需求，导致部分基本公共服务存在设施重复建设和资源浪费的现象。例如，部分村庄在建设公共服务设施时仅参考县城的单一配置标准，部分空心村地区的活动广场、幼儿园、小学、邮政点等公共服务设施均出现不同程度的空置，造成空间和资源的浪费。苏州在"十四五"末达到每千人托位数 4.5 个的情况下将盈余 2 万余个托位，出现公共服务供给与需求脱节的状况。

三 江苏保障改善民生的重点领域

保障和改善民生是一项长期任务，江苏需要根据发展阶段和面临的形势进行全局性考虑，强化针对性和实效性，推动民生支出与经济发展相协调、与财力状况相匹配、与实施条件相适应，确保民生保障更加巩固和更可持续。因此，江苏要着力积极探索推进完善高质量公共服务体系、保障改善民生的省域路径，持续补短板、强弱项、提品质、增福祉，让人民群众获得感和幸福感更加充实、更有保障、更可持续。

（一）深化收入分配制度改革

深化收入分配制度改革不仅是缩减收入差距、迈向共同富裕的必由之路，更是驱动经济迈向高质量发展阶段的重要抓手和关键策略。江苏作为全国的经济大省需要持续聚焦以下两个方面。

一是构建三次分配协调配套的制度体系。在增加城乡居民总收入的同时，提高劳动报酬在初次分配中的比重，激发劳动、资本、土地、知识、技术、管理、数据等生产要素活力，推动工资分配向关键岗位、生产一线岗位、高业绩岗位倾斜，更好体现知识、技术、人才的市场价值，同时关注灵活就业和不稳定就业人群的收入持续性，探索实施托底性和风险防控性灵活收入保障政策，增强收入韧性的同时提高实际可支配收入水平。健全工资决定、合理增长和支付保障机制，增加劳动者特别是一线劳动者的劳动报酬，实现劳动报酬与劳动生产率基本同步提高，增强最低工资标准调整的科学

性、合理性，逐步提高最低工资标准占社会平均工资比重。完善税收、社会保障、转移支付等再分配调节机制。

二是规范财富积累机制。多渠道增加城乡居民财产性收入，保护居民在储蓄、债券、保险、理财产品、股票、期货、黄金、外汇市场的收益，适度扩大存贷款利率浮动范围，逐步缩小存贷款利差，保护存款人权益。有效增加低收入群体收入，完善劳动者工资支付保障机制，让低收入劳动者的正常收入权益更有保障。实施扩大中等收入群体行动计划，提高就业匹配度和劳动参与率，提高技能型人才待遇水平和社会地位，实施高素质职业农民培育计划，完善小微创业者扶持政策，探索自由职业者享受政府和社会提供的保障的办法。依法征收个人所得税，规范资本性所得，完善公益慈善事业的税收优惠政策。深化国有企业工资决定机制改革，合理确定并严格规范国有企业各级负责人薪酬、津贴补贴等。保障进城落户农民合法土地权益，依法维护进城落户农民的土地承包权、宅基地使用权、集体收益分配权，探索建立自愿有偿退出的办法。发展多种形式的适度规模经营、社区合作和专业合作，拓宽农民租金、股息、红利等财产性收入渠道。完善征地制度，提高农民在土地增值收益中的分配比例。规范开展农村不动产确权登记颁证工作，通过明确农民的土地权利，为进城落户的农民提供法律保障。在农民土地权益受到侵害时，为农民提供救济服务，相关部门要加强开展对进城落户农民维权的法律服务和援助工作。

（二）全面强化就业优先政策

就业是最基本的民生，事关人民群众切身利益，应大力实施就业优先战略，全面强化就业优先政策。江苏要在推动高质量发展中持续促进就业质的有效提升和量的合理增长，以高质量充分就业助推中国式现代化江苏新实践。一是强化产业政策就业导向，推动构建就业友好型发展方式。充分发挥江苏实体经济发达、产业基础雄厚的优势，将经济发展、转型升级和促进就业提质扩容紧密结合、统筹兼顾，将重大项目吸纳就业情况纳入江苏就业运行监测分析系统，提前做好用工预测和员工招聘、培训等工作。二是解决供求不匹配的结构性矛盾，加快塑造现代化人力资源体系。适应新一轮科技革命和产业变革，深化职业技能评价社会化改革，发挥江苏技工院校和技工人才的优势，加大制造业优质技能培训供给力度，增加数字技能人才和大国工匠的数量。三是加强高校毕业生、退役军人、农民工和城镇困难人员等重点群体就业保障，兜牢就业底线。强化重点群体就业支持举措，充分利用线上线下就业渠道，深入实施劳务品牌培育工程，扩大"家门口"就业服务站服务范围，织密重点群体就业保障网。四是建立科学高效的就业服务体系。加快推进《江苏省人力资源市场条例》立法工作，推动人力资源服务业数字化、规范化、产业化高质量发展。

（三）健全完善社会保障体系

江苏劳动力总量较大，人口老龄化趋势明显，新型城镇化加速推进和新就业形态快速发展，部分群体社会保障仍有不足，还需要进一步健全完善社会保障体系，推动社会保障体系高质量、可持续发展。一是聚焦养老，加快构建多层次、多支柱养老保险体系。按照自愿、弹性原则，稳妥有序推进渐进式延迟法定退休年龄改革。继续落实"十四五"规划，确保城乡居民基础养老金标准不低于8%的增幅，持续扩大年金制度覆盖面，稳健开展职业年金投资运营，推动个人养老金制度全面实施。构建关于缴费档次、缴费补贴及基础养老金标准的备案体系，逐步推进设区市区域内政策标准的规范与统一，为提升统筹管理水平奠定坚实基础。扩大基金市场化投资运营规模，健全社保基金保值增值制度体系。二是聚焦新就业形态，进一步提高参保便利化水平和可及性。江苏新业态新模式发展加快，需要分类施策、精准扩面，进一步扩大新就业形态就业人员职业伤害保障试点，针对就业方式、工作方式灵活化、分散化、多元化、兼职化等特征，探索开展新业态从业人员线上就业、社保一站式服务，扩大社会保障的群体覆盖范围。三是聚焦服务，优化经办管理服务体系，进一步推动政策与服务有序衔接。继续推行以社会保障卡为载体的"一卡通"民生管理服务新模式，拓展办理更多民生领域服务事项。全面推进社银合作社保业

务"就近办",增加省级社银合作网点。此外,构建和谐劳动关系,加强劳动者权益保障,适时完善和修订社会保障相关法律法规,及时完善配套政策和实施细则。

积极推动各类保险的完善和转型,发挥社会保险的经济功能和强化社会公平的核心社会功能。一是加快建立长期护理保险制度。鼓励家庭非正式照护,规范化培训家属成为专业护理员,弥补服务供给不足和降低服务成本。出台护理需求认定标准,科学制订服务计划,形成完整清晰的服务项目清单。二是加强基本保险与商业保险的衔接。积极推进个人税收递延型商业养老保险试点与个人养老金衔接,加强个人税收递延型商业养老保险信息平台、银行保险行业个人养老金信息平台等的建设和运营管理。三是推动医疗保险向健康保险转变。进一步升级医疗保险制度,尤其是实现健康保险与公共卫生、护理保险等其他相关制度的有序衔接,形成协同效应,提高健康保障体系的整体效能。四是推动失业保险向就业保障升级。当前失业保险制度功能局限性明显,其保障范围需超越体制内或正规就业中的登记失业人员,转型为真正意义上促进就业的关键制度安排。

(四)持续深化医药卫生体制改革

医药卫生服务是保障人民生命安全和身体健康的基础,江苏要持续深化医疗卫生供给侧结构性改革,注重卫生健康服务的系统连续,不断提升基本公共卫生服务均等化水平,推动优质医疗资源均衡布局和下沉基层。一方面,要健全公共卫生服务体系,细化完善江苏突发公共卫生事件应急预案和传染病疫情防控专项预案,强化监测预警、风险评估、流行病学调查、检验检测、应急处置等能力。加强健康教育和卫生宣传,以重点人群和重点疾病管理为主要内容,开展针对性的健康促进和预防保健服务。加强公立医院公共卫生科室标准化建设,完善公共卫生科室人员配置,厘清公共卫生职能,制定具有可操作性的职责清单。健全医防融合体制,提高防病治病和健康管理能力,加强慢性病健康管理,推动基本公共卫生服务向健康管理转型,促进医防融合发展。另一方面,要强化基层医疗卫生服务,构建乡村远程医疗服务体系，推动远程会诊、预约转诊、互联网复诊、远程检查等广泛应用。打通医疗服务"最后一公里"，做优家庭医生签约服务，积极为失能失智和行动不便人员提供上门治疗、随访管理、康复、护理、安宁疗护、健康指导、家庭病床等服务。推行基层卫生人才"县管乡用""乡聘村用"制度，推进农村/社区卫生人才定向培养，鼓励乡村医生参加学历教育、考取执业（助理）医师资格，推进助理全科医生培训。持续开展乡镇卫生院中医馆、村卫生室中医阁建设，提高基层中医药服务能力。

完善城市医疗资源帮扶基层机制，促进三级医院助县级、二级医院援社区、县级以上医院扶乡镇及村卫生室，实施基层巡回医疗，推广远程医疗与智能辅助诊断。突出抓好紧密型医共体建设，全面推行县域医共体建设，推进紧密型城市医疗集团建设，建成人、财、物紧密结合的责任、管理、服务、利益共同体，以重点疾病为切入点，为居民提供预防、诊断、治疗、康复、护理一体化连续性医疗卫生服务。促进优质医疗资源扩容和均衡布局，争取引进省外或国外医疗资源，力争国家医学中心、区域医疗中心、专业医学中心设置在江苏，发挥省内三甲医院高水平医院辐射带动作用，加强设区市医院专科建设，发挥医疗救治主力军作用，全面实施县级医院能力提升工程，突出其县域龙头地位。深化"三医"协同发展，强化监管联动，全链条治理医药领域问题，形成统一监管格局，维护群众健康权益。完善智慧医疗体系，加快建设江苏"健康云"，打造省级医疗健康大数据中心，构建全生命周期掌上医疗健康服务生态系统。强化互联网医院作用，大力推进省级智慧医院建设。健全"就诊全流程"智慧化服务，充分发挥智能系统在预约诊疗、智慧结算、检查检验、住院服务、急诊急救中的作用，提升医疗服务效能。

（五）健全人口发展支持和服务体系

江苏人口少子化、老龄化、流动化趋势日益显著，健全人口发展支持和服务体系，有助于江苏更好地适应这一变化，更好地满足人民群众在生育、养育、教育、就业、医疗、养老等方面的需求，推动人口高质量发展。完善生育支持政策体系和激励机制，推动建设生育友好型社会。要进一步完善辅

助生殖医疗服务的立项和医保支付管理，加强部门协作，确保基本医疗保险、生育保险与相关经济社会政策的有效衔接。提供舒适的产科服务，推广分娩镇痛等项目，落实生育休假与保险制度，建设便捷的普惠托育设施，并在公共场所增设母婴室等基础设施。推动建设青年友好型社会。积极建设青年发展型城市，因城施策，推动青年优先发展理念融入城市建设运营理念，聚焦高校毕业生、新生代农民工、失业青年等群体，健全青年就业公共服务体系，逐步实现进城务工青年随迁子女入学待遇同城化。制定针对青年的专项政策，如提供就业创业支持、住房优惠、教育培训等，实施一系列重点举措，如加强青年职业技能培训、提供心理咨询服务、举办青年文化活动，减轻青年的生活压力，吸引和留住青年人才。建立青年发展平台，如青年创新创业中心、青年社团等，为青年打造交流、学习和成长的空间。

聚焦"一老一小"，推动儿童友好型社会和老年友好型社会建设。在儿童方面，优先保障儿童福利，全面提升困境儿童心理健康与身体素质，加大社会救助力度，确保孤儿、病残及留守儿童得到妥善照顾与健康成长。推动儿童福利机构转型升级，发挥其功能优势，整合康复医疗资源，扩大病残儿童康复医疗服务范围。强化未成年人保护工作协调机制，构建多主体参与的儿童权益保护工作体系。在老年人方面，建立完善的医疗体系，提供定期的健康检查服务，并加强对老年慢性病的预防和治疗。推广家庭医生制度，为老年人提供个性化的健康管理服务。丰富老年文化生活，提供各种文化娱乐活动，满足老年人的精神文化需求。鼓励老年人积极参与社会活动，发挥他们的余热，给予老年人更多的关注和帮助，形成尊老的良好社会氛围。完善老年人探访关爱服务机制，根据老年人实际情况、老年人或其家庭成员的意愿，围绕居家养老存在的困难或安全风险，分类提供探访关爱服务，降低老年人居家养老的安全风险。

四　江苏推进保障改善民生的对策建议

中国式现代化离不开民生福祉的持续改善。习近平总书记在江苏考察时强调,"江苏必须在保障和改善民生、推进社会治理现代化上走在前列"①,这就要求江苏必须始终把改善民生放在重要位置,通过建机制、强体系、抓重点,更高起点保障和改善民生,把人民对美好生活的向往变为现实。

(一)完善基本公共服务制度体系

完善基本公共服务制度体系是提升民生福祉、促进社会公平与和谐发展的关键举措,江苏需要继续深化基本公共服务制度改革和创新,构建更加公平、高效、可持续的基本公共服务制度体系。一是落实由常住地登记户口提供基本公共服务制度。推动符合条件的农业转移人口社会保险、住房保障、随迁子女义务教育等享有同迁入地户籍人口同等权利,加快农业转移人口市民化。着重突出解决流动人口迁移中出现的基本公共服务空档期和盲区问题,对于尚处于找工作阶段的人员,经社区经办机构认定,可由个人申请一定期限的租房、交通等综合补贴;对于已明确工作的人员,可由用人单位代为申请短期补贴。通过法律形式明确常住地基本公共服务提供的主体、类型、标准、范围等内容,落实常住地政府向非户籍人口提供基本公共服务责任,以统一标准指导和规范常住地基本公共服务②供给。二是完善基本公共服务财政制度。加大省级财政对基层政府提供基本公共服务的财力支持力度,完善财力保障制度,提升基本公共服务的财政保障能力。落实公共服务领域中央与地方财政事权和支出责任划分改革要求,推动事权财权匹配。加强专项转移支付管理,明确专项资金用途,强化财政转移支付与财政性建设资金同流动人口市民化、非户籍人口公共服务供给挂钩政策的激励作用。三是健全城乡基本公共服务共享机制。健全全民覆盖、普惠共享、制度统一、

① 《习近平在江苏考察时强调:在推进中国式现代化中走在前做示范 谱写"强富美高"新江苏现代化建设新篇章》,中国政府网,2023 年 7 月 7 日,https://www.gov.cn/yaowen/liebiao/202307/content_ 6890463. htm? type=5。

② 社会保障、医疗卫生等基本公共服务领域虽已出台了单行法,但基本公共服务整体上还未形成系统化的法律体系,部分领域立法仍以"条例""指导意见"等形式出现,法律效力及层级较低,在一定程度上会导致常住地提供基本公共服务制度的法律保障较弱。目前基本公共服务法律制度的施行需要一部具有统领作用的基本公共服务法来予以保障。

质量水平有效衔接的基本公共服务体系，均衡配置城乡教育资源、医疗卫生资源，完善城乡统一的公共文化服务体系、社会保险制度以及居民基本医疗保险、大病保险和基本养老保险制度。进一步优化中小城市、县城和重点中心镇教育公共服务设施布局。引导城市优质教育机构在农村、新城新区设立分支机构，优化加快发展城乡教育联合体，鼓励城乡学校开展"学校联盟"或"集团化办学"。

（二）完善社会政策兜底保障机制

构建适应新形势的社会政策兜底保障机制是夯实共同富裕基底的重要内容，确保弱势群体得到有效的支持和帮助，能够提高公众对社会救助政策的认知度和满意度。一是健全困难群众的生活保障机制。细化对低保边缘户、刚性支出困难户及其他困难人员的认定与救助标准、措施，通过提供现金援助、实物援助和服务援助等多种方式，实现救助措施个性化、精准化，不断充实政策库、资源库、项目库，建立"政策信息清单""救助资源清单""救助服务项目清单"。加强政府救助与慈善帮扶的衔接，拓宽公益慈善参与社会救助的途径，实现功能互补。二是健全重特大疾病医疗保险和救助制度。依托数字化系统建立重特大疾病救助对象信息数据系统，实施救助对象信息动态管理，精准确定救助对象范围，对符合条件的主动救助。建立梯次减轻医疗负担机制，强化基本医保、大病保险、医疗救助三重制度互补衔接，对经三重制度保障后个人负担费用仍然较重的救助对象，可给予倾斜救助。探索新型慈善捐赠互助，积极发展商业健康保险，完善低收入农户医保帮扶措施，增强多渠道救助力量。健全医疗救助服务优化机制，加快推进信息共享互认、资助参保、待遇给付等一体化经办服务，完善异地就医转诊备案和直接结算，确保重症患者得到及时有效的医疗救治。三是健全重点困难群体支持体系。增加对失能老年人的养老服务补贴，提升公共空间和住宅的无障碍标准，提供康复训练、假肢和轮椅等辅助设备，确保重度残疾人生活质量的提升。保障困境儿童的教育资助和监护支持，确保困境儿童接受义务教育，并向其提供免费或部分减免的课外辅导和心理支持，为临时或永久失去监护的儿童提供替代家庭监护服务，或加强寄养和收养服务。为有劳动能力的低收入人口提供职业培训和就业推荐服务，多渠道开发就业岗位，通过产业发展、车间吸纳、以工代赈等方式进行就业帮扶。

（三）优化多元服务主体参与机制

为满足人民群众多样性、多元化、个性化的生活服务需求，江苏在完善公共服务供给、改善民生方面，需要积极探索多元化的服务模式，鼓励社会力量参与公共服务供给，形成政府主导、社会参与的良好格局。一是进一步健全完善政府购买服务机制。完善政府购买公共服务方式，逐步实现由政府或公共部门直接提供服务向购买服务转变，引导各类市场主体充分发挥技术、人才优势，主动对接基层治理需求，提高公共服务供给水平。建立科学的服务质量评价体系，加强对服务提供方的监督考核，引入第三方评估机制，提高服务质量和公众满意度。重点围绕低保对象、城乡特困人员、老年人、孤儿、农村留守儿童、困境儿童、残疾人、精神障碍患者等困难群体、特殊群体，制定发布政府购买公共服务目录，引入竞争机制，明确适合通过政府购买方式提供的公共服务项目。二是健全社会组织有序参与民生事业的机制。要为社会组织创造有利的发展环境，通过创新机制、拓展渠道，引导社会组织有序参与民生事业。推进社会组织的党建工作，深化相关领域改革，完善支持政策，建立健全综合监管体系，并持续打击非法社会组织，以促进社会组织的高质量发展。此外，还需不断优化社会组织的参与途径，鼓励更多社会组织积极参与民生服务。三是加强社区服务平台建设与资源整合。整合社区内现有的资源和服务设施，如教育、医疗、养老、文化体育等，形成一站式服务网络。充分利用现代信息技术，构建智慧社区服务平台，实现社区服务事项的在线预约、办理与跟踪，为居民提供更为便捷、高效的线上服务体验。借助大数据分析，精准识别居民需求，优化公共服务资源配置，确保服务供给与居民需求精准匹配。此外，鼓励和支持志愿者和社区居民积极参与社区服务，通过志愿服务、居民自治等形式，增强社区内部凝聚力。

（四）强化生活服务消费提升机制

消费是扩大内需的"稳定器"和"压舱石"，从江苏当前面临的形势来看，应着力于优化服务供给结构、提高服务质量、激发市场活力，以多元化、高品质的消费供给满足人民群众日益增长的美好生活需要，为经济持续健康发展提供强劲动力。一是深化生活服务领域供给侧结构性改革。通过政策引导和支持，鼓励企业和社会资本投资生活性服务业，特别是在健康养老、文化旅游、教育培训、家政服务等领域，推动服务内容的创新和品质的升级。推动体育产业与其他行业的深度融合，形成生态圈，提升整体服务水平。打造一批有江苏特色的酒店与民宿新名片，让住宿业与旅游、康养、研学等产业携手发展。发挥全省家政服务企业数量居全国首位的行业优势，加强家政服务品牌建设和家政服务从业人员技能培训，培育一批具有引领和示范效应的家政龙头企业和特色品牌企业、平台型互联网家政企业和产教融合型家政企业。二是创新服务模式与新技术应用。顺应新技术、新业态、新模式蓬勃发展态势，利用数字技术赋能传统服务业，打造线上、线下融合的新消费模式。积极推动江苏生活性服务业数字化、信息化、智能化转型，借助互联网、物联网、云计算、大数据等技术手段，促进"互联网+生活性"服务业发展，拓宽服务场景，创新服务模式，推动生活性服务业向便利化、精细化、品质化提升。借助平台经济的发展带动定制消费、智能消费、时尚消费和服务消费拓展升级，通过电商平台与社交平台融合，促进文化、旅游、商贸、体育、健康产业融合发展。三是完善消费者权益保护机制。聚焦热门消费领域，通过大数据深入分析消费维权诉求，精准研判消费舆情热点。拓宽消费者维权途径，创新维权形式，畅通12345热线、小程序、App等投诉渠道，确保各项消费投诉及时受理、妥善处置。针对发展迅猛且消费维权舆论问题突出的直播带货、微短剧消费和人工智能服务等领域，相关部门进一步加大监管力度，引导和督促业内经营者合规经营，让消费者更安心。四是加大宣传力度，推广优质服务品牌和成功案例，营造良好的消费氛围。通过举办各类促销活动和文化节庆，激发居民的消费热情，进一步释放消费潜力，促进生活服务消费市场的持续健康发展。

（五）推动数字化赋能民生智慧发展

充分发挥信息产业发展优势，有效利用云计算、区块链、大数据、人工智能等数字技术，提升公共服务的质量、水平和效能，推动公共服务高质量发展。一是整合城市数字资源，推动从社区治理到社区服务的智慧化全覆盖。利用"物联+数联+智联"，实现服务事项的全方位覆盖，网格化管理无遗漏，物联网技术便捷利民，数据联动社区实现即时精确管理，共同构筑一个共享、共建且高效协同的新型智慧社区，以提升居民的生活品质。二是优化市民热线等公共服务平台功能，完善服务考评机制。进一步提升公共服务平台响应速度与质量，加强平台间的信息共享与协同作业，为市民提供更加便捷、高效、全面的公共服务。通过定期收集居民反馈意见，持续优化服务流程与内容，确保公共服务平台始终贴近市民需求。三是深入推进数字民生服务的公平共享机制。消除城乡、区域、不同群体间的"数字鸿沟"，尤其注重对老年人、残障困难群体等保留线下服务渠道，以增进民生福祉为导向建设数字社会。加大农村互联网基础设施和服务建设力度，提高农民生产生活数字化服务水平，推进城乡数字民生服务能力一体化建设。四是健全"高效办成一件事"重点事项清单管理机制。明确责任主体，细化操作流程，优化服务流程，确保重点事项都能在规定时间内高效、准确地完成。通过建立事项办理进度的实时跟踪与反馈机制，加强对重点事项办理效果的评估与监督，及时发现并解决办理过程中的难点与堵点，提高整体办事效率与服务质量。同时，优化政务信息系统整合与民生数据资源共享机制，打破"信息孤岛"，构建全省一体化、标准化大数据共享交换体系，推进政务数据资源跨部门、多层级共享和"一源多用"，打破"数字壁垒"。

参考文献

韩克庆、郑林如等：《健全分类分层的社会救助体系问题研究》，《学术研究》2022年第 10 期。

李鹏：《兜底视域下社会救助瞄准机制审视：问题辨析与改革取向》，《理论导刊》2020 年第 3 期。

王克强：《在发展中保障和改善民生是中国式现代化的重大任务》，《红旗文稿》2024 年第 16 期。

王雁红：《公共服务高质量发展：历史由来、现实研判与政策议程》，《政治学研究》2024 年第 1 期。

郑路、张子约：《健全保障和改善民生制度体系 不断满足人民对美好生活的向往》，《人民日报》2024 年 10 月 11 日。

B.8
江苏统筹推进教育科技人才体制机制
一体改革的进展与展望

方维慰*

摘　要： 2024年，江苏坚持破立并举、以立为本，通过一系列具备创造性与主动性的改革举措，推进优质教育资源整合、科技创新能力提升、人才发展环境优化，促进产业链、资金链、创新链、人才链深度融合。但是，江苏还存在科技资源配置不均衡、科研成果转化渠道不通畅、人才激励机制不完善等问题。未来，江苏需要重点完善教育—科技—人才的良性循环机制、协同创新机制、利益均衡处置机制，提升教育科技人才体制机制一体改革的科学性与预见性。在实践中，江苏需要深化教育综合改革，筑牢高质量教育根基；深化科技体制改革，提升创新体系效能；深化人才体制改革，形成人才竞争优势，为中国式现代化提供强有力的战略支撑。

关键词： 教育—科技—人才　一体改革　江苏省

　　教育、科技、人才是全面建设社会主义现代化的基础性、战略性支撑，而全面深化改革是经济、社会、文化发展的根本动力。党的二十届三中全会提出："构建支持全面创新体制机制，统筹推进教育科技人才体制机制一体改革。"这一提法将教育、科技、人才紧密关联，共同提至前所未有的战略高度。作为创新型省份，江苏教育、科技、人才的联动发展与耦合发展，亟

* 方维慰，博士，江苏省社会科学院财贸研究所副所长、研究员，主要研究方向为区域经济与创新体系。

须通过深化体制机制一体化、系统化改革，更好地释放教育、科技、人才的叠加优势与乘数效应。

一 江苏统筹推进教育科技人才体制机制一体改革的重大意义

在国家创新体系中，教育创造人才红利，人才完成科技创新，科技反哺教育，教育、科技、人才是同轴运转、相辅相成、相得益彰的。当今世界，科技日新月异，创新无处不在，时代变革向教育和人才提出了更高的要求，只有教育、科技、人才相向而行、同向发力，才能形成高质量发展的强劲引擎。然而，目前我国的教育、科技、人才还存在发展目标有偏差、发展程度不平衡、发展要素不贯通、发展模式不匹配、发展政策不健全等问题，常常出现管事与管人分离、培养与使用分离、投入与产出分离等问题，教育、科技、人才尚不能形成稳定的创新"三角"支撑。因此，迫切需要加强顶层设计，完善政策供给，构建教育、科技、人才一体化发展的治理体系，全方位地促进教育、科技、人才协调发展。

推进教育科技人才体制机制一体改革，就是要遵循教育发展、科技创新、人才培养的内在逻辑，对教育、科技、人才进行全局规划、通盘考虑、系统部署，实现教育、科技、人才之间的良性循环。通过教育、科技、人才三者的有机整合，凝心聚力，共同推动科教兴国战略、人才强国战略、创新驱动发展战略的实现。在江苏，统筹推进教育科技人才体制机制一体改革，能够有效地促进人才培养链、产业需求链、科技创新链无缝对接，促进政产学研用金的协同创新以及跨地区主体的融通创新，实现知识共享、优势互补与价值再造，推动实现高水平科技自立自强。

改革开放一直是"强富美高"新江苏建设的显著特征，迈上新征程，江苏依然需要以全局观念和系统思维，着力推进教育科技人才体制机制一体改革，发挥江苏科研院所的数量优势与科技创新载体的质量优势，推动创新资源高效集聚与有序扩散，激发高质量发展的倍增效应，为江苏"担负起在推进中国式现代化中走在前、做示范的光荣使命"强基赋能。

二 江苏统筹推进教育科技人才体制机制一体改革的具体进展

江苏是一个科教大省，高校林立、人才济济。2024 年，江苏坚持破立并举、以立为本，通过一系列具备创造性与主动性的改革举措，推进人文教育资源整合、科技创新能力提升、人才发展环境优化，促进产业链、资金链、创新链、人才链深度融合，为培育发展新质生产力奠定坚实基础。

（一）推进现代教育体系改革，加快建设教育强省

2024 年，遵循德育为先、立德树人的总原则，江苏统筹推进育人方式、办学模式、管理体制、保障机制综合改革，现有各类学校 1.56 万所，在校生 1600 万人，专任教师 107 万人；中等及以下教育毛入学率超 95%，高等教育毛入学率超 70%，教育体系综合改革水平走在全国前列。

紧扣"培养什么人、怎样培养人、为谁培养人"这一命题，江苏不断健全德智体美劳"五位一体"培养体系，积极开展学校美育浸润与学生体质强健、心理健康、劳动教育提质等活动。厚植素质教育土壤，细化作业设计、课后服务、考试评价等政策，家、校、社协同开展"监管护苗"行动，统筹推进大中小学思政课一体化建设。继续巩固义务教育成果，推进义务教育学校标准化建设。2024 年，江苏 90%以上的义务教育学校达到省定办学标准，就读优质高中的学生数占比超过 90%。深化义务教育学区制管理和集团化办学改革，大力改善农村办学条件，探索城乡学校共同体建设，义务教育均衡化和城乡一体化水平大幅提升。2024 年，江苏主动对接国家"强基计划"，实施中学生"英才计划"，提升普通高中资源建设水平，推进高品质示范高中创建工作，努力形成综合类、人文类、科技类、外语类、艺术类、体育类等多门类的办学体系。

2024 年，江苏持续优化高等教育学科专业结构，加强基础学科、应用学科、交叉学科建设，扎实推进省重点学科和优势学科工程，立项 658 个江苏高校品牌专业建设工程三期项目，8 所高校 263 个学科进入 ESI 前 1%，数量居全国第一。江苏全方位推进高水平大学建设，实施一流应用型本科高校建设工程，16 所"双一流"建设高校在全国率先进行部省共建。江苏适应智能制造时代岗位变化及多元化需求，以"树精品、创特色"为导向，推进现代职业教育体系建设，现拥有中等职业院校 211 所，在校生数达67.91 万人，职业教育的规模与品质不断提升。

为促进高校毕业生充分就业，江苏开展"百校联动"校园招聘活动，以及产业解读、政策宣传、就业指导、感知体验等一系列供需对接活动，希望将毕业生转化为"强链、补链、延链"的宝贵人力资源。同时，持续开展高校创新创业"金种子"孵育项目系列活动，助力"科创种子"长成"参天大树"。

为满足不同群体多元化学习需求，2024 年江苏优化全民终身学习教育体系，营造人人皆学、处处能学、时时可学的环境，重构教育生态与愿景。目前，江苏已建成覆盖城乡的五级社区教育办学体系，6 个设区市入选全国学习型城市，老年人社区教育活动年参与率达到 24%。江苏还发挥外向型大省的优势，积极推动教育对外开放，成立苏港澳基础教育联盟，参与共建"一带一路"教育行动，首批在境外建设 10 个郑和学院。

（二）健全创新驱动发展机制，打造产业科技创新中心

近年来，江苏先后出台"科技创新 40 条"、"科技改革 30 条"、《江苏省"十四五"科技创新规划》，深化科技体制改革，优化科技管理和运行机制。目前，以企业为主体、市场为导向、产学研相结合的技术创新体系趋于完善，企业研发能力增强、科技人才储备丰厚、科研成果量质齐升、高新技术产业蓬勃发展、科技惠民成效显著、科技进步贡献率大幅提升。

2024 年，江苏以《打造具有全球影响力的产业科技创新中心行动方案》为牵引，深耕核心基础零部件、关键基础材料、先进基础工艺、产业技术基

础"四基"领域，不断提升产业链、供应链的稳定性与竞争力。为紧扣科技创新中的重点难点，江苏再次修订《江苏省科学技术进步条例》，从政策层面上为江苏提升科技创新能力提供保障；制定《加快建设制造强省行动方案》，促进产业结构的高端化、智能化与绿色化；出台《江苏省专利转化运用专项行动实施方案》，推动科技成果向现实生产力转化；出台《江苏省加强基础研究行动方案》，开展重大问题协同攻关，强化战略科技力量布局；出台《江苏省企业技术创新能力提升行动实施方案》，支持以安全可靠、性能可控为导向的技术突破与产品制造。支持设立企业研发中心，鼓励企业常态化参与科技创新决策，以期构建"技术策源—应用牵引—企业孵化—产业集聚"的全生命周期培育体系。

2024 年，江苏会同中国科学院战略研究院，全面梳理未来产业的发展趋势，印发《加快科技创新引领未来产业发展"5 个 100"行动方案（2024—2026 年）》，明确在量子科技、合成生物、元宇宙、第三代半导体、通用人工智能等领域的具体任务，为开辟未来产业新赛道描绘蓝图。2024 年，江苏继续推进集成电路产业专班工作，形成相关的重点企业清单、招商引资对象清单、重点投资项目清单以及专项支持政策包、产业投资基金、咨询专家委员会、产业人才库等，吸引国内外数百家企业入驻江苏。为提升多主体协同创新的绩效，2023 年江苏大力推进 81 个重大产业科技创新平台、211 个重点创新型企业、68 个重大产业科技攻关项目、86 项科技体制改革攻坚任务；布局 3 个省基础科学中心，储备入库 15 个科技基础设施，先后承担国家 18 项知识产权领域改革试点，32 项成果举措在全国复制推广，并专门建立常态化调度、推进、督查机制，旨在形成"创意—创新—创业—产业"全链条孵化系统。

为提升新型研究机构的运作效率，江苏出台《关于支持江苏省产业技术研究院改革发展若干政策措施》，明确建立江苏省产业技术研究院专项资金稳定支持机制，赋予省产业技术研究院更大的管理自主权。在此政策激励下，江苏省产业技术研究院探索采用"投拨结合"模式，为芯三代申请2000 万元省级财政资金，当企业进入市场化融资阶段，就将拨付的研发资

金转为投资，获得股权收益。

为激发研究人员的创新创业热情，江苏印发职务科技成果赋权改革工作指引，遴选 14 家单位开展职务科技成果权属改革省级试点，制定 18 条科研人员减负清单，支持科研人员潜心钻研。制定便利外籍人才来苏创新创业的清单，支持外国专家参与项目实际研发。2024 年 9 月，全国高校区域技术转移转化中心落户江苏，进一步推动高等教育与区域发展协同共进。同时，江苏还不断提升科研活动的国际影响力，与新加坡、中国香港签署科技合作谅解备忘录，举办 2024 国际产学研用合作会、"新质领航、科创天堂"国际科创大会，不断强化科创策源功能、提升科创合作动能。

（三）强化人才发展政策供给，构筑高素质人才高地

2024 年，江苏完善人才生态、平台、计划、服务"四位一体"工作格局，改革"从点到面"全力突破，人才发展与经济社会需求高度匹配，专业技术人才队伍规模日益壮大。2023 年，江苏新增专业技术人才 53.96 万人，人才结构更加优化，为高质量发展提供了源源不断的智力支持。

在人才培养上，江苏优化课程设计、强化专业培训、重视教育实践，不断提升人才自主培养能力。2024 年，江苏积极推进培育专项计划，与在苏高校共建卓越工程师院校、专业特色学院，建成 50 个省级重点产业学院，实现江苏 16 个重点产业集群的全覆盖。遵循未来科技发展趋势，江苏实施精准靶向人才培养工程，高校新增集成电路设计与集成系统、储能科学与工程等急需紧缺专业，并布局未来机器人等目录外新专业。为鼓励大学生深入产业一线，与实践接轨，江苏还建立了地方产业教育合作联合体和产业链教育链融合共同体。2024 年，江苏市（县）域产教联合体培育单位达 15 个。

在人才引进上，江苏畅通高层次人才引进"绿色通道"，建立包含通关便利、安居保障、社会保障等服务的回国人员工作服务体系。公布境外职业技能比照认定目录，目前累计 232 人通过比照认定获得国内技能等级证书。实施急需紧缺高层次创新人才、卓越一流工程师、卓越技师等人才计划，推进重要产业集群人才攻坚计划，达成"浦芯精英"人才定制战略合作。现

有国家级高层次人才2000余名，其中院士84人，约占全国高校的1/10。积极举办"百名海外博士江苏行""海外华侨华人高层次人才江苏行"等活动，邀请海外人才与用人单位现场对接洽谈，引进海外留学回国人员18402名，做大人才"蓄水池"。

在人才管理上，江苏破除人才评价"唯论文、唯学历、唯资历、唯奖项"的不良倾向，制定事业单位编制"周转池"政策，构建"能者上、平者让、庸者下"的用人机制。实施专业技术人才知识更新工程，推动落实"新八级工"制度，启动企业首席技师评聘试点，组建首家重点民营企业高评委会，有序推进职称评审社会化。率先建立高校、科研院所高层次人才多元化薪酬分配制度，扩大绩效工资内部分配自主权，提高职务发明成果转化收益比例。制定实施基层事业单位专业技术人员"定向设岗、定向评价、定向使用"政策，以破解基层人才队伍建设难题。

在人才交流上，江苏首创"科技副总"模式，鼓励全国高校、科研院所科技人才到江苏企业兼任科技副总。2024年，江苏科技副总项目入选对象达1512人。为增强高层次人才集聚能力，江苏继续优化人才交流平台与机制，打通各类人才职称评价渠道，开展乡土人才高级职称评审，出台江苏省职业资格目录清单并进行动态调整。在北京大学、清华大学成功举办2024年度江苏省高校毕业生、高层次人才、高质量项目、高价值资本"四对接"活动，邀约广大优秀学子到江苏圆梦。

2024年，江苏各地市接连出台"揽才实招"，例如，苏州推出覆盖人才引、育、留、用环节的专门化政策，旨在建设"人才友好型城市"；扬州发布数字人才"十条"，打造立体化数字人才生态圈；盐城加大对人才补贴力度，给予各类人才购房补贴，实现人才与城市"双向奔赴"。

三　江苏统筹推进教育科技人才体制机制一体改革的现实水平

近年来，江苏通过规划引领、政策设计、资源调度，持续加大教育科技

人才体制机制改革力度，引导教育资源、科技资源、人才资源集聚，形成合力，助力江苏成为全国经济增长的"稳定盘"、自主创新的"发动机"、新兴领域的"探路者"。

（一）现实发展水平评价

为客观评价江苏教育、科技、人才的发展水平，本报告选择院校数量、师生规模、研发水平、科技产出、人力资源等方面的解释性指标进行评估，运用"区位商"模型测评江苏教育、科技、人才的"比较优势系数"。按照解释性指标的性质，X_1、X_2、X_3、X_4、X_6、X_7、X_8、X_{11}以人口状况为参照系；X_9、X_{10}以经济发展为参照系；X_5、X_{12}包含经济参照系和人口参照系"比较优势系数"为该指标的江苏占全国之比除以参照指标的江苏占全国之比。

收集原始数据，进行整理与计算，得到的结果如表1所示。

表1 江苏教育、科技、人才的比较优势情况

因素	F_1教育体系				F_2研发水平	
指标	X_1专任教师总数（万人）	X_2普通高等学校数量（所）	X_3中等职业学校数量（所）	X_4在校研究生人数（万人）	X_5R&D经费支出占地区生产总值的比重(%)	X_6技术合同成交额（亿元）
全国	1891.78	2868.00	7210.00	388.29	2.64	61476.00
江苏	107.00	172.00	211.00	31.96	3.29	4607.40
江苏占全国的比重（%）	5.656	5.997	2.926	8.231	—	7.495
比较优势系数	0.935	0.992	0.484	1.361	1.246	1.239

因素	F_3科技产出		F_4企业创新		F_5人力资源	
指标	X_7发表科技论文数（篇）	X_8专利授权数（件）	X_9高新技术企业数（家）	X_{10}开展创新活动企业数（家）	X_{11}R&D人员全时当量（人年）	X_{12}每十万人高等教育在校生数（人）
全国	1657992	5186407	49674	450042	6353570	3510
江苏	168682	662509	7631	58938	824682	3726

因素	F_3科技产出		F_4企业创新		F_5人力资源	
江苏占全国的比重(%)	10.174	12.774	15.362	13.096	12.755	—
比较优势系数	1.682	2.112	1.511	1.288	2.146	1.062

参照因素	A_1经济发展	A_2人口状况
参照指标	B_1地区生产总值(万亿元)	B_2年末常住总人口(万人)
全国	126.06	140967
江苏	12.82	8526
江苏占全国的比重(%)	10.170	6.048

资料来源：2023 年《国民经济和社会发展统计公报》、《全国科技经费投入统计公报》、《全国教育事业发展统计公报》、《人力资源和社会保障事业发展统计公报》、《中国科技统计年鉴》、《江苏经济和社会发展统计公报》以及政府网站公布的数据。

从表 1 的测算结果可以看出，与科技、人才相关的大部分指标"比较优势系数"大于 1，这说明相比全国，江苏的科技、人才具有比较优势，而与教育相关的指标"比较优势系数"接近 1，说明江苏的教育发展与人口规模保持一致，资源布局比较均衡。

（二）既有政策举措梳理

作为我国首个创新型省份建设试点，江苏与时俱进、因地制宜、加强谋划、科学施策，先后推出了一系列促进教育、科技、人才高质量发展的政策措施，如表 2 所示，为江苏创新驱动发展提供了有力保障。

表 2　2022~2024 年江苏与教育科技人才体制机制一体改革相关的政策文件

文件名称	发文字号
《关于印发〈贯彻落实《科技部办公厅关于营造更好环境支持科技型中小企业研发的通知》的工作方案〉的通知》	苏科高发〔2022〕52 号
《省政府关于改革完善江苏省省级财政科研经费管理的实施意见》	苏政办发〔2022〕13 号

续表

文件名称	发文字号
《江苏省人民政府办公厅印发关于促进高校毕业生等青年就业创业若干政策措施的通知》	苏政办发〔2022〕45号
《江苏省人民政府办公厅关于转发省教育厅等部门江苏省"十四五"特殊教育发展提升行动计划的通知》	苏政办发〔2022〕56号
《省教育厅等十部门关于印发〈江苏省全面推进"大思政课"建设的实施方案〉的通知》	苏教社政〔2023〕3号
《省政府办公厅关于印发江苏省专精特新企业培育三年行动计划（2023—2025年）的通知》	苏政办发〔2023〕3号
《省教育厅关于开展职业教育"双师型"教师认定工作的通知》	苏教师函〔2023〕31号
《省政府办公厅印发关于加快工业软件自主创新若干政策措施的通知》	苏政办规〔2023〕15号
《省政府关于加快培育发展未来产业的指导意见》	苏政发〔2023〕104号
《省政府办公厅印发关于推动战略性新兴产业融合集群发展实施方案的通知》	苏政办发〔2023〕8号
《省政府办公厅关于印发南京市建设科创金融改革试验区实施方案的通知》	苏政办发〔2023〕23号
《省政府办公厅关于印发江苏省加强基础研究行动方案的通知》	苏政办发〔2023〕45号
《关于实施江苏省专精特新企业就业创业扬帆计划的通知》	苏人社发〔2023〕63号
《省政府办公厅印发关于支持江苏省产业技术研究院改革发展若干政策措施的通知》	苏政办发〔2023〕8号
《省政府办公厅转发省商务厅省科技厅关于鼓励支持外商投资设立和发展研发中心的若干措施的通知》	苏政办发〔2023〕24号
《省政府办公厅关于加强和优化科创金融供给服务科技自立自强的意见》	苏政办规〔2023〕7号
《关于印发〈江苏省概念验证中心建设工作指引（试行）〉的通知》	苏科技规〔2023〕1号
《省政府办公厅关于印发江苏省加强基础研究行动方案的通知》	苏政发〔2023〕45号
《中共江苏省委人才工作领导小组办公室江苏省科学技术厅江苏省教育厅关于印发〈江苏省科技副总选派工作实施办法〉的通知》	苏科规范〔2024〕1号
《省科学技术厅 省发展和改革委员会关于印发〈加快科技创新引领未来产业发展"5个100"行动方案（2024—2026年）〉的通知》	苏科高发〔2024〕30号
《省政府办公厅关于加快推动低空经济高质量发展的实施意见》	苏政办发〔2024〕28号
《省政府办公厅关于印发江苏省专利转化运用专项行动实施方案的通知》	苏政办发〔2024〕8号

文件名称	发文字号
《江苏省科学技术厅江苏省财政厅关于印发〈江苏省科技创新券管理办法（试行）〉的通知》	苏科规范〔2024〕2 号
《关于深化现代职业教育体系建设改革实施意见》	—
《关于构建优质均衡的基本公共教育服务体系的实施方案》	—

综上所述，江苏立足自身、着眼全局，遵循客观发展规律，制定了密集的与教育、科技、人才发展相关的政策措施，助力江苏成长为我国创新活力最强、创新成果最多、创新氛围最浓厚的省份。然而当前，江苏教育、科技、人才的体制机制还有许多亟待完善之处，如科研资源配置不均衡、科研成果转化渠道不畅通、创新收益分配机制不健全、人才考评机制不灵活、拔尖人才储备不充足等。江苏亟须按照"科技为纲、教育为基、人才为本"的思路，进一步推进教育科技人才体制机制一体改革，完善相关保障措施与法律法规，整合分散、游离在各个部门的政策措施，实施"多规合一"，强化政策的约束力与执行力，形成严密、严谨的政策"组合拳"，切实推进教育、科技、人才"三位一体"发展。

四　江苏统筹推进教育科技人才体制机制一体改革的关键领域

教育、科技、人才相互促进、有机通融、彼此成就，共同构成兴国之器、强国之基。统筹推进教育科技人才体制机制一体改革，江苏必须遵循教育、科技、人才三者的交互关系与内在逻辑，分析一体改革涉及的多重力量与多种要素，谋求力量协同，推进要素耦合，设计促使各个系统产生叠加效应的方式方法，发挥教育、科技、人才引领中国式现代化的重要作用。

（一）革新教育—科技—人才良性循环机制

教育具有发展的先导性，科技具有变革的驱动性，人才具有资源的稀缺

性，教育科技人才体制机制一体改革是一个复杂的系统工程。为形成教育哺育人才、人才引领科技进步、科技促进经济发展的良性循环，江苏需要突破思维定势、打破制度藩篱，构建高效耦合、有序运行的教育—科技—人才良性循环机制，增强教育、科技、人才发展的目标一致性、要素流动性和系统集成性。

教育居于优先地位，旨在夯实人才根基；科技扮演关键角色，旨在增强发展动能；人才发挥主体作用，旨在塑造创新优势。基于教育、科技、人才"三位一体"布局，江苏需要建立符合经济社会发展需要、满足产业转型需求的高质量教育体系，全面提高人才自主培养质量，为实现高水平科技自立自强提供支撑。高等学府是科技第一生产力、人才第一资源、创新第一动力的关键"结合点"，江苏高校需要紧扣"筑峰行动"，推进学科专业设置调整优化改革，布局匹配"四新"的学科专业，构建专业动态调整机制与跨学科培养机制，促进新兴学科、前沿学科、交叉学科发展。在苏高校最好每隔5年更新15%~20%的专业。完善人才数据库和人才信息港，精准推送江苏产业人才需求信息，发布急需紧缺以及就业率低的专业清单，按照"招生—培养—就业"的顺序，为高校优化专业结构提供参考。

由于技术迭代加速，江苏需要细化技能提升政策，大力开展职业培训，帮助技术工人成长成才。持续推进产教融合、科教融汇、职普融通、校企双元育人工程，构建高校和企业联合培养复合型人才的长效机制，支持企业参与生源选拔、课程设置、毕业考核。以"智能+""特色+"为导向，建立校企联合创新创业教育实训平台，优化校企"双导师""双基地"培养机制，加强工程硕士（博士）培养。健全新型举国体制，强化"有组织科研"，探索组建由产业链龙头企业引领、上下游中小企业、高校、科研院所参与，以核心技术攻关为导向的创新联盟，鼓励智力资源向企业倾斜。建立需求拉动与供给驱动双向发力的科研项目立项机制，提升基础研究、应用研究、试验开发、产业发展融通转换的效能。开展科研院所的存量专利盘点与评价工作，促进专利技术供需对接，推动技术成果转移扩散和商业化应用。在科技成果产生与转化的过程中，健全知识产权保护、员工持股、股权转化、分红激励等举措，健全科技成果转化体系，促进创新成果从"实验室"走向"生产线"。

深化人才发展体制机制改革，在重大科研任务中发现人才、锻炼人才。建立柔性化、知识型人才管理制度，"能放尽放、能简尽简"，通过"放权、松绑"，将人才从各种形式主义、官僚主义的束缚中解放出来。深化高校、科研院所收入分配改革，赋予战略型人才更大的技术路线决定权、更大的资源调度权。建立互信互惠的校企对话机制，畅通高校、科研院所、企业人才交流通道，化解人才引、育、用、留的机制性梗阻，探索"不为所有、但为所用"的柔性引才机制。

（二）构建教育—科技—人才协同创新机制

当今世界已进入大科学时代，科技创新由原先分散、封闭的自由探索向大跨度、开放性、有组织的科研活动转型。如果产、学、研只在各自的"一亩三分地"里耕耘，甚至"内卷"，就是科技资源低效配置的表现。因此，推进教育科技人才体制机制一体改革，需要构建以企业、大学、科研院所为核心，政府、中介机构、金融机构为辅助，持续紧密、多核网状、动态平衡的协同创新体系。通过协同创新，让不同隶属关系的主体突破条块分割的局限，找到学科结合点和利益共同点，形成稳定的创新价值链条。

目前，江苏的政产学研协同创新活动还存在资源融合力度不够、市场化需求不足、组织壁垒难以打破等问题。为提升协同创新绩效，江苏需要以优势互补和共享共建为宗旨，整合科技力量，激活创新要素，持续推进校所企联盟、大院大所与地方联盟、产业创新技术联盟、国际科技合作联盟等，构筑大纵深、立体式的教育科技人才创新共同体。政产学研协同创新呈现的是一种混合型的跨组织关系，创新各方的发展目标、价值取向、工作方式各不相同，因此，需要构筑彼此融洽的管理方式、组织架构与运行机制，包括对话对接机制、盟友选择机制、资源投入机制、分工协作机制、信息沟通机制、利益分配机制、风险管控机制等。同时，大力发展科技评估、技术服务、成果孵化、科技金融等生产性服务业。加强协同创新中心建设，借助组

织文化与管理制度进行"信任塑造"，增强创新协同组织的凝聚力。通过功能完备的创新创业平台、源源不断的科技金融活水、细致入微的科技人才服务以及不断释放的科技改革红利，推进创新活动的多样性共生、自组织演化。

基于打造具有全球影响力的产业科技创新中心的战略定位，江苏需要以更积极主动的姿态，加快开放式创新步伐。以包容并蓄的胸怀，破除劳动力、知识、技术、管理、资本、数据等要素流动的体制机制障碍，积极设立海外离岸孵化器、技术转移联盟等，促进国际科技创新合作和战略协同，提升外部技术获取能力与转化能力。

（三）形成教育—科技—人才利益均衡处置机制

教育、科技、人才隶属不同的职能部门，由于历史上存在分权制衡、分割资源、分散治理的情况，教育科技人才体制机制一体改革具有一定的难度。为此，江苏必须遵循"耦合互嵌、信息对称、共融互利"的原则，构建教育—科技—人才利益均衡处置机制，以系统工程原理为指导，优化战略布局，创新顶层设计，减少教育、科技、人才之间的脱节、掣肘和不同步现象，形成教育、科技、人才能力共通、价值共创、利益共享的发展格局。

目前，教育、科技、人才在实施主体、隶属关系、工作重点、项目实施等方面尚且存在条块化、分散化、单一化发展的状况。因而，在自上而下地进行教育、科技、人才的规划布局时，江苏既要制定教育、科技、人才发展的具体目标和扶持举措，还要注意教育、科技、人才三者之间的融通性、连续性和集成性。江苏需要健全教育部门、科技部门、人力资源管理部门的沟通协调机制，避免区域封闭和系统分割。按照一体改革的要求，提高政策工具的精准性与实效性，改良标准体系和评价体系。例如，顺应科技成果转化的要求，改变对科研人员"重论文，轻专利；重成果，轻推广"的效绩考核标准。破除地方保护主义，促进创新资源的跨界融合与横向交流，提升教育、科技、人才的行业及区域适配度。各城市在制定教育、科技、人才政策时，要基于本地区发展特征与资源禀赋，进行全域通盘谋划、一体部署，最大限度避免同质化竞争。理顺部门之间、央地之间的"权责利"关系，发挥集中决策、分散执行的体制优势，通过财政、金融、奖惩等工具，调控教育政策、科技政策、人才政策，防止政策交叉重复或者相互矛盾，避免多头管理。

统筹推进教育科技人才体制机制一体改革，并不意味着纯粹使用行政命令进行干预，而是要遵循市场规律，充分发挥市场在资源配置中的决定性作用，强化企业的创新主体地位，通过供求机制、价格机制、竞争机制、风险机制实现教育、科技、人才之间的总体适配、有机贯通，实现政府有为、市场有效、创新主体有担当的有机统一。

五　江苏统筹推进教育科技人才体制机制一体改革的未来展望

教育孕育未来，科技彰显实力，人才引领创新。未来，江苏需要统筹推进教育科技人才的管理体制改革与运行机制改革，聚焦改革的科学性、预见性、创造性，坚持在改革中释放制度新红利，在创新中打造发展新引擎，全方位地激发教育、科技、人才活力，形成高品质创新生态的先发优势。

（一）以"全员—全面—全力—全球"为准绳，深化教育综合改革，筑牢高质量教育根基

"百年大计，教育为本"，教育是科技发展和人才培养的基础，未来江苏需要树立"人民至上"的教育观，努力构建公平共享的基础教育体系、横向融通的现代职业教育体系、内涵发展的高等教育体系、惠及大众的终身教育体系，增强人民群众教育获得感，发挥教育对推进中国式现代化的重大作用。

以"全员"为受益面，以"人民满意"为宗旨，推动优质教育资源的公平化与均衡化。优质教育资源不是少部分人的"专享特权"，而是建立在个体全面发展基础上的共同福祉，深化教育体系综合改革，必须实实在在地扩大优质教育的受益面，实现义务教育的便捷普惠、学前教育的泛在可及、

高中教育的丰富多元，推进规模化教育与个性化培养的有机结合。倡导以"安全、健康、乐学、成长"为内涵的幸福教育，推进城乡教育一体化、学校建设标准化、师资配置合理化，建立健全同人口变化相协调的基本公共教育服务供给机制。

以"全面"视角推进"五育并举"，增强教育多元化和包容性，让人人学有所得、臻于完善。优化学科布局，打破专业壁垒，以学科专业调整为牵引，强化在苏"双一流"大学建设，根据江苏未来十年高等教育学龄人口增长趋势，扩大研究生教育规模，提高理工农医类人才培养比重。打通人才培养通道，纠正将"职业教育"视为差生接受的次等教育的认知偏差，弘扬工匠精神，形成职业平等的社会共识。推进职业教育与现代产业的"融合聚变"，引导职教资源向产业集聚区集中，构建多形式衔接、多通道成长、可持续发展的梯度职业教育体系。将实习实践纳入各类教育，提升实习的规范性与有效性，推动"以教为主"向"实践养成"转变，从"分数挂帅"走向"创新为王"，让学生在实践中得到磨炼。整合各方资源，构建服务全民终身学习的教育体系，形成健康向上的教育生态，为大众提供更多的学习机会。

从"全力"发展考虑，建设学习型社会，通过数字技术与网络平台，打造智能、人本、安全的教育空间。依托线上教育、虚拟现实、生成式人工智能等手段，重塑"人—机—物"关系，构筑沉浸体验式育人模式，让学习从功利和短视的"被动灌输"转变为充满求知欲的"主动吸收"。在科技赋能教育硬件的同时，需要更加重视"思想道德""科学素养""创新品质""健全人格"的培育，实施新时代立德树人工程，毕竟教育不是培养"精致的利己主义者"，而是培养志存高远、心怀天下、德智体美劳全面发展的社会主义建设者和接班人。

推进学术交流互鉴，开放创新，博采众长。积极引进境外高端教育资源，支持世界一流理工类大学来苏合作办学，开拓与中东欧国家的教育合作渠道，深度嵌入全球教育、科技、人才网络。推动应用型本科、职业院校赴境外办学，开发具有江苏特色的专业课程和教学模式，以提升江苏教育的国际影响力与竞争力。

（二）以"原创—自主—引领—支配"为导向，深化科技体制改革，提升创新体系效能

科技创新一直是江苏发展的"首选项"和"必答题"。未来，江苏将进一步推进科技体制机制的深层次改革，以此提升原创成果的供给能力、重大命题的破解能力、创新生态的包容能力、科学技术的渗透能力，最终构建全域创新的发展格局。

以可持续的自主研发为牵引，抓住自有知识产权这个"牛鼻子"，用原创科学带动原创技术，努力打造科技创新的闭环。遵循"四个面向"，推进新技术熟化、新产品供给、新标准推广，实现"占位"关键领域，"领位"长板方向。依托江苏的产业基础优势和市场规模优势，推动重大科研成果示范应用与就地转化，以打造新质生产力。加大战略性、公益性研究的财政投入力度，实施国际科学前沿研究专项，支持周期长、难度高、前景好的大科学计划，并且注重各类科学计划的协调与集成。优化重大科技创新组织机制，灵活采用"揭榜挂帅"、定向委托、"赛马制"等方式，组建共性关键技术攻关团队，推动研究主体多元化和研究组织多样化。

从世界科技强国的发展历程来看，科技领军型企业始终是国家经济增长的卓越贡献者。目前，江苏还缺乏能够高效整合全球创新资源的领军型企业，为此亟须健全培育壮大科技领军型企业的体制机制，实施"瞪羚"企业和"独角兽"企业培育计划，打造一批生态主导型、平台引领型、高速成长型标杆企业和链主企业。鼓励大中小企业融通创新、上下游企业竞争—合作，扩大非核心资产共享范围。通过组合式创新、跨界创新、融合创新，将大型企业的规模化与中小企业的灵活性有机结合，构筑共存共生共荣的科技创新共同体。

各级政府需要发挥好科技生态设计者、组织者、实施者的作用，突破行政区划的束缚，推动创新资源的自由流动与高效配置。建立跨区域、大纵深的科技会商机制与激励机制，高效对接各地区的科技规划与政策条款，提高科技政策的科学化、精细化程度。针对市场培育、环境建设、知识产权保护

等做"加法"，针对行政审批等做"减法"，少"人治"，多"法治"，发挥好市场的导向作用，让"有形之手"规范精准，让"无形之手"更加有力。

根据"产业科技创新中心攻坚年"行动方案，继续支持苏州、南京的国家区域科技创新中心建设，探索设立"应用基础研究特区"，努力构建环太湖、南京、徐州三大科创圈，积极融入长三角科技创新共同体，以点带面，在全国统一大市场建设的基础上，构建江苏全域创新的新格局。

（三）以"培育—吸引—尊崇—用好"为宗旨，深化人才体制改革，形成人才竞争优势

当今世界，产业博弈的本质是科技进步，科技进步依靠的是人才竞争，人才是现代化的"第一资源"。江苏是人口资源大省，但是高端顶尖人才仍然紧缺，在全球人才竞争白热化的今天，还未能拥有显著的比较优势。为此，江苏需要大力推进本土人才国际化和国际人才本土化，破除人才成长成熟的体制机制障碍，将教育优先、人才先行融入政策体系，造就一支规模宏大、结构合理、素质优良的创新人才队伍。

创新人才评价机制，让人才价值得以充分体现。健全以创新能力、质量、实效、贡献为导向的人才评价体系，不以权威压制人，不以资历轻视人，不以头衔排挤人，克服"四唯"倾向，减少考核频次，实施"节点"考核。深化重点行业、重要领域职称制度改革，将企业任职经历和横向科研业绩等作为参考条件，坚持向用人主体授权，遵循放权清单和负面清单，推进人才分类评价，有序下放职称评审权。推进刚性制度化管理向柔性人性化管理转变，建立宽容、灵活的用人制度、"能上能下"知人善任的选才制度，从待遇、感情、前途多方激励人才创新，充分激发人才的积极性与创造性。

完善人才自主培养机制，聚焦"1650"现代化产业体系，依托国家实验室、高水平研究型大学、中国科学院系统单位、重大科技基础设施，造就一流科技人才。健全人才全周期递进式培养模式，探索"首席科学家领衔+领军人物担当+青年人才主力"团队建设机制。推进高水平人才集聚平台和

创新创业载体建设，实现"人才—项目—基地"一体化布局。

瞄准生物医药、集成电路、人工智能等重点领域，推进卓越人才培养计划，加大高素质人才的引进力度，促进博士后工作与重大科研计划相结合，将博士后制度打造为培养青年创新人才的重要渠道。制定"创新型产业集群紧缺人才需求目录""高技能人才培训补贴目录"等，积极招募"高精尖特需缺"领域人才。做优"江苏省人才服务云平台"专网和"96178"人才服务专线，开辟海外引才"云"服务，为人才提供"一站式"服务。打破城乡、地区、行业分割的局面，完善人才"周转池""双落户"制度，引导人才向基层和非公领域渗透。按照研究人员"流失—流入—环流"的运动轨迹，制定相应的人才激励政策，探索建立全过程跟踪机制，根据人才志向、专业、兴趣等进行分类引导，确保精准引才用才。优化国际产业技术转移平台，以产业集聚全球创新人才，实施顶尖人才"一人一策"引进策略，培育战略型科学家，并使之"开枝散叶"。

参考文献

习近平：《高举中国特色社会主义伟大旗帜 为全面建设社会主义现代化国家而团结奋斗：在中国共产党第二十次全国代表大会上的报告》，《人民日报》2022 年 10 月 26 日。

陈铁丽、何晓：《教育、科技、人才一体化发展：内在逻辑、现实困境与实践进路》，《大连干部学刊》2024 年第 4 期。

何颖：《加强教育、科技、人才统筹融合为新型工业化建设提供强大支撑》，《中国科技人才》2024 年第 1 期。

吴江：《畅通教育科技人才良性循环》，《中国人才》2024 年第 5 期。

方维慰：《校所企协同创新的潜力评价与优化路径》，《南京航空航天大学学报》（社会科学版）2020 年第 1 期。

刘惠琴、牛晶晶、辜刘建：《倍增高质量发展：教育、科技、人才的协同融合》，《清华大学教育研究》2024 年第 3 期。

黄永春、钱春琳：《加快推进教育科技人才一体化发展》，《群众》2024 年第 14 期。

卢建军：《坚持产学研深度融合 教育科技人才一体化推动新质生产力发展》，《中

国高等教育》2024 年第 6 期。

崔明明、郝富军：《教育、科技、人才工作一体化背景下我国科学教育政策演进逻辑与调适路径研究》，《国家教育行政学院学报》2023 年第 6 期。

方维慰：《中国高水平科技自立自强的目标内涵与实现路径》，《南京社会科学》2022 年第 7 期。

B.9
江苏推进法治现代化建设的进展与展望

钱宁峰　徐奕斐　朱紫涵*

摘　要：　2024 年，江苏加强地方立法，推动法治政府建设，提高司法公信力，提升社会治理法治化水平，使法治江苏建设朝着现代化方向不断发展。江苏作为中国式现代化建设的重要区域，法治现代化建设面临新质生产力法治保障需要加强、依法行政能力有待进一步提升、营商环境法治化水平需要进一步提高、法治社会建设机制需要进一步完善等问题。2025年，江苏要在建设中国式现代化新篇章中继续发挥法治力量，进一步全面深化法治领域改革，开展法治建设规划实施评估工作，进一步加强法治江苏建设。

关键词：　法治现代化　地方立法　法治政府　司法　法治社会

法治建设是现代化建设的重要组成部分。2024 年，江苏在中国式现代化进程中加强地方立法，推动法治政府建设，提高司法公信力，加强社会治理法治化水平，使法治江苏建设朝着现代化方向不断发展。

* 钱宁峰，博士，江苏省社会科学院法学所所长、研究员，江苏高校区域法治发展协同创新中心研究员，主要研究方向为宪法与行政法、地方法治建设；徐奕斐，博士，江苏省社会科学院法学所助理研究员，主要研究方向为外国法制史、地方法治建设；朱紫涵，博士，江苏省社会科学院法学所助理研究员，主要研究方向为国际投资法、地方法治建设。

一　2024年江苏推进法治现代化建设的进展①

（一）推动地方立法高质量发展

地方立法是法治现代化建设的前提。江苏紧紧围绕高质量发展要求，加强对地方立法工作的领导，加快各领域立法，提高省级和设区市人大及其常委会立法能力，及时满足现代化建设需要。

一是加强省级人大立法工作。江苏省人大及其常委会积极推动省级立法工作，提高立法质量。截至2024年10月，江苏省人大常委会通过7部地方性法规和2部立法性决定，修订6部地方性法规，修正1部地方性法规（见表1）。这些地方性法规和立法性决定为江苏现代化建设提供了法治保障。

表1　2024年江苏省人大常委会制定的地方性法规

立法方式	法规名称	立法日期
制定	《江苏省红色资源保护利用条例》	2024年1月12日通过
	《江苏省食品安全条例》	2024年1月26日通过
	《江苏省促进长三角生态绿色一体化发展示范区高质量发展条例》	2024年3月27日通过
	《江苏省生态环境保护条例》	2024年3月27日通过
	《江苏省生产经营单位安全风险管理条例》	2024年5月29日通过
	《江苏省人民代表大会常务委员会关于加强新时代高技能人才队伍建设的决定》	2024年7月31日通过
	《江苏省生活饮用水卫生监督条例》	2024年9月27日通过
	《江苏省林业有害生物防治条例》	2024年9月27日通过
	《江苏省人民代表大会常务委员会关于践行全过程人民民主重大理念、加强打造发展新质生产力重要阵地制度保障的决定》	2024年9月27日通过

---

① 本章内容除特别注明外，主要来源于江苏省人大网、江苏省人民政府网站、江苏省司法厅、江苏政府法制网、江苏法院网、江苏检察网等，以及江苏司法行政在线微信公众号"2024法治江苏进行时"。

续表

立法方式	法规名称	立法日期
修订	《江苏省职业病防治条例》	2024年1月12日修订
	《江苏省湿地保护条例》	2024年1月12日修订
	《江苏省道路运输条例》	2024年5月29日修订
	《江苏省发展规划条例》	2024年7月31日修订
	《江苏省预防未成年人犯罪条例》	2024年7月31日修订
	《江苏省法律援助条例》	2024年9月27日第二次修订
修正	《江苏省制定和批准地方性法规条例》	2024年1月26日江苏省第十四届人民代表大会第二次会议通过《关于修改〈江苏省制定和批准地方性法规条例〉的决定》

资料来源：江苏人大网。

二是加强设区市地方立法工作。各设区市围绕四项立法权限积极开展地方立法工作（见表2）。不少立法在全国或者全省具有首创性。《常州市新能源产业促进条例》是全国首部新能源产业促进法规。《淮安市地理标志促进和保护条例》是全国设区市率先开展地理标志专门立法的法规。《南京市律师社会责任与执业保障条例》在全国率先以立法的形式规范律师社会责任。《扬州市住宅小区电动自行车充电安全管理规定》是全省首部住宅小区电动自行车充电安全管理地方性法规。同时，各设区市积极运用决定权，制定立法性决定，如《盐城市人民代表大会常务委员会关于促进全民阅读的决定》（2024年4月26日通过）、《宿迁市人民代表大会常务委员会关于规范网约房向未成年人提供住宿服务的决定》（2024年6月27日通过）；修改1部立法性决定，如《淮安市人民代表大会常务委员会关于加强安全生产管理的决定》（2024年8月29日通过）。

表2 2024年江苏各设区市人大常委会立法情况

设区市	法规名称	立法日期	立法方式
南京市	《南京市制定地方性法规条例》	2024年1月19日通过	修正
	《南京市人民代表大会议事规则》	2024年1月19日通过	制定
	《南京市人民代表大会常务委员会关于废止〈南京市内秦淮河管理条例〉的决定》	2024年2月29日通过	废止
	《南京市住宅物业管理条例》	2024年6月27日通过	修正
	《南京市律师社会责任与执业保障条例》	2024年8月21日通过	制定
苏州市	《苏州市制定地方性法规条例》	2024年1月18日通过	修正
	《苏州市人民代表大会常务委员会关于废止〈苏州市体育经营活动管理条例〉〈苏州市风景名胜区条例〉的决定》	2024年2月26日通过	废止
	《苏州市慈善促进条例》	2024年4月25日通过	制定
	《苏州市知识产权保护与促进条例》	2024年8月28日通过	制定
无锡市	《无锡市制定地方性法规条例》	2024年1月20日通过	修正
	《无锡市居家养老服务条例》	2024年2月28日通过	制定
	《无锡市人民代表大会常务委员会关于废止〈无锡市检察举报条例〉〈无锡市预防职务犯罪条例〉的决定》	2024年2月28日通过	废止
	《无锡市人民代表大会常务委员会关于废止〈无锡市农业机械维修管理条例〉的决定》	2024年2月28日通过	废止
	《无锡市消防条例》	2024年6月28日修订	修订
	《无锡市河道管理条例》	2024年8月27日修订	修订
常州市	《常州市制定地方性法规条例》	2024年1月18日通过	修正
	《常州市新能源产业促进条例》	2024年1月18日通过	制定
	《常州市儿童友好城市建设条例》	2024年4月30日通过	制定
	《常州市住宅物业管理条例》	2024年6月28日通过	修正
	《常州市轨道交通条例》	2024年6月28日通过	修正
	《常州市公共汽车客运条例》	2024年6月28日通过	修正
	《常州市养犬管理条例》	2024年6月28日通过	修正
	《常州市文明行为促进条例》	2024年6月28日通过	修正
	《常州市科技创新促进条例》	2024年8月28日通过	制定

设区市	法规名称	立法日期	立法方式
镇江市	《镇江市制定地方性法规条例》	2024 年 1 月 19 日通过	修正
	《镇江市河道管理条例》	2024 年 6 月 27 日通过	制定
扬州市	《扬州市制定地方性法规条例修正草案》	2024 年 1 月 19 日通过	修正
	《扬州市住宅小区电动自行车充电安全管理规定》	2024 年 6 月 28 日通过	制定
	《扬州市老年人优待条例》	2024 年 8 月 28 日通过	制定
泰州市	《泰州市制定地方性法规条例》	2024 年 1 月 20 日通过	修正
	《泰州市文明行为条例》	2024 年 4 月 25 日通过	修正
	《泰州市电梯安全管理条例》	2024 年 6 月 25 日通过	制定
南通市	《南通市制定地方性法规条例》	2024 年 1 月 19 日通过	修正
徐州市	《徐州市制定地方性法规条例》	2024 年 1 月 19 日通过	修正
	《徐州市扬尘污染防治条例》	2024 年 8 月 23 日通过	制定
淮安市	《淮安市优化营商环境条例》	2024 年 1 月 18 日通过	制定
	《淮安市制定地方性法规条例》	2024 年 1 月 18 日通过	修正
	《淮安市地理标志促进和保护条例》	2024 年 4 月 29 日通过	制定
	《淮安市住宅小区电动自行车充电安全管理条例》	2024 年 8 月 29 日通过	制定
盐城市	《盐城市制定地方性法规条例》	2024 年 1 月 18 日通过	修正
	《盐城市绿化条例修正草案》	2024 年 6 月 24 日通过	修正
连云港市	《连云港市地方立法条例》	2024 年 1 月 19 日通过	修正
	《连云港市养犬管理条例》	2024 年 8 月 20 日通过	制定
宿迁市	《宿迁市制定地方性法规条例》	2024 年 1 月 15 日通过	修正
	《宿迁市电子商务产业发展条例》	2024 年 8 月 29 日通过	制定

资料来源：江苏人大网。

（二）加快法治政府建设步伐

法治政府建设是法治现代化建设的关键。2024 年，江苏加强行政立法，落实重大行政决策事项，积极开展行政执法，以法治化方式优化营商环境，以此推动适应中国式现代化需要的依法行政工作。

一是加强地方政府规章立法。江苏省人民政府和各设区市政府根据本地

实际制定了大量的地方政府规章。截至 2024 年 10 月,江苏省人民政府制定 1 部政府规章;各设区市制定 7 部政府规章,修改 1 部,废止 1 部(见表 3)。许多政府规章具有创新性。《南京市电动自行车消防安全管理办法》是全省首部电动自行车消防安全管理政府规章,对接即将实行的电动自行车用蓄电池强制性国家标准,着眼实现电动自行车消防安全全链条全过程闭环管理。此外,江苏省人民政府办公厅印发的《江苏省规章立法后评估办法》从明确评估范围和标准、规范评估工作程序、强化评估工作计划性、促进评估结果转化运用 4 个方面对规章立法后评估工作予以规范,确保政府规章有效实施。

表 3　2024 年江苏省级和设区市制定的政府规章

出台部门	政府规章名称	立法日期
江苏省人民政府	《江苏省城建档案管理办法》	2024 年 8 月 27 日发布
南京市人民政府	《南京市粮食安全保障办法》	2024 年 4 月 12 日发布
	《南京市电动自行车消防安全管理办法》	2024 年 5 月 29 日发布
徐州市人民政府	《徐州市公共消火栓管理办法》	2024 年 8 月 27 日发布
常州市人民政府	《常州市气象灾害防御办法》	2024 年 1 月 31 日通过
苏州市人民政府	《苏州市残疾预防和残疾人康复实施办法》	2024 年 1 月 18 日发布
淮安市人民政府	《淮安涟水国际机场净空和电磁环境保护办法》	2024 年 5 月 30 日公布
盐城市人民政府	《盐城市生活垃圾分类管理办法》	2024 年 1 月 29 日通过
	《盐城市人民政府关于废止〈盐城市停车管理办法〉的决定》	2024 年 6 月 27 日通过
镇江市人民政府	《镇江市人民政府关于修改〈镇江市内河交通安全管理办法〉的决定》	2024 年 9 月 2 日通过

资料来源:江苏省人民政府网站。

二是健全重大行政决策事项制度。江苏各级政府按照重大行政决策程序要求选择重大行政决策事项,并向社会公开本年度目录。2024 年 4 月,江苏省人民政府公布 2024 年度重大行政决策事项 9 项,包括编制江苏省农业强省建设规划,制定江苏省生物多样性保护战略和行动纲要(2023～2035

年），制定江苏省海岸带及海洋空间规划（2021～2035年），制定江苏省城乡历史文化保护传承体系规划，制定全省国际航空货运发展指导意见，调增地方储备粮、食用植物油储备规模，制定进一步推进省以下财政体制改革的实施方案，制定贯彻落实《国务院办公厅转发民政部等单位〈关于加强低收入人口动态监测做好分层分类社会救助工作的意见〉的通知》的政策措施，制定里下河地区滞涝圩范围调整与治理实施方案。

三是持续推进法治化营商环境建设。江苏各地各部门积极采取措施，推动营商环境法治化。江苏省优化营商环境工作领导小组出台《2024年江苏省优化营商环境工作要点》，聚焦政策、市场、政务、法治、人文"五个环境"建设，围绕加强经营主体产权和企业家权益保护、全面提升行政执法质量、提升监管效能、优化公共法律服务、强化知识产权保护等工作，提出37项重点举措。江苏省司法厅开展"法治化营商环境优化提升"专项普法行动，聚焦经营主体，明确开展4项活动，即送法律进企业、进商会、进工商联活动；完善"万所联万会"机制，强化法治民企建设，组织"法治体检"活动；"五一劳动法治宣传服务月""民法典宣传月"等系列主题活动；开展"1名村（居）法律顾问+N名法律明白人"行动。

四是加强行政执法建设。第一，规范涉企行政检查。全省13个设区市全部制定规范涉企行政检查实施方案，健全跨部门联合监管机制，积极探索监管方式创新，深入推进联合检查，最大限度减少重复执法、多头执法等问题。2024年7月，泰州市出台《涉企行政检查"十禁止"通告》，将以往各执法部门的分头检查变为组团式"综合查一次"，并明确执法部门"不能做什么"。第二，规范行政执法行为。江苏省公安厅全面推动全省公安机关执法办案管理中心提质增效，印发《关于进一步建强做优五大新质"基座"全面推动全省公安机关执法办案管理中心提质增效的指导意见》，要求建强集约式市县主战、升级版监督管理、合成化高效赋能、全方位功能保障、创新型政法协同新质基座，提升执法办案管理中心建设运用水平。

五是加强行政行为监督。第一，加强行政复议工作。江苏省法院、江苏省司法厅就行政复议与行政审判衔接达成六点共识，包括加快构建行政争议调处

平台和运行保障机制、充分发挥行政机关负责人出庭应诉制度效能、完善行政行为自我纠正工作机制、推动先行通过行政复议渠道解决行政争议、加强行政复议申请权和诉权保护规范工作、增进复议诉讼信息共享和人员交流，推动行政复议与行政审判府院联动工作再上新台阶。江苏省法院、江苏省司法厅联合召开2024年度全省行政复议应诉与行政审判府院联席会议，总结交流2023年全省行政复议应诉与行政审判工作情况，部署下一阶段深化府院联动、做实行政争议预防化解、加强行政复议与行政诉讼衔接配合等工作任务。第二，加强行政行为自我纠错。淮安市委依法治市办、市法院联合印发《关于加强行政行为自我纠正的实施意见》《淮安市行政机关行政行为自我纠正工作指引》。其中，《关于加强行政行为自我纠正的实施意见》包括总体要求、主要内容、保障措施3个部分；《淮安市行政机关行政行为自我纠正工作指引》包括自我纠正主体、适用范围、纠正程序、处理权限等19条内容，进一步规范政府部门依法行政行为。

（三）切实提高司法公信力

公正司法是法治现代化建设的重要保障。2024年，江苏司法机关积极推动司法改革，完善司法工作机制，提升司法公信力。

一是积极推动审判现代化。江苏各级法院积极推动审判现代化工作，发挥审判服务现代化建设的优势。第一，制定司法服务现代化建设措施。江苏省高级人民法院发布《全省法院服务保障加快打造发展新质生产力重要阵地十二条司法措施》，包括加强科技创新成果保护，服务保障产业创新，护航新兴产业和未来产业发展，助推传统产业转型发展，助力发展方式绿色低碳转型，服务高水平对外开放，优化企业发展市场环境，助力金融赋能科技创新，优化有利于创新发展的体制机制，保护科技人才创新利益，提升司法服务企业效能，提升审判专业化建设和司法协作水平。① 第二，积极创新审判机制。苏州市成立全省首家数据资源法庭，法庭实行三审合一体系，主要

---

① 《江苏高院发布十二条司法措施》，《法治日报》2024年8月9日。

负责审理虎丘区人民法院管辖的与数据资源相关的一审刑事、民事、行政案件。第三，深化诉源治理。江苏省高级人民法院召开深化诉源治理暨推进信访工作法治化会议，强调要加强"一站式"平台融合对接，推动健全纠纷分流机制和多元化解成效评价机制。要充分发挥"融合法庭"作用，强化"枫桥式人民法庭"创建工作，指导提升基层解纷能力。要牢固树立"一次性解纷"理念，加强审判管理。江苏省高级人民法院、江苏省司法厅联合出台《关于全省行政争议调处平台规范运行的指导意见》，包括争议调处范围、规范争议调处程序、健全争议调处工作机制3部分内容，推动构建行政争议调处平台规范运行机制，进一步提升行政争议源头预防和实质化解成效。

二是积极推动检察现代化。江苏各级检察院认真履行法律监督职责，提高检察现代化水平。第一，出台检察文件。江苏省高级人民法院、江苏省人民检察院联合出台《关于常见犯罪的量刑指导意见（二）（试行）实施细则（试行）》，深入推进量刑规范化和量刑建议工作，促进量刑公开公平公正。第二，深入开展检察护企活动。2024年7月10日，南京市检察院发布《南京市人民检察院关于以高质效检察履职服务保障发展新质生产力的实施意见》和典型案例，深入开展检察护企行动。① 第三，积极开展涉法涉诉矛盾纠纷化解工作。2024年9月26日，江苏省十四届人大常委会第十一次会议听取了关于全省检察机关开展涉法涉诉矛盾纠纷化解工作情况的报告。报告显示，自2022年以来，全省检察机关聚焦一批群众急难愁盼问题，各级检察长接待群众6893人，共救助21436名因案致困群众；全省检察机关发出社会治理类检察建议2800余件，采纳率达98%以上。第四，认真履行检察职责。2024年1~9月，全省共批准和决定逮捕各类犯罪嫌疑人2.1万人；不捕4000余人，不捕率为18.46%。共决定起诉7.4万人，不起诉1.4万人，不起诉率为16.74%。办结民事生效裁判监督案件2700余件，提出监督意见520余件，其中提出抗诉50余件，提出再审检察建议460余件。办结行政生效裁判监督

---

① 《南京检察15条措施保障发展新质生产力》，《新华日报》2024年7月11日。

案件 900 余件，其中，向法院提出抗诉 8 件，提出再审检察建议 13 件，同步向行政机关提出检察建议 160 余件。立案办理公益诉讼案件 4800 余件。其中，民事公益诉讼类立案 800 余件，行政公益诉讼类立案 4000 余件。①

（四）筑牢社会治理法治化根基

法治社会建设是法治现代化建设的重要基础。2024 年，江苏积极落实新时代枫桥经验，积极化解各种矛盾纠纷，提升社会治理法治化水平，为社会治理现代化营造有利的社会环境。

一是树立法治为民理念，实施法治惠民项目。江苏各地依法治理机构积极遴选项目，及时落实法治惠民项目。江苏省委全面依法治省委员会办公室向省各有关部门征集 2024 年法治惠民实事项目。经申报、初审、征求意见等程序，确定 20 件 2024 年江苏省法治惠民实事项目，并予以发布（见表 4）。

表 4　2024 年江苏省法治惠民实事项目

序号	项目名称	责任单位
1	化解涉及群众办证的不动产历史遗留问题	江苏省自然资源厅
2	深入开展"产业链+法律服务"，聚力护航制造强省行动	江苏省工业和信息化厅
3	开展"农小安"农产品质量安全守护行动	江苏省农业农村厅
4	修订《江苏省法律援助条例》，护航群众合法权益	江苏省人大、江苏省司法厅
5	推进信访工作法治化，切实解决群众急难愁盼问题	江苏省信访局
6	全省轻微交通事故视频快速处置	江苏省公安厅
7	开展住房公积金及住宅专项维修资金等民生资金审计	江苏省审计厅
8	健全检察司法救助与社会救助衔接机制	江苏省检察院
9	生态环境损害赔偿与清洁生产替代修复制度探索	江苏省生态环境厅
10	优化升级市场监管领域轻微违法行为免罚轻罚机制	江苏省市场监督管理局
11	江苏省文化市场法治惠民系列活动	江苏省文化和旅游厅
12	开展"小标的大民生"专项执行行动	江苏省高级人民法院
13	创新主体知识产权纠纷多元调解效力确认机制	江苏省知识产权局

---

① 《2024 年 1 至 9 月江苏省检察机关主要办案数据》，江苏检察网，https：//www.jsjc.gov.cn/jianwugongkai/bxgkcth/。

序号	项目名称	责任单位
14	打造交通运输行业公职律师线上法律服务咨询台	江苏省交通运输厅
15	《清理规范特种设备检验检测收费政策》	江苏省发展改革委
16	修订《江苏省青少年(幼儿)体育类校外培训机构管理办法》	江苏省体育局
17	政府采购文件公平竞争审查	江苏省财政厅
18	贸促商法服务伴企行	江苏省贸促会
19	强化基层村(社区)法治建设	江苏省司法厅
20	船员纠纷化解全流程"绿色通道"	南京海事法院

二是创新矛盾纠纷解决机制。第一,出台有关文件。江苏省委政法委、江苏省信访局、江苏省司法厅联合出台《关于进一步加强"访调对接"工作的意见》。江苏省人力资源和社会保障厅等6部门联合印发《关于加强新就业形态劳动纠纷一站式调解工作意见》。第二,成立新的调解组织。2024年4月,江苏资本市场人民调解委员会成立。该委员会是江苏首家省级金融行业人民调解委员会,在江苏省司法厅的指导下,由江苏监管局推动,省内资本市场4家协会联合成立,免费受理、调解江苏资本市场纠纷,为投资者维权提供高效便捷的法律服务。2024年9月,苏州市苏城公证处设立江苏首家公证调解服务中心——苏州市姑苏区苏城调解服务中心。公证机构选派多名公证工作经验丰富的人员,组建一支具有专业调解能力的调解团队,以社会化调解组织名义开展综合调解业务。2024年4月20日,淮安市和韵民商事调解中心、淮安市淮安区东南民商事调解中心在淮安市淮安区河下古镇正式揭牌成立,成为淮安市引进的第一家第三方民商事调解组织,苏北地区首家社会化民商事调解机构。新吴区司法局与法院联合试点打造的"人民调解+远程司法确认"云端调解模式,提供快速办理、优先审查、线上确认、实时送达的专业便捷的服务,既节省当事人时间,又赋予调解协议强制执行力,真正实现"让信息多跑路,让群众少跑腿"。

三是认真做好法律服务工作。第一,出台法律服务民营经济发展文件。2024年5月27日,江苏省司法厅、江苏省工商联、江苏省律师协会制定

《2024年法律服务民营经济高质量发展十项举措》。第二，创新法律服务机制。江苏（南京）涉外法律服务中心正式启动建设，由江苏省司法厅和南京市、南京市鼓楼区共建，设置公共展示接待平台、争议多元解决平台、协同保护研究平台，打造长三角地区具有南京辨识度、江苏地域性、全国影响力的涉外法治名片。目前，已有12家涉外法律服务中心计划入驻，签约项目24个。无锡市设立全省首家电动车行业涉外公证服务站，服务站主要为涉外电动车行业企业提供涉外法律咨询、涉外公证顾问等服务，在商业秘密在线公证保护、电子存证、海外文书公证认证以及保全证据公证等方面，为电动车跨境电商产业园提供全链条、全方位公证法律服务。南京成立全国首个海事海商法律公益服务中心，该中心可受理法律咨询、一站式解纷、多元化解纷三类事项，受案范围覆盖船员劳动、劳务合同、工伤保险认定、水上交通事故责任纠纷、水上货物运输合同纠纷等方面，为船员及小微企业提供公益法律服务。第三，深入开展法律服务活动。江苏省人力资源和社会保障厅开展"社保服务进企业"法律法规政策宣讲和咨询活动，重点对《社会保险经办条例》的突破和亮点、社会保险经办管理和服务等方面的新政策新办法进行解读，对企业在实际业务经办过程中普遍关心的热点、重点、难点问题进行解答。江苏省交通运输厅启动交通运输行业公职律师线上法律服务咨询台建设工作，咨询台依托全省交通运输系统近200名公职律师，通过线上法律咨询台、线下法律服务站和"12328"交通运输服务热线联动服务，打造覆盖线上、线下的交通运输行业法律服务网，为人民群众提供便捷、高效的行业法律服务。南京市建立全国首个"数据要素×公证法律服务"联合实验室，实验室搭建数据要素与公证行业深度融合新场景，围绕数据资产确权、数据合规交易、数据收益合理分配、数据安全治理等重点领域，探索构建全链条法律服务新模式。

二 江苏推进法治现代化建设存在的基本问题

现代化是一个过程，在这一进程中，生产力和生产关系面临深刻变革。

随着中国式现代化的推进，法治领域也出现新的改革需求。江苏作为中国式现代化建设的重要区域，法治现代化建设面临新的问题。

（一）新质生产力法治保障需要加强

自新质生产力提出以来，法治保障问题日益成为发展新质生产力的重要课题。对此，有学者认为，法治与新质生产力具有耦合关系，能够应对高质量发展的挑战，体现新质生产力发展权的底层逻辑，具有以防范化解系统性风险为线索的规范架构。[①] 江苏加快打造发展新质生产力的重要阵地。2024年5月，中共江苏省委十四届六次全会审议通过《中共江苏省委关于深入学习贯彻习近平总书记重要讲话精神加快打造发展新质生产力重要阵地的决定》。根据这一决定，2024年9月27日，江苏省十四届人大常委会第十一次会议全票通过《关于践行全过程人民民主重大理念　加强打造发展新质生产力重要阵地制度保障的决定》。然而，从新质生产力发展来看，其对法治的需求是多层面的。

一是新质生产力方面的创制性立法需求仍然无法得到有效满足。新质生产力带来的新技术、新产业、新业态和新模式给经济社会发展带来新的立法难题，其能否纳入法律调整，法律如何调整？诸如此类的问题均需要立法予以回应。特别是在数据立法、人工智能立法、生命科技立法方面尤其需要地方立法进行探索。尽管江苏已经开始在数据地方立法方面有所突破，但是在人工智能等新兴领域创制性立法偏少，更多的是指导性、引导性规定。

二是新质生产力发展给执法提出了新的课题。新质生产力的发展需要有良好的营商环境，以推动创新创业成果不断涌现。这就给执法部门提出了新的要求。一方面，执法部门不断应用新技术新方式提升行政执法效率，为新质生产力发展提供有效服务。另一方面，要及时关注新技术给社会带来的不确定性。尽管江苏不断提升行政执法水平，但是如何有效化解涉企矛盾纠

---

① 张钦昱：《论新质生产力的法治保障》，《行政管理改革》2024年第6期。

纷，防范新质生产力发展带来的新矛盾、新纠纷就成为新课题。

三是新质生产力司法保障能力需要进一步提升。新质生产力的发展对权利保障提出新的要求，特别是在知识产权司法保护方面。由于新质生产力发展成果具有不同于传统发展成果的特殊性，因此在司法解决过程中需要创新司法保护手段，更加注重个案裁判的特点，不能简单地考虑案件本身纠纷的解决，而要深入了解案件发生的来龙去脉，在个案裁判中真正推动新质生产力发展。

四是新质生产力法律服务能力需进一步提升。优质的公共法律服务助力新质生产力发展。江苏需要立足新质生产力发展实际，创新法律服务方式，发挥律师、仲裁、公证、司法鉴定、法律援助等的作用，提高法律服务能力。

（二）依法行政能力有待进一步提升

现代化发展对法治政府提出了新要求，既要追求行政合法，又要注重行政适当，提高行政效率。江苏出台《省政府关于进一步优化政务服务提升行政效能，推动"高效办成一件事"的实施意见》，为提高政务服务能力提供新渠道。从实践来看，依法行政工作仍然有进一步完善的空间。

一是政务数据需要进一步共享。目前，"一平台办理"对接"苏在线"数据直达基层系统，提供 201 个国家部委及下属机构数据目录 9919 类，上架 48 个省级部门数据目录 281 类。基层人员在"一平台办理"既可以办事，也可以申请获取有用数据。同时，"一平台办理"还将对接江苏省公共数据平台，在线调用申请人信息、电子证照等，推进"免证办"，减轻基层填表报数的负担，提高基层办事效率。① 这就需要进一步发挥江苏省公共数据平台功能，对接国家政务数据共享平台，完善跨区域、跨部门、跨层级政务数据共享体系，推动政务数据赋能基层。

二是政务服务体系需要进一步向基层覆盖。目前，江苏基层高频事项

① 《"一平台办理"改革试点设区市全覆盖》，《新华日报》2024 年 9 月 6 日。

"一平台办理"改革试点实现全省设区市全覆盖。"一平台办理"已部署 13 个设区市的 58 个乡镇（街道）便民服务中心。① 这就要进一步推动"一平台办理"向乡镇（街道）延伸，推动实现基层政务服务标准化，将基层高频事项汇集至一个平台办理。

三是政府监管效能需要进一步提升。目前，江苏省市场监督管理局印发《关于巩固增强经济回升向好态势若干措施》，提出提升监管服务效能的要求。全面推动江苏省政府与江苏省市场监督管理局高质量发展合作备忘录合作事项落地落实；探索开展非现场"无感式"监管，全面推行"信用+执法"渐进式监管模式；加快出台市场监管领域轻微违法行为免罚轻罚规定 3.0 版。② 这就需要从事前、事中和事后三个环节完善执法监管方式：要强化事前预防，进一步加强行政合规指导；要强化事中审慎监管，推动企业进行有效整改；要强化事后监督，对被处罚企业探索实行行政处罚决定书、信用修复告知书、行政合规指导建议书"三书同达"。

（三）营商环境法治化水平需要进一步提高

现代化的发展要求对营商环境进行深刻的变革。这就需要重视营商环境建设，营造良好的营商环境，而营商环境与法治具有密切关系。江苏积极推动市场化、法治化、国际化营商环境建设，特别是在自贸试验区营商环境方面，不断采取各种措施为自贸试验区营造良好的营商环境。2024 年 10 月，《国务院关于做好自由贸易试验区对接国际高标准推进制度型开放试点措施复制推广工作的通知》出台，提出在更大范围内推动规则、规制、管理、标准相通相容，营造透明、稳定、可预期的制度环境。

一是进一步保障民营企业合法权益。《中共江苏省委 江苏省人民政府关于促进民营经济发展壮大的若干措施》对民营企业法律保护措施提出具体要求。这就需要进一步完善民营企业保护措施，特别是加强民营

---

① 《"一平台办理"改革试点设区市全覆盖》，《新华日报》2024 年 9 月 6 日。
② 《省市场监管局出台 64 项增量政策巩固增强经济回升向好态势》，《新华日报》2024 年 10 月 30 日。

企业涉民事、刑事、行政案件的处理工作，规范执法司法行为，依法妥善处理民营企业纠纷，真正维护民营企业合法权益。

二是加强外商投资法治保障。江苏省人民政府印发《关于进一步优化外商投资环境加大吸引外商投资力度的若干措施》，从优化法治环境方面提出了许多措施。这就需要进一步完善外商投资措施，规范招商引资行为，防止出现超国民待遇行为。

三是加强国有企业法治化治理。目前，江苏省国资委发布《关于进一步做好法律纠纷案件管理工作的通知》，进一步加强法律纠纷案件管理工作，依法保障企业合法权益，有效维护国有资产安全。这就需要进一步加强国有企业法治建设，特别是强化国有企业反腐败工作。

（四）法治社会建设机制需要进一步完善

江苏现代化建设一方面促进了法治社会建设，另一方面对法治社会建设提出了新要求。当前，江苏法治社会建设仍然面临一些需要解决的问题。

一是公共法律服务体系有待健全。目前，《江苏省公共法律服务条例》已经实施，江苏公共法律服务体系建设取得重要进展。但是客观来看，公共法律服务产品形式和服务内容还需要创新和充实，公共法律服务供给与社会治理需求之间仍不能完全匹配。这就需要采取措施使律师制度、公证制度、调解制度、司法鉴定管理体制适应现代化建设需要，提高律师、公证、调解、司法鉴定等服务社会、服务经济能力。

二是法治宣传教育需要进一步加强。当前，江苏不断丰富法治宣传形式，将法治宣传教育与依法治理有机结合。例如，习近平法治思想"E起学习"平台正式上线，平台充分运用新理念、新技术、新手段、新方法，集中呈现习近平法治思想学习内容，可在线查询近4000部法律法规，是国内首个习近平法治思想数据库学习平台。江苏积极创新法治宣传形式，提高法治宣传时效性。

三是未成年人犯罪预防和治理需要进一步强化。2024年7月31日，

《江苏省预防未成年人犯罪条例》修订通过，并于 2024 年 9 月 1 日起施行。然而，与未成年人有关的犯罪问题依然突出。从江苏各级检察机关统计来看，2024 年 1~9 月，批准逮捕侵害未成年人犯罪 1900 余人，批准逮捕未成年犯罪嫌疑人 810 余人。同时，对侵害未成年人犯罪决定起诉 2400 余人，对未成年犯罪嫌疑人决定起诉 2000 余人。[①] 这就需要进一步重视未成年犯罪以及损害未成年人权益的犯罪，深入了解犯罪案件背后个人、家庭、社会等方面的问题，积极采取措施予以治理。

三 2025年江苏推进法治现代化建设的展望

2025 年是贯彻落实党的二十届三中全会的关键一年，也是法治江苏建设三大规划的收官之年。江苏要积极推动法治现代化建设。

（一）全面深化法治领域改革

《中共中央关于进一步全面深化改革　推进中国式现代化的决定》明确了法治改革任务。这就需要江苏围绕决定精神和任务对法治江苏建设进行谋篇布局，对深化立法领域改革、深入推进依法行政、健全公正执法司法体制机制、完善推进法治社会建设机制、加快涉外法治建设等方面提出进一步落实措施。2024 年 9 月 4 日，《中共江苏省委关于贯彻落实党的二十届三中全会精神进一步全面深化改革在推进中国式现代化中走在前做示范的决定》通过。该决定对江苏中国式现代化建设进行了规划，其中涉及法治改革各方面。这就需要江苏进一步制定落实方案，明确法治改革各项任务和责任单位，切实有效推动法治江苏建设。

（二）开展法治建设规划实施评估工作

2025 年是《法治江苏建设规划（2021—2025 年）》、《江苏省贯彻落实

---

① 《2024 年 1 至 9 月江苏省检察机关主要办案数据》，江苏检察网，https://www.jsjc.gov.cn/jianwugongkai/bxgkcth/。

〈法治政府建设实施纲要（2021—2025 年）〉实施方案》和《江苏省法治社会建设实施方案（2021—2025 年）》实施的最后一年。这就要求江苏在做好 2025 年实施任务的基础上认真开展三大法治规划的评估工作，了解法治江苏建设、法治政府建设和法治社会建设各项任务的完成情况，并进行科学评估，分析实施效果，为后续法治规划的出台提供参考。一是开展法治规划落实总结评估工作。深入总结过去 5 年江苏法治建设经验，分析法治规划各项任务落实情况，发现法治建设面临的问题和挑战，对法治江苏建设、法治政府建设和法治社会建设进行专题评估，提出专题报告，形成综合报告。二是汇总各地法治建设情况，对各地法治建设效果开展评估考核。要对 13 个设区市近 5 年的法治建设情况进行总结，要求各设区市开展自行评估，提交评估报告，并在此基础上开展表彰奖励工作。三是为 2026～2030 年法治规划起草做好准备。要结合"十五五"规划起草要求，积极准备 2026～2030 年法治建设规划，对江苏"十五五"期间法治建设规划进行谋篇布局，着手起草 2026～2030 年法治江苏建设规划、法治政府建设规划、法治社会建设规划。

（三）进一步加强法治江苏建设

2025 年，法治江苏建设进入一个新的发展阶段。法治江苏建设相关单位要根据法治现代化建设要求，做好本年度法治建设布局。一是加强对本地区本部门法治建设的领导工作。各级党委要高度重视本地区本部门法治建设工作。各级党委依法治理机构要及时谋划年度法治建设任务，明确各项法治建设任务，及时加强督促和检查。政法委要重点做好政法机关法治建设工作，推动法治建设与政法职责有机结合。二是根据立法规划妥善安排年度立法任务。要根据政治、经济、文化、社会和生态环境等领域建设要求安排立法项目，明确立法时间节点，积极完成地方立法任务。三是加强法治政府建设。各级政府要围绕经济社会发展要求，明确法治政府建设要求，推动法治政府、服务型政府和廉洁政府有机融合，确保严格公正执法。四是推动司法机关参与地方法治建设。要充分发挥司法机关的专业优势，推动司法机关积极参与依法治理，使司法更好地服务于经济社会发展。五是进一步夯实法治社会建设基础。要加强法治宣传教育，完善社会主义法治建设机制，推动法律服务组织和法律服务人员深入社会、深入基层，不断提高社会治理法治化水平。

B.10
江苏生态文明建设进展与展望

常巧素　张慧利*

摘　要：　江苏是全国唯一的部省共建生态环境治理体系和治理能力现代化试点省，担负生态文明建设"走在前列"的重任。江苏在"美丽中国"建设任务书的指引下，在空间布局、结构调整、绿色转型、生态修复、基建完善、实现"双碳"目标等方面取得突出成效，但生态环境结构性、根源性、趋势性压力尚未得到有效缓解，仍需在完善生态文明建设的责任体系、统筹推进生态系统保护修复、加快绿色发展方式转型升级、落实"双碳"行动、完善环境污染防治和监管体制等方面持续发力。

关键词：　生态文明　生态修复　环境保护　绿色发展

党的二十届三中全会将"聚焦建设美丽中国"作为"七个聚焦"之一，将"生态文明体制改革"作为14个专门领域的系统改革部署之一，对新时代新征程持续深化生态文明体制改革做出战略部署。2024年5月，江苏省印发了《中共江苏省委　江苏省人民政府关于全面推进美丽江苏建设的实施意见》，为美丽江苏建设划定了"线路图"，明确了"任务书"，明确美丽江苏建设要彰显绿色发展之美、自然生态之美、城乡宜居之美、水韵人文之美、区域善治之美的"五美"新风貌，这也是江苏深化生态文明体制改革的新部署和新要求。近年来，江苏始终坚定践行新发展理念，绘就山水人城和谐相融、绿水青山和金山银山比肩而立的发

---

* 常巧素，博士，江苏省社会科学院社会学研究所助理研究员，主要研究方向为环境社会学；张慧利，博士，江苏省社会科学院农村发展研究所助理研究员，主要研究方向为资源环境。

展图景，统筹推动经济社会高质量发展和生态环境高水平保护，生态文明建设稳步推进。

一 江苏生态文明建设的主要进展

江苏位于我国长江三角洲地区，跨江滨海，湖泊众多，是全国唯一坐拥江（长江）、河（京杭运河、淮河）、湖（太湖）、海（黄海）的省份。其地跨南北，地势平坦，由平原、水域、低山丘陵构成，地处暖温带季风气候和亚热带季风气候的过渡地带，气候、植被同时具有南方和北方的特征，生物资源丰富，种类繁多。得天独厚的自然条件为江苏的经济发展、交通运输、旅游休闲等奠定了良好的基础，也对其生态文明建设提出了较高的要求。作为全国唯一的部省共建生态环境治理体系和治理能力现代化试点省，江苏勇担保护生态环境重任，勇挑"强富美高""走在前列"大梁，以高品质生态文明建设支撑高质量发展。

江苏生态文明建设的制度体系经过多年发展不断完善（见图1）。2024年5月，江苏印发《中共江苏省委 江苏省人民政府关于全面推进美丽江苏建设的实施意见》，确定美丽江苏建设分三个阶段，即"十四五"深入攻坚，到2025年，美丽江苏建设成效显著；"十五五"巩固提升，到2030年，美丽江苏基本建成；"十六五"整体提升，展望2035年，美丽江苏全面建成。同年6月，江苏出台《江苏省生态环境保护条例》，紧紧围绕美丽江苏建设的部署安排建立完善制度，为推进美丽江苏建设提供坚实保障。

（一）多方统筹，协调均衡发展支撑新发展格局建设

做好国土空间规划是加快建设"强富美高"新江苏的重要抓手。2023年7月《江苏省国土空间规划（2021—2035年）》获国务院正式批复，这是"多规合一"以来全国首部省级国土空间规划，也是江苏空间规划发展的行动指南、可持续发展的空间蓝图。近年来，在该规划的指引下，江苏

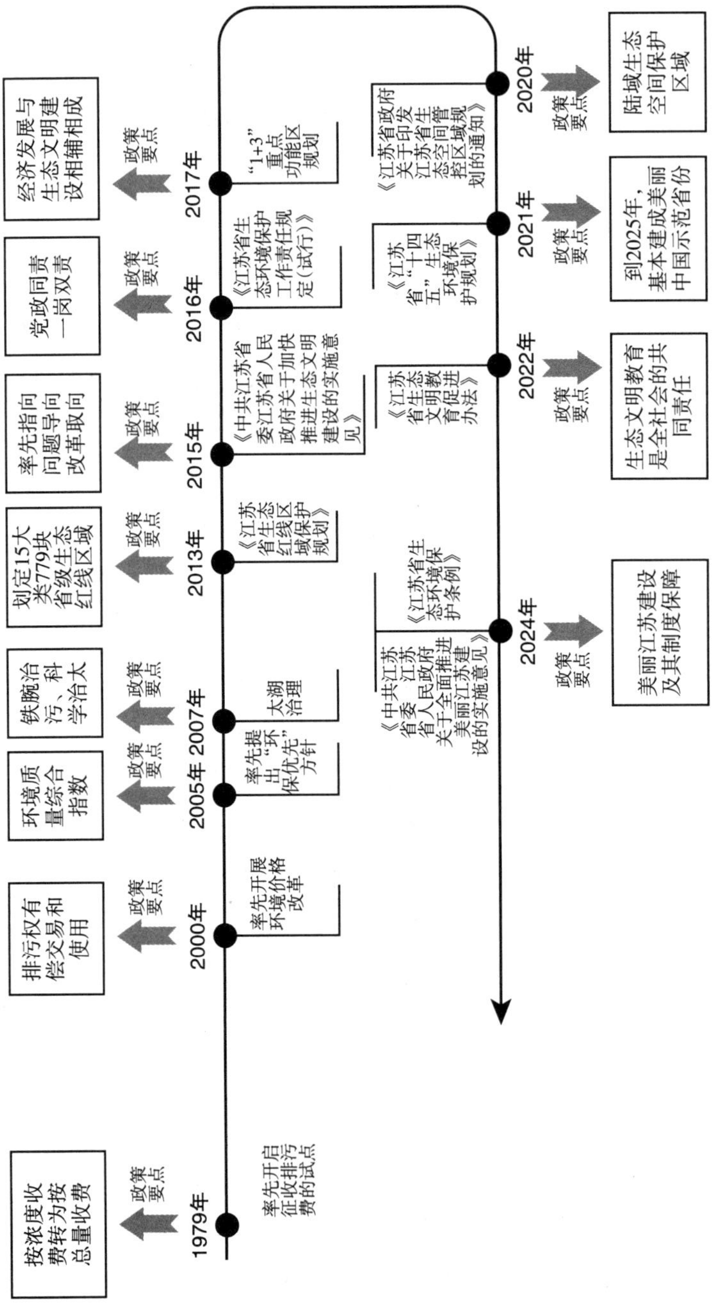

按浓度收 | 排污权有 | | 环境质 | 铁腕治 | | 划定15大 | 率先指向 | | 完成同责 | | 经济发展与
费转为按 | 偿交易和 | | 量综合 | 污、科 | | 类779块 | 问题导向 | | 一岗双责 | | 生态文明建
总量收费 | 使用 | | 指数 | 学治太 | | 省级生态 | 改革取向 | | | | 设相辅相成
 | | | | | | 红线区域 | | | | |

政策 | 政策 | 政策 | 政策 | 政策 | 政策 | 政策 | 政策 | 政策
要点 | 要点 | 要点 | 要点 | 要点 | 要点 | 要点 | 要点 | 要点

1979年 | 2000年 | 2005年 | 2007年 | | 2013年 | 2015年 | 2016年 | 2017年

率先开启 | 率先开展 | | 率先提 | 太湖 | | 《江苏 | 《中共江苏省 | 《江苏省生 | "1+3"
征收排污 | 环境价格 | | 出"环 | 治理 | | 省生态 | 委江苏省人民 | 态环境保护 | 重点
费的试点 | 改革 | | 保优先" | | | 红线区 | 政府关于加快 | 工作责任规 | 功能区
 | | | 方针 | | | 域保护 | 推进生态文明 | 定（试行）》 | 规划》
 | | | | | | 规划》 | 建设的实施意 | |
 | | | | | | | 见》 | |

2020年
政策
要点
陆域生态
空间保护
区域

2021年
政策
要点
到2025年，
基本建成美丽
中国示范省份

《江苏省政府
关于印发
江苏省生
态空间管
控区域规
划的通知》

《江苏
省"十四
五"生态
环境保
护规划》

2022年
政策
要点
生态文明教育
是全社会的共
同责任

《江苏
省生态
文明教
育促进
办法》

2024年
政策
要点
美丽江苏建设
及其制度保障

《中共江苏
省委 江苏
省人民政府
关于全面推进
美丽江苏建
设的实施意见》

《江苏省生
态环境保
护条例》

图1 江苏生态文明建设发展历程

通过多方统筹、协调发展，在农业空间、城镇空间、生态空间和海洋空间等空间规划上取得显著成效。

从农业空间来看，江苏坚持以"长牙齿"的硬措施，落实最严格的耕地保护制度。2021~2023年，全省各级财政共投入280亿元，新建和改造提升高标准农田1117万亩。在永久基本农田内，建成高标准农田4280万亩，占比达到80%。截至2023年底，全省共设定5990.27万亩耕地保护面积的目标，划定2730.00万亩生态保护红线，以及5345.02万亩永久基本农田，超额完成国家分配的保护任务。秉持高质量、现代化的农业空间规划理念，江苏以数字赋能园区建设，为实现农业现代化铺路。截至2023年，江苏创建国家农业现代化示范区11个、省级农业现代化先行区12个，获批创建国家现代农业产业园16个，形成10亿元以上县域优势特色产业204个，建成智慧农业园区45个、数字农牧渔场97个。此外，江苏在宜居宜业和美乡村建设上也"昂首阔步"。创建国家乡村振兴示范县9个，省级乡村振兴示范镇42个、示范村348个，6个县60个镇673个村建成省级生态宜居美丽乡村。常态化实施村庄清洁行动，对1.4万个行政村开展专项整治，完成年度改厕67.8万户，创建全国乡村治理示范镇18个、示范村181个。

从城镇空间来看，截至2024年上半年，全省土地供应总量为20.10万亩，经营性用地为2.14万亩，占供应总量的10.65%；工矿仓储用地为7.69万亩，占供应总量的38.26%；公益性用地为10.27万亩，占供应总量的51.09%。全省批准立项并完成土地整理复垦开发项目612个，建设总规模达22.27万亩。

从生态空间来看，2019~2023年，江苏成功争取到32亿元的中央奖补资金，高效推进了长江沿线8个生态修复项目和28个全域整治示范项目，总计完成417.0万亩土地综合整治、256.5万亩造林绿化、13.5万亩矿山治理以及32.0万亩湿地修复，全面巩固了美丽江苏的自然生态基底。

从海洋空间来看，2023年8月江苏省自然资源厅印发了《江苏省自然资源厅关于进一步做好用地用海要素保障的通知》，出台4个方面16条政策措施，深入开展资源要素保障护航行动，批准用海4.37万亩，同比增长

19.1%，拉动投资约 461 亿元，重大项目用海实现应保尽保。所有围填海的历史遗留问题区域均获得自然资源部的批复备案，激活 15.63 万亩海域资源，为海洋经济的高质量发展注入动力。同时，持续推动海洋生态保护与修复，特别是在浒苔绿潮治理方面采取了切实有效的措施，成功控制浒苔绿潮的发展趋势。2023 年，江苏举办全球滨海论坛会议，包括世界自然保护联盟在内的 21 家机构成为全球滨海论坛的合作伙伴。

（二）向新向高向绿，擦亮高质量发展的生态底色

习近平总书记强调，绿色发展是高质量发展的底色，新质生产力本身就是绿色生产力。[①] 作为制造大省、工业大省，江苏牢牢抓住三个关键词，积极推进产业结构绿色转型，提高发展"含绿量"。

第一个关键词是"新"，即大力推进新型工业绿色转型。江苏坚持以制造强省建设为统领，加快推进新型工业化绿色转型，轻工、纺织、冶金、化工、建材、机械加工等是江苏传统优势产业，也是工业经济"压舱石"。自 2023 年以来，江苏把传统产业焕新作为推进新型工业化的重点方向之一，推进实施老旧更新、绿色制造、服务型制造等焕新项目 1255 个，总投资超 1400 亿元，创建国家级绿色供应链管理企业 34 家（累计建成 66 家）、绿色工业园区 13 个（累计建成 33 个）、绿色工厂 100 家（累计建成 349 家），数量均居全国第一。2023 年全省规模以上工业单位增加值能耗较 2012 年下降 50.7%，一般工业固废综合利用率稳定在 90% 以上。

第二个关键词是"高"，即奋力推进高端产业绿色转型。在农业领域，江苏瞄准生物科技赛道发力，成功破解"绿色密码"。以江苏国信协联生物科技有限公司为代表的企业积极与科研院所、院士团队合作，共同研制绿色生物肥料，在盐碱地上重建土壤微生物群，昔日"十年九不收"的盐碱地变成了如今的"生态粮仓"。据统计，该生物技术已在全国改良土壤面积超

---

① 《逐"绿"而行 向"新"而兴 因地制宜发展绿色生产力》，求是网，2024 年 6 月 27 日，http：//www.qstheory.cn/dukan/hqwg/2024-06/27/c_ 1130169284.htm。

过 1200 万亩。打造高碳高菌水产养殖模式,应用鱼塘超 45 万亩,平均亩产增收近千元,获得相关专利近百项。2023 年企业新型生物技术产品销售总量近 2 万吨,同比增长 160%。在工业领域,江苏将高端装备产业纳入全省"556"集群培育产业体系。全省聚焦新一代轨道交通、高端专用装备、智能机器人、智能成套系统、高端数控机床、增材制造等重点领域,推动数字化、智能化、网络化、高效能及高附加值的制造技术研究与发展,力图促进江苏从装备制造大省转型为装备制造强省。截至 2024 年上半年,全省工业机器人产量达 22.2 万套,同比增长 5.4%;服务机器人产量达 353.0 万套,同比增长 9.6%。

第三个关键词是"绿",即全力发展绿色能源。江苏得天独厚的地理和气候条件,为陆上风能、太阳能和生物能等绿色能源的发展奠定基础。截至 2023 年底,全省陆上风电并网装机容量达 1103 万千瓦。截至 2024 年 4 月底,新能源发电装机容量已超过 7000 万千瓦,占全省总发电装机容量的比例上升至 38.8%,有力支撑了全省能源结构转型和风电产业发展。江苏实施煤炭消费总量严格控制制度,大力支持自备燃煤机组实施清洁能源替代,全省燃煤机组装机容量占自备电厂总装机容量的比重已从 2021 年的 57.7% 下降至当前的 36.6%,能源利用效率得到有效提升。以电动载人汽车、锂电池、太阳能电池为代表的"新三样"正成为外贸增长的新动力。[①] 2023 年,江苏"新三样"产品出口额达到 1949 亿元,出口规模居全国首位,同比增长 12.3%,特别是电动载人汽车的出口额更是同比增长3.6 倍。

(三)构建江苏特色山水工程体系,生态环境质量大大改善

全面推进美丽江苏建设,离不开自然资源的保护和利用。近年来,江苏统筹推进山水林田湖草沙一体化保护和系统治理,全空间、全要素、全方位服务保障美丽江苏建设。

---

① 訾谦:《深蓝无垠 逐梦海洋》,《光明日报》2024 年 8 月 8 日。

全省共设定 2730 万亩陆海生态保护红线,以及 2205 万亩独特生态空间管控区,这些区域涵盖超过 50%的湿地生态系统和超过 60%的林地生态系统。持续推进绿色矿山建设,共建成绿色矿山 107 处。创新构建以国家山水工程为龙头、以省级山水示范工程为骨干、以市县级工程为补充的江苏特色山水工程体系。推进南水北调东线湖网地区国家山水工程建设,完成生态保护修复面积 69 万亩,有力保障"一江清水向北送";制定省级山水示范工程中长期实施方案,全面启动新一轮 9 个示范工程,提升长江、太湖、大运河和海岸带等重点区域生态系统质量。完成长江干流沿线矿山生态修复面积超 1.6 万亩,切实改善了沿江生态环境。深入推进太湖流域矿山国家示范工程,完成修复面积超 2 万亩。全面推进全域土地综合整治 20 个国家试点和 16 个省级示范工程,完成土地整治超 40 万亩。

得益于特色山水工程体系的构建,江苏生态环境质量大大改善。从空气质量来看(见图 2),截至 2024 年上半年,全省空气质量持续好转,$PM_{2.5}$ 平均浓度为 38 微克/米^3,同比上升 5.6%;优良天数平均比率为 76.5%,同比上升 1.7%;SO_2、PM_{10} 和 O_3 浓度同比分别下降 12.5%、4.8%和 2.9%,NO_2 浓度持平,CO 浓度同比上升 11.1%。从水环境来看(见图 3),全省地表水环境质量呈不断好转趋势,在 127 个县级及以上城市的集中饮用水源地中,水质达到或优于Ⅲ类的占比为 98.4%,与上年同期基本持平;在 210 个国考断面中,水质达到或优于Ⅲ类的占比为 94.3%,同比增加 2.4 个百分点;太湖湖体总体处于轻度富营养状态,流域内 206 个重点断面(点位)水质达到或优于Ⅲ类占比为 98.1%,同比上升 1.5 个百分点;淮河干流江苏段 3 个监测断面平均水质保持在Ⅲ类及以上水平,流域内主要河流、湖库监测断面总体水质为优,水质达到或优于Ⅲ类的占比为 96.3%,同比上升 1.0 个百分点,无劣Ⅴ类水质断面;长江干流江苏段总体水质为优,19 个监测断面水质均符合Ⅱ类标准,115 个长江干流江苏段主要支流断面总体水质为优,水质达到或优于Ⅲ类断面的占比为 100%,保持稳定。从生物多样性来看(见图 4),截至 2023 年,全省被发现的物种数已更新至 8842 种,对比 2022 年公布数据,共增加

1939 种，增长率达 28%。其中，陆生昆虫、陆生维管植物、陆生脊椎动物物种数增幅分别为 52%、40%、16%。国家重点保护物种有 176 种，中国生物多样性红色名录中受威胁物种有 132 种，江苏生物多样性保护成效显著。

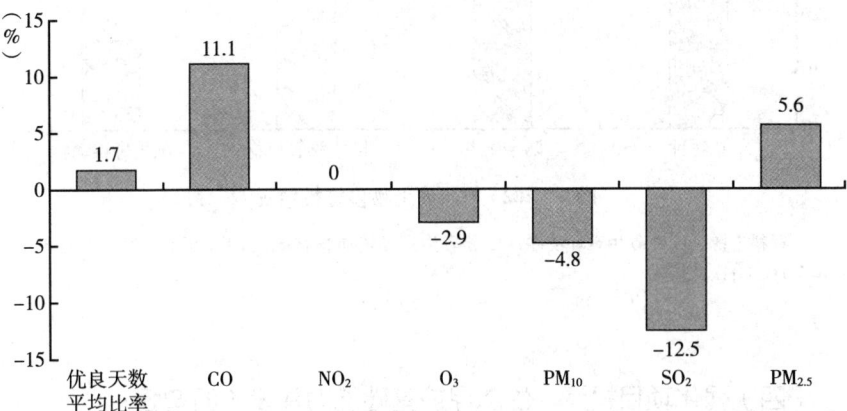

图 2　2024 年上半年江苏空气质量同比变化情况

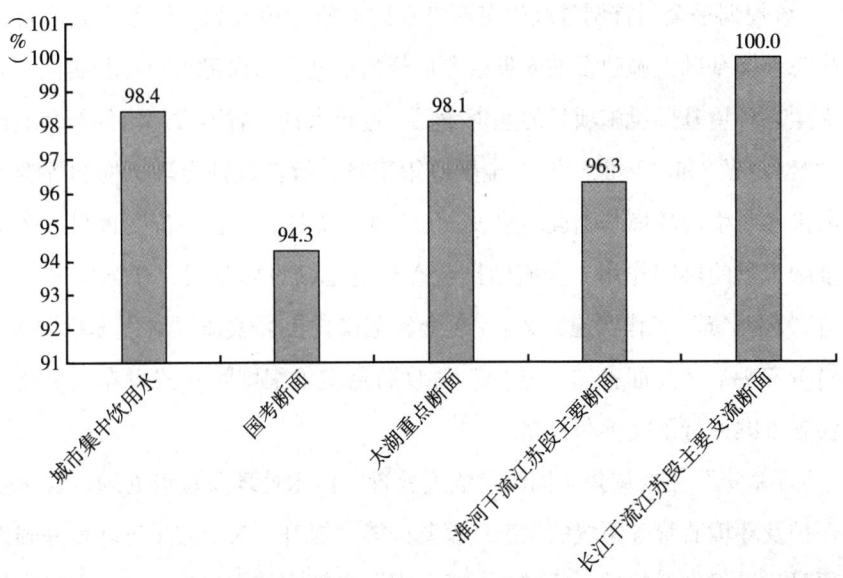

图 3　2024 年上半年江苏水质达到或优于Ⅲ类的占比

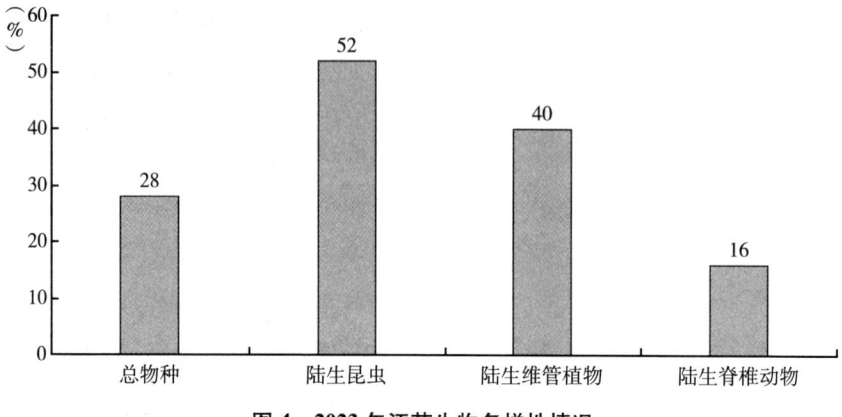

图4　2023年江苏生物多样性情况

资料来源：江苏省生态环境厅《江苏省生态环境质量状况（2024年上半年）》，2024年7月31日。

（四）强化项目投运，生态保护基础能力建设不断增强

2022年2月，江苏发布《江苏省"十四五"生态环境基础设施建设规划》。该规划是全国首例省级生态环境基础设施专项规划，江苏省政府首次将生态环境基础设施建设纳入省级专项规划范畴。为保障规划顺利实施，并扩大生态环境基础设施项目的融资途径，近年来江苏省财政部门创新性地推出"环保贷"和"环保担"等金融政策工具，旨在鼓励金融机构和社会资本积极参与生态环境基础设施建设。2023年12月，为进一步发挥财政政策及金融工具的协同作用，全面助推生态环境基础设施建设，江苏发布《江苏省"环基贷"工作实施方案》，在全省范围内创新实施"环基贷"政策。2024年7月，《江苏省"环基贷"财政贴息实施细则》正式发布，对此前的实施方案进行了完善和补充。

"环基贷"主要聚焦于固废及危废处置、污水处理及垃圾处理、自然生态保护及环境监管等领域的生态环境基础能力提升，为全省生态环境基础设施项目建设提供低门槛、低成本、长期限、大额度信贷支持，单个项目贷款金额原则上不低于3000万元，不设上限，贷款期限一般不超过30年，省财

政部门将对成功获得融资的"环基贷"项目，按其年度实际贷款金额的0.5%提供贴息支持，贴息时间不超过3年，贴息贷款总规模不超过500亿元。截至2024年6月，"环保贷"和"环保担"融资规模达373亿元，为企业节省融资成本3.5亿元。

在生态环境基础设施建设规划的指引和绿色金融的推动下，江苏加快建设生态环境基础设施，截至2023年底，推进618项重点工程项目，全省建成城镇污水处理厂886座，处理能力达2237万米^3/日，新增污水处理能力83万吨/日；建成城镇污水管网7.98万公里，新改建污水管网1872公里，县级以上城市污水处理厂出水全部执行一级A或更高标准，城市（县城）污水处理率达97.36%，建制镇实现污水处理设施全覆盖；生活垃圾处理设施总量达91座，日处理能力达10.07万吨，其中生活垃圾焚烧厂有64座，日处理能力达8.89万吨，原生垃圾基本实现"零填埋"。聚焦污水排放源头管控和收集管网等难点与薄弱环节，深入开展以"三消除""三整治""三提升"为主要内容，以达标区建设为重要抓手的城镇污水处理提质增效精准攻坚"333"行动，全省累计完成约3900平方公里的污水处理提质增效达标区建设任务，约占城市建成区面积的70%，城市污水处理厂进水BOD浓度较2020年提高6毫克/升。积极推进工业废水与生活污水分类收集、分质处理。稳步推进生活垃圾分类处理体系建设，全省开展生活垃圾分类小区达2.5万个，生活垃圾分类覆盖率超过95%。开展垃圾填埋场积存渗滤液处理攻坚，推动实施填埋场规范封场和生态修复工程，共消除积存垃圾渗滤液120万吨，完成17座垃圾填埋场封场和修复工程。全省共有9个城市获得"国家生态园林城市"称号，4个城市被评为"国家海绵城市建设示范城市"，获得这两项荣誉的城市数量均居全国之首。此外，累计有37个县（市、区）入选国家生态文明建设示范区，3个地区和园区成为国家首批碳达峰试点，同时还有10个地区被评为"绿水青山就是金山银山"实践创新基地。

（五）践行"双碳"目标，绿色低碳发展水平稳步提升

作为我国经济第二大省及全国重要的用能和碳排放大省，江苏在"双

碳"试点建设和践行绿色发展方面具有积极性和紧迫性。江苏勇担绿色低碳责任，稳妥有序推进各项工作，争当低碳路上的先行者。

一是不断健全碳达峰碳中和政策保障机制。2024年4月1日，江苏省教育厅研究制定《江苏省绿色低碳发展国民教育体系建设工作方案》，将绿色低碳发展融入国民教育体系各个层次。2024年4月16日，江苏省多部门联合印发《江苏省碳达峰碳中和试点建设方案》，组织并实施城市、园区和企业的碳达峰与碳中和试点项目。通过全省一盘棋，统筹部署、分类施策，积极完善碳达峰碳中和"1+1+N"政策体系，并研究分析欧盟碳关税等新型绿色贸易壁垒对江苏产生的影响，开展碳足迹认证、绿电溯源和产品数字护照研究，持续推动健全碳达峰碳中和政策体系。着力构建具有江苏特色的财政绿色金融政策体系，优化碳减排支持工具和"苏碳融"政银产品，加大对绿色企业和碳减排项目的金融支持力度，惠及项目500余个，直接推动减碳超1000万吨。此外，江苏还积极参与并做好全国碳排放权注册登记系统和交易系统联建工作，进行航空、化工、石化、有色、建材、钢铁、造纸、发电八大行业重点排放单位的年度碳排放报告编制、核查及复核工作。完成八大行业520家重点排放单位碳核查，发电行业碳配额盈余639.45万吨。截至2023年12月，江苏全省第二履约周期履约完成率分别达99.92%、99.99%。全省参与全国碳市场的履约企业数和履约率均居全国前列。

二是积极构建绿色制造体系。通过大力培育节能环保、资源循环利用、清洁能源等绿色低碳产业，加快构建绿色制造体系；通过培育电动汽车、光伏、锂电池、海上风电、节能环保等战略性新兴产业集群，绿色低碳转型成为高质量发展的强劲动能。截至2024年7月底，江苏新能源装机容量已超7800万千瓦，占全省总装机容量的比重超过40%。通过不断提升新建建筑节能降碳水平、持续推动既有建筑节能改造，积极优化建筑用能结构。截至2023年底，江苏节能建筑面积达26.8亿平方米，占城镇既有建筑总面积的66.8%，既有建筑节能改造面积超1亿平方米，新增可再生能源建筑应用面积达9.5亿平方米。通过持续推进城市公共服务车辆电气化替代，加快构建低碳现代化综合交通运输体系。截至2023年底，全省新增或更新的新能源公交车、出租车占比达 81.00%，船舶岸基供电设施泊位覆盖率达 98.30%，港口领域新能源与清洁能源消费占比达 72.22%。

三是强化低碳关键技术研发。2023 年，《绿色低碳先进技术示范工程实施方案》提出要实施绿色低碳先进技术示范工程。江苏通过利用省碳达峰碳中和科技创新专项资金，持续支持前沿基础、产业核心技术攻关、重大科技示范等项目。据统计，自 2021 年以来，江苏省碳达峰碳中和科技专项累计立项 193 项，省资助经费总额达 17.1 亿元。优选了一批绿色低碳先进技术示范工程，建立了江苏省绿色低碳先进技术项目储备库。2024 年，国家发展改革委发布《绿色低碳先进技术示范项目清单（第一批）》，共包含 47 个项目，江苏有 5 个项目入选，入选数量居全国首位。

二 江苏生态文明建设存在的问题

（一）污染防治能力有待提高

虽然江苏环境治理取得了较好成绩，但在污染物源头减量和末端治理上仍存在不足。部分污染物源头减量不足，部分重点行业大气污染物排放量未得到有效控制，农业面源污染控制仍有较大压力。污染治理的末端处置能力仍有待提高，污染治理的基础设施建设不足，村镇层面生活污水截污纳管后受污水处理能力限制，雨天溢流问题严重，建筑垃圾、污泥等固废处理能力有限，违规倾倒堆放现象严重。

（二）生态保护修复系统推进能力有待提高

江苏生态修复工作虽然取得了较好的成绩，但是在生态保护修复工作中存在工程思维重于系统思维、对生态系统复杂性估量不足的问题。如连云港蓝色海湾整治行动，实际上对水鸟栖息环境造成较大破坏。对生态环境保护修复重要性的社会认知仍有待提高，从生态环境损害案件来看，截至 2024 年 7 月，全省累计启动生态环境损害赔偿案件 8786 件，涉案总金额达 15.43

亿元，其中 2024 年新增生态环境损害赔偿案件 1356 件，涉案金额达
2801.89 万元。

（三）结构调整、绿色转型仍存压力

2022 年，江苏重工业企业数量占全省规模以上工业企业总数的比重超
过 65%；煤炭消费量占能源消费总量的 69.80%，远高于世界平均水平
（27.00%）；化学农药原药产量达 59.47 万吨，约占全国总量（249.70 万
吨）的 23.82%，位居全国第一；2023 年，公路、水路、铁路货运量占综合
货运量的比重分别为 56.50%、36.20%、2.58%。总体而言，江苏经济发展
中的结构性矛盾仍较为突出，"重化型"产业结构、"煤炭型"能源结构、
"公路货运型"运输结构等尚未得到根本改变，有关重点领域以及相关传统
产业绿色低碳转型进度较慢，如第二轮第三批江苏省生态环境保护例行督察
发现高污染高耗能的"两高"项目违规问题依然存在。结构偏重与调轻调
绿要求之间的矛盾依然突出，"双碳"工作推进力度有待加大，单位面积污
染物排放强度较高，化工产品平均能耗水平与国际先进水平相比仍有差距。

（四）生态文明建设的"软约束"有待加强

良好的生态环境是民之所愿，优质的生态产品是民之所需。新时代，人
民日益增长的美好生活需要内涵和外延在不断扩大，需要的层次不断提高、
需要的多样性不断丰富，对环境污染的容忍度不断下降。[①] 2024 年上半年，
全省生态环境系统受理生态环境信访举报投诉共计 28925 件次，从投诉的污
染类型看，反映大气污染、噪声污染的举报最多，分别占 45.6%、25.9%；
反映水污染和固废污染的举报分别占 10.6% 和 2.4%。根据江苏省污染防治
综合监管平台数据统计，2020~2022 年噪声污染投诉数量连续 3 年居环境投
诉首位，占比从 45.6% 上升至 48.3%。可见，环境信访不容忽视，新污染

---

① 李曦辉、弋生辉：《中国式生态文明现代化的成就与经验》，《北方民族大学学报》2023 年
第 2 期。

物引致的生态环境风险逐步显现，筛查监测及管控治理势在必行。

综上所述，江苏生态文明建设仍处于爬坡过坎、负重前行的关键阶段，生态环境结构性、根源性、趋势性压力尚未得到有效缓解，一些领域的突出问题亟待解决，生态环境质量有待持续改善，绿色低碳发展任重道远。2024年5月，《关于全面推进美丽江苏建设的实施意见》的出台为美丽江苏建设划定了"线路图"，明确了"任务书"，聚焦"五美"新风貌建设，江苏需在持续深化生态环保垂直管理制度改革、完善生态环境保护修复监管体系、发挥绿色发展对经济体制改革的牵引作用、建设现代化生态环境监测监控系统等方面"重拳出击"。

三　提升江苏生态文明建设水平的重点举措

（一）完善生态文明建设的责任体系

以生态文明建设为目标，明确相关政府部门的职责并建立问责机制，既是打好污染防治攻坚战的内在要求和有效抓手，也是推动国家治理体系和治理能力现代化的重要内容。

加强党对生态文明建设的全面领导，确保生态文明建设责任落到实处。[1] 健全生态文明建设党内法规，促进生态环境保护党内法规与国家法律相衔接，进一步促进党内法规与国家法律在治理目标、责任追究、范围调整、案件移送等方面的内在统一和协调一致。充分发挥生态环保督察的作用，压紧压实全面从严治党主体责任，持续强化督察队伍建设，高度重视生态环境督察问题整改，明确整改的目标、措施、时限和责任单位，提升环保督察效能。确保党政领导干部责任落实，强化环境保护"党政同责"和"一岗双责"，各级党委、政府对本地区生态环境和资源保护负总责，党委、

---

[1]　余敏江：《党领导生态文明建设"制度-效能"转化的政治逻辑》，《同济大学学报》（社会科学版）2023年第3期。

政府主要领导承担主要责任，其他有关成员在职责范围内承担相应责任，积极开展美丽江苏建设成效考核。

进一步健全生态环境管理责任体制机制，落实美丽江苏建设政治责任。继续写好环保"垂管"改革后半篇文章，构建全系统"一盘棋"工作格局，完善发现问题、交办整改问题、监督执法、督查问责流程，确保监管协同落到实处。在巩固原有改革成果的基础上，全面完成县级生态环境部门实行市级生态环境局为主、市县双重领导的管理体制，依法赋予县级生态环境部门独立的行政处罚和行政强制权等新的改革任务。强化基层干部队伍建设，推动人员编制力量向生态环境保护主业主责集聚，确保基层生态环境保护工作"有人做事"，夯实基层基础，进一步提升改革成效。

完善生态文明建设的管理规程和指标体系。做好新时代生态文明示范区创建工作，及时更新生态文明示范区管理规程和指标体系。自 2018 年以来，江苏已创建 6 批生态文明示范区。应借鉴浙江省生态文明示范区指标体系建设工作，根据近年来习近平总书记对生态文明建设工作做出的一系列重要批示指示精神，中共中央、国务院在生态文明建设领域的重大决策部署以及省委、省政府关于生态文明建设的新部署新要求等，与时俱进对省级示范区的管理规程和建设指标进行优化更新，制定要求高、准入严、管理细、分工明确的指标体系，激励各地持续提升建设质量。要不断细化生态文明建设的具体举措，发挥制度优势，形成部门合力，完善生态补偿机制、绿色发展财政奖补机制等。持续加强生态环境领域立法工作，进一步推动应对气候变化、生物多样性保护等立法工作，加强生态环境执法和司法保障工作，确保各项法律法规得到有效执行和遵守，同时加强生态环境政策的制定和实施工作，深入开展生态环境保护工作。

（二）统筹推进生态系统保护修复

江苏作为高强度开发省份，环境资源负荷重，对生态系统保护修复提出了更高要求。要不断创新生态保护修复模式，实施更加严格的生态空间管控，坚决守住生态"存量"；实施更加系统的生态保护修复，持续增强生态系统承载能力；实施更加精准的生物多样性保护，有力维系生态"血脉"。

强化生态系统保护修复，推进生态系统扩容。要严格制定国土空间规划，为生态系统保护修复留足时间和空间，以体检评估为基础，探索制定体检评估规章，建立生态修复适应性管理长效机制。要因地制宜开展国土空间绿化行动，充分挖掘造林空间，持续推进沿海生态造林工程，加大盐碱地造林力度，扩大生态廊道、林网覆盖范围，增绿护绿巩固生态优势。要始终坚持把修复长江生态环境摆在首要位置，推动长江水生态保护走在前；加快推进新一轮太湖综合治理，将太湖打造成全国湖泊治理标杆。要根据河湖交汇、长江岸线、综合湿地等不同类型湿地，结合地方特色，完善湿地修复方案，创新湿地修复技术，加强省内湿地保护修复。要深入推进净土保卫战，加快建构污染地块数据库与国土空间规划数据库，健全多部门联动监管机制，统筹推进水、大气、固废、土壤污染一体化防治，凝聚部门合力，实施全域土地综合整治与生态修复。要及时总结生态岛试验区建设经验，建立生态岛长效管理机制，高质量打造物种栖息地，丰富区域生物多样性，打造人与自然和谐共生的美丽江苏样板。要不断加强生态安全缓冲区建设，加大生态安全缓冲区管护力度，推进山水林田湖草一体化保护，筑牢生态安全屏障。

坚持惩罚与奖励并举，完善生态补偿方案。要完善生态补偿机制，加快建立湿地生态补偿机制，逐步实现重要湿地生态保护补偿全覆盖。制定不同主体之间生态补偿的协同机制，减少重复补偿，将有限的生态补偿金覆盖更多地区。继续深化生态环境损害赔偿制度改革，以四个"进一步"持续推进生态环境损害赔偿工作"走在前，做示范"，进一步加大案例实践力度，进一步规范鉴定评估行为，进一步加强典型示范引导，进一步寻求改革新突破。要不断丰富涉案环境要素，将以新污染物为代表的更多危害生态环境安全的要素纳入生态环境损害索赔范畴，加大对生态环境破坏的惩罚力度。坚持保护优先、修复为主的原则，探索更有效的替代性修复方式，积极推广补植复绿、增殖放流、劳务代偿、认购碳汇等替代性修复方式，不断创新损害生态环境行为人的修复责任承担方式，切实推进生态保护修复落到实处。深

化自然资源有偿使用制度改革，完善自然资源价格形成机制，推动生态综合补偿和横向生态保护补偿机制建设，利用市场机制调节不同区域间的生态环境利益关系。① 要加强生态环境保护正向引导，不断探索完善奖励、豁免和置换等生态环境保护的正向激励机制，不断树立增绿就是增优势、护林就是护财富的理念，激发企业生态保护修复内生动力。

守牢生态安全底线，提升生态安全风险防控能力。要不断完善生态安全工作协调机制，加强生态安全风险防控、研判评估、监测预警、应急应对和处置能力，制定生态安全风险防范标准体系。建构共同参与的多元化生态安全防范体系，引入社会力量，建立立体化的生态安全防范网络，打通基层应急响应和服务的"最后一公里"。完善环境应急资源保障体系，积极推动印染集聚区、重化型产业区等重点区域突发污染事件的环境风险防控体系建设。加强生物安全风险防控和治理体系建设，建立水、林业、农业等相关主管部门与海关部门联合检测、监管的协作机制，提高对观赏性植物、食用性生物等外来物种的警惕性，加强外来物种入侵的防范能力。搭建数字化生物样本库，加强对生物样本的实时监测。重视气候灾害，加强气候变化观测网络建设，不断完善监测手段和灾害性天气预警机制，提高气候灾害预警的精准性和覆盖率，增强气候灾害应急响应联动能力，提高公众对气候灾害的认知和反应能力。要加速建立以国家公园和自然保护区为核心、以自然公园为支撑的自然保护区系统，同时推进美丽城市与美丽乡村一体化建设，将生态环境保护融入经济社会发展全过程，② 积极维护生态系统稳定，守护生态安全底线。

（三）加快绿色发展方式转型升级

目前，我国经济社会发展已迈入注重绿色低碳的高品质发展阶段。江苏

---

① 郭钰等：《跨区域生态环境治理共同体：基本内涵、价值意蕴与建构基础》，《华北理工大学学报》（社会科学版）2024 年第 3 期。

② 马佳妮、叶超：《中国式现代化视野中的生态文明演进路径》，《河南大学学报》（社会科学版）2024 年第 6 期。

在"走在前、做示范"的责任使命下，要加快绿色生产方式和生活方式的培育和引导，描绘高质量发展的绿色底色，推动经济社会全面绿色转型发展。

持续推动工业结构调整，加快绿色转型。不断细化完善钢铁、化工、印染等重点行业污染物排放标准，加快研究制定新污染物排放和监测标准，持续推进重点行业全流程超低排放与提标改造。不断调整优化传统产业结构，加快传统产业转型升级，集中力量推动全省钢铁、石化、纺织等传统优势产业转型升级，推动传统制造业"智改数转网联"，推动大规模设备更新，助力企业进行技术改造、数据上云，提升传统产业"含绿量"，加快建设绿色制造体系，坚决遏制"两高一低"项目盲目发展。要"先立后破"，大力培育生态主导型企业，抢占战略性新兴产业和未来产业发展先机，加快推进信息通信、新能源汽车、新型数字产业、软件与信息服务、新型电力装备、高端纺织等先进制造业集群发展，奋力推动全省新型工业化"走在前、做示范"。持续加大财政投入力度，重点扶持新能源、绿色制造等关键领域技术研发和成果转化，大力发展绿色制造业，聚焦新质生产力发展要求，加快构建绿色现代化产业体系。开展生产性服务业的跨越性行动，重点围绕数字化和绿色化等领域，积极培养一批数字化解决方案、碳排放管理、能源消耗控制等新业态和新模式，促使产业从单纯的产品制造向提供产品、服务及全面解决方案的复合型模式转变。

大力推进绿色服务业和绿色农业发展。要加快研究制定生态环境服务业高质量发展行动方案，明确生态环境服务业发展目标、重点任务和保障措施，建立健全生态环境服务质量管理体系，以生态环境服务业高质量发展助推绿色发展。要积极推进环境污染第三方治理，积极推进环境医院、环保管家、环境顾问服务，开展县域、小城镇环境综合治理托管服务模式改革，积极探索建立政府主导、市场化方式运作的生态环境综合服务体系。鼓励开展绿色低碳认证、环境风险损害鉴定评估、生态环境法律综合服务等新业务，引导土壤修复、新污染物治理等生态服务领域发展，持续优化环境影响评价、环境监测、清洁生产审核等咨询服务。要加快建构绿色交通体系，推动

"公转水""公转铁"，完善港口码头岸电设施，推进船舶受电设施改造，推动形成以水路和铁路为主的大宗货物及集装箱中长距离运输格局。要大力发展生态农业，深入推进"肥药两制"改革，不断探索完善农作物病虫害绿色防控体系，因地制宜发展绿色种养循环农业，提高有机肥替代率，推动绿色优质农产品生产管理和生态环境保护。要大力推动畜禽粪污资源化利用，加快推广农作物秸秆综合利用技术，推进农业农村减排固碳，提高农业绿色发展水平。

引导公众养成绿色生活方式。应逐渐激发公众的绿色生活意识，在国民教育体系及干部教育培训中加入与节能减排和绿色生活方式相关的内容。要探索以儿童绿色教育倒逼成人绿色生活方式养成的教育机制，学校、企事业单位、社区等要紧抓全国节能宣传周、世界环境日等活动节点，加强对绿色生活的宣传，新闻媒体、社会组织等要加强对绿色生活的宣传和监督，要不断营造全社会共同参与绿色生活的良好氛围。要大力推进绿色消费行动，制定公众购买绿色产品和服务的奖励机制，以社区为单位组织开展循环集市等系列活动，促进家庭废旧物资循环利用，减少资源浪费。要不断引导居民绿色出行，完善公共交通体系，研究制定绿色出行激励机制和优惠政策。要加大对大规模消费品以旧换新的支持力度，各地方要因地制宜探索制定消费者购买绿色智能家电的补贴优惠政策，支持企业通过设置专区、价格优惠等方式开展家电以旧换新促销活动。要大力响应国家节能减排号召，加大节能减排的社区宣传力度，定期开展企事业单位节能减排检查。要严格执行绿色建筑节能标准，积极推进零碳社区建设，加强建筑用能智能化管理。要不断完善绿色生活的激励保障措施，有效引导公众践行绿色低碳生活理念。

（四）落实"双碳"行动

实现"双碳"目标是应对资源环境约束产生的突出问题、确保中华民族可持续发展的必要途径。江苏作为制造业第一大省，"双碳"目标任务艰巨，应秉持"走在前列"的高度自觉，先行示范，为推动美丽江苏、美丽中国建设提供更多有益探索。

　　不断完善双碳工作的标准体系，大力支持绿色低碳创新技术发展。加速建立健全"绿水青山就是金山银山"的体制机制，建立支持绿色低碳发展的财税、金融、投资、价格政策及标准体系。健全资源环境要素市场化配置体系，完善生态产品价值实现机制，推进生态综合补偿，健全横向生态保护补偿机制。构建碳达峰和碳中和的"1+N"政策框架，促进能源消耗双控措施逐渐过渡到碳排放双控。开展"双碳"标准化工作，在碳排放权交易、低碳产品认证、碳足迹等方面，建立统一的标准。要加强绿色低碳前沿技术研究、相关标准建设，打造覆盖全产业链的交流合作平台。制定碳达峰碳中和科技创新行动方案，加大省级财政支持力度，在太阳能、风力发电、氢燃料发电、绿色合成技术、可降解材料等领域，持续加快低碳技术成果的转化。进一步夯实绿色技术创新基础，聚焦可再生能源、资源循环利用、生态系统碳汇等重点领域，加快突破一批前沿技术，着力打造绿色低碳先进技术高地。加强低碳零碳负碳技术研发推广，推动重点城市、园区、企业开展碳达峰碳中和试点，打造一批零碳工厂、产业园区，推动更多绿色技术创新成果应用。推动"双碳"技术走出实验室，深化产业变革，为不断塑造高质量发展新动能、新优势提供有力支撑。要积极对接国际绿色经贸规则，探索建立省级产品碳足迹管理体系，稳步扩大制度型开放，持续推动绿色低碳国际交流合作，进一步加强光伏、新能源汽车、节能环保等领域投资贸易合作，深入拓展绿色发展新空间。

　　不断优化能源结构，大力发展清洁能源。要持续扩大清洁能源生产优势，积极推动集中式光伏电站有序建设，综合使用生态立体土地，推动光伏发电与农业、林业、畜牧业、副业和渔业协同发展；结合生态修复等要求，因地制宜利用垦区农场、采煤沉降区、沿海滩涂、养殖水面等空间资源，建设集中式光伏发电站。要加快推动分布式光伏电站建设，制定县（市、区）屋顶分布式光伏开发建设名单，制定农村连片进行光伏开发和应用的激励政策，充分挖掘全省工业园区、产业园区、公共机构等屋顶资源，系统推进分布式光伏集约化开发。要继续发挥江苏海上风电产业优势，促进关键核心技术攻关，推动海上风电产业强链补链延链，完善"蓝碳"发展顶层设计，

抢占"蓝碳"发展制高点，以更好地推动海上风电资源开发利用。要加大对清洁能源存储和输送技术研发的财政投入力度，积极推进新型储能、智能电网和特高压方面的能源重大项目布局，以挖掘省内电源侧调峰资源潜力，解决苏北新能源消纳压力大而苏南电力负荷不足的地域矛盾，促进能源体系整体提升。要把壮大"新型电力装备"和"新能源产业"作为优化能源结构、助力碳达峰的重点方向，关注储能、氢能等相关产业技术进步，加快培育新质生产力。严格控制非电行业用煤，构建清洁、低碳、安全、高效的新型能源体系。

加快完善绿电交易体系，积极参与碳排放权交易。要健全绿电交易、溯源认证体系，充分利用数字技术，推动绿证的国内国际互认，明确绿色价值交易和归属的唯一性。要统筹推进绿电市场和碳市场建设，厘清电、碳市场的交易界限，推动碳减排量互认抵扣，建立统一的核算平台，避免重复计算碳减排量。要积极建设"国际数碳谷"，按照"两平台一基地一市场"布局，构建全省碳足迹公共服务平台、绿色金融服务平台、碳达峰碳中和培训中心、碳交易平台，推动形成包括碳管理、碳认证、碳交易、碳金融和碳培训等在内的服务体系，为全省制造业企业提供碳计算、碳管理、碳减排、碳抵消、碳汇等绿色低碳发展的全链条服务。加强碳交易市场管理，积极投身全国绿色技术市场建设和交易，完善碳交易激励政策，如碳税和碳交易额度分配，以鼓励企业主动减少碳排放。推动碳信用交易，设立碳信用激励机制，奖励企业在减排方面积极履约。要严格监管碳市场数据质量，探索数字化监管路径，对发电企业和用电企业数据质量进行全链条监管，着力构建更加有效、更有活力、更具国际影响力的碳市场。要不断丰富绿色金融产品和加强服务体系建设，进一步发展碳金融，充分发挥碳市场的金融属性，完善碳资产的价值评估体系，细化碳市场相关管理办法，充分激发碳市场与碳金融的协同发展效应，利用市场机制调节企业碳排放行为，以促进社会的整体减排。

（五）完善环境污染防治和监管体制

随着污染防治攻坚不断深入推进，触及的问题层次更深、领域更广，要求全面准确落实精准、科学、依法治污，建立新污染物协同治理和环境风险防控机制，推进无废城市建设，不断提高污染治理和监管的现代化水平，以更高标准谋划和推进生态环境保护工作。

完善生态环境监管体系。构建以排污许可为核心的固定污染源监管工作常态化机制，加强对各类污染源的全面监管，持续开展水、气、土综合治理，加快研究部署新污染物协同治理机制和环境风险防控机制，实现对环境污染源的实时监控和预警，全面推行排污权有偿使用和交易，进一步推动排污总量管理改革。加大环境执法力度，强化排污许可证执法监管，推进非现场执法和免罚清单等多种方式，提高环境执法效率，同时建立跨部门、跨区域的环境治理协调机制，建立环境保护和生态修复监督、综合执法、公安、检察、审判等领域的信息共享机制、案情情况通报制度、案件移送程序，探索建立"恢复性司法实践+社会化综合治理"审判结果执行机制，多举措应对环境污染问题。推动企业切实履行生态环境保护责任，建立健全内部环境管理机制，确保各项环保措施得到有效执行。及时更新"双随机、一公开"环境监管事项清单，深入推进跨部门综合监管，完善各司其职、各负其责、相互配合、齐抓共管的协同监管机制，推动生态环境领域联合执法"线上""线下"监管一体化，实现事前事中事后全链条全领域监管。

强化生态环境社会治理体系。通过加强环境信息公开和公众参与机制建设，鼓励社会各界积极主动参与生态环境保护工作。尝试将环保设施开放工作写入美丽江苏建设的考核目标，并将其纳入市级环保局的目标责任制考核体系，以全面提升环保设施开放水平，打通基层环境社会治理"最后一公里"，营造全民参与环境治理的氛围，健全自我监督、社会监督、组织监督等一整套监督体系。拓展公众参与渠道，鼓励公众参与环境监督、环境宣传等活动，建立健全公众监督的快速响应机制，推广扬州市"生态环境马上办"平台建设经验，搭建全省生态环境监督举报一体化平台，扎实推进环境监管网格化。积极开展"绿色伙伴"计划，加快建立生态环境"社会观察员"制度，吸纳来自媒体、企业、科研院所和社区等不同领域、不同岗位的环保志愿者，参与生态环境保护和建设工作。深化环境信息依法披露制

度改革，构建环境信用监管体系，提升环境信息的透明度，保障公众的环境权益。构建以政府为主导的管理机制、以企业为主体的市场机制、以公众和环保组织为核心的社会参与机制，妥善处理生态环境治理中"运动员"与"裁判员"的关系。

持续提升生态环境治理能力现代化水平。实行"谁考核、谁监测"，不断完善生态环境监测技术体系，全面提高监测自动化、标准化、信息化水平，建立生态环境质量预警机制，确保监测数据"真、准、全"，形成生态环境数据一本台账、一张网格、一个窗口。加快建设陆地与海洋、地面与空间、各部门与基层相互配合、信息互通的生态环境监测体系，实现对环境质量、污染源头的全面监测。加大研发和应用先进的监测、预警、治理技术和装备的力度，不断提高生态环境治理的精准性和科学性，优化治理流程，提高治理效率，降低治理成本。强化生态环境科技成果转化和推广应用，持续推进生态环境科技帮扶行动，为生态环境保护提供强有力的科技支撑。

B.11

江苏为建设中华民族现代文明探索新经验的进展与展望

周树华　杨明辉　朱　珊*

摘　要： 2023年7月，习近平总书记明确江苏"在推进中国式现代化中走在前、做示范"的重大定位，赋予江苏"在建设中华民族现代文明上探索新经验"的重大任务。一年多以来，江苏坚持以习近平文化思想和习近平总书记对江苏工作重要讲话、重要指示批示精神为引领，认真贯彻落实全国宣传思想文化工作会议要求，部署实施加快推进社会主义文化强省建设行动，推动思想引领走深走实，展现"水韵江苏"无限魅力，焕发地域文明时代光彩，壮大文化事业与文化产业，加强文艺作品创作和人才培养，增强文化的传播力和影响力，在新的起点上不断探索建设中华民族现代文明的新经验，并取得了一系列重要的阶段性成果。展望未来，江苏将按照党的二十大和二十届三中全会关于深化文化体制机制改革的重大部署，聚焦社会主义文化强省建设，持续在健全意识形态工作责任制、传承发扬江苏地域文明、优化城乡公共文化服务、深入推进文旅高质量发展、大力培育文化产业新质生产力、全面激发文化创新创造活力、完善网络综合治理体系、深化文明交流互鉴等方面展开积极探索，努力在建设中华民族现代文明中做出更大贡献。

关键词： 中华民族现代文明　文化强省　江苏省

---

* 周树华，江苏省社会科学院图书馆六级职员，主要研究方向为社会学理论、社会政策与实践；杨明辉，江苏省社会科学院哲学与文化研究所助理研究员，主要研究方向为中国传统文化；朱珊，江苏省社会科学院研究员，主要研究方向为科技哲学、文化学。

江苏是中华文明的重要发源地，古往今来的江苏人在这片热土上耕耘奋斗，积累了丰厚的文明成果，创造了灿烂的多元文化。2023 年 7 月习近平总书记在江苏考察时，明确江苏"在推进中国式现代化中走在前、做示范"的重大定位，赋予江苏"在建设中华民族现代文明上探索新经验"的重大任务。面对新形势新任务，江苏坚持以习近平文化思想和习近平总书记对江苏工作重要讲话、重要指示批示精神为引领，贯彻落实全国宣传思想文化工作会议要求，及时印发《加快推进社会主义文化强省建设行动方案》，在思想引领、地域文明、"水韵江苏"、文化事业产业、文艺作品、文化人才和文化传播力影响力等方面创新实践，努力为建设中华民族现代文明积累新经验、发挥新成效、做出新贡献。2024 年 10 月 28 日，习近平总书记在中共中央政治局第十七次集体学习时提出，要锚定 2035 年建成文化强国的战略目标，坚持马克思主义这一根本指导思想，植根博大精深的中华文明，顺应信息技术发展潮流，不断发展具有强大思想引领力、精神凝聚力、价值感召力、国际影响力的新时代中国特色社会主义文化。江苏在探索和积累中华民族现代文明建设经验中取得的阶段性成果，为建设社会主义文化强国打下坚实基础。

一　江苏在探索和积累现代文明建设经验过程中取得的阶段性成果

（一）思想引领走深走实

中华民族现代文明是有中国特色的社会主义文明，必须强化中国共产党的领导和主阵地意识，统一思想并团结各方面力量。江苏坚持以习近平文化思想为引领，深入学习习近平总书记对江苏工作重要讲话精神，坚持不懈在理论宣传、文明风尚、精神文明和革命文化等方面巩固团结奋斗的共同思想基础，为"强富美高"新江苏建设和加快推进文化强省建设提供强大精神动力。

1. 理论宣传教育不断深化

江苏结合巩固拓展学习贯彻习近平新时代中国特色社会主义思想主题教育成果，深入推进党史学习教育常态化、长效化，建立健全"第一议题"和理论学习等制度，抓实抓好各级党委（党组）领导班子和广大党员经常性学习教育，通过组织基层党员轮训、开展理论宣讲等形式，进一步扩大理论宣传教育的覆盖面。大力推动党的创新理论深入基层、深入群众、深入人心，持续办好"马克思主义·青年说"等系列活动，实施"百姓名嘴"培育工程，开展"劳模工匠进校园、思政教师进企业"活动。2023 年 9 月，江苏省干部理论教育讲师团联合新江苏传媒（中国江苏网）创新推出江苏省理论宣讲共建共享平台，聚焦习近平新时代中国特色社会主义思想宣传阐释，打造多个专题系列课程和现象级精品栏目，一年来共举办在线专题宣讲 35 场，收看人次累计超 4100 万人次，有效推动党的创新理论宣传大众化、常态化、实效化。全省上下严格落实意识形态工作责任制，切实守好主阵地、把握主动权，有效防范和妥善化解各类意识形态风险。

2. 现代文明风尚广为传颂

深入践行社会主义核心价值观，全面推进爱国主义和社会公德、职业道德、家庭美德、个人品德教育，建成全国爱国主义教育示范基地 32 家、省级爱国主义教育基地 213 家、道德讲堂 4 万多个。作为新时代文明实践中心建设全国首批试点，江苏依托 2.2 万个覆盖全省的新时代文明实践中心（所、站）和 3.8 万个文明实践站点（基地），进一步凝聚群众、引导群众、服务群众，创新开展"点亮星夜""温暖秋冬"和义诊、理发、手机课堂等文明实践活动，将文明实践中心（所、站）和文明实践站点（基地）打造成人民群众身边的"温馨港湾"。注重发挥先锋模范的示范引领作用，大力培育弘扬先进典型，近年来全省获得国家勋章、国家荣誉称号和获评全国"时代楷模"、全国道德模范、全国"最美人物"、"中国好人"等先锋模范不断涌现，先进典型群体的示范感召作用日益增强。

3. 精神文明创建成效突出

在文明城市的创建工作中，江苏一直走在全国前列，共有 12 个设区市

和 16 个县（市）创建全国文明城市，总数和占比均排名全国第一。"张家港经验""马庄经验"等文明城市创建和农村精神文明创建典型，为全国精神文明创建提供了示范和经验。江苏着力推动完善志愿服务制度和工作体系。2024 年 9 月，江苏印发了《江苏省健全新时代志愿服务体系的若干措施》，持续推动志愿服务组织动员、服务供给、阵地建设等方面的工作，目前全省注册志愿者占城镇人口的比例已达 25.82%。积极打造精神文明建设新样本、新示范，全省持续开展选树书香城市建设示范市（县、区）和公共图书馆评比活动，进一步提高全省居民综合阅读率，打造江苏精神文明建设的特色品牌。

（二）地域文明绽放光彩

中华民族现代文明是以优秀传统文化为底色的社会主义文明，江苏作为中华文明的主要发源地之一，文脉绵延悠长，文化底蕴深厚。为进一步明确江苏地域文明在多元一体中华文明发展进程中的定位，江苏有力推进地域文明探源工程和文脉整理研究与传播工程，为重要文化遗迹和文物古籍赋予新的时代色彩，让历史遗存和文化典籍更好地讲述发生在江苏大地上的故事。

1. 地域文明探源成果丰硕

江苏地域文明探源工程自 2022 年正式启动，围绕 9 大课题开展了 40 余项专项调查和考古发掘项目，一批重要项目取得突破性进展。2024 年 3 月，江苏发布淮安新路遗址、盐城盐业考古、南京江宁华西村战国至六朝墓地、南京西街遗址、常州寺墩遗址、溧阳古县遗址 6 个地域文明探源重要进展，其中盐城盐业考古、淮安新路遗址两项重要成果入选"考古中国"重大项目成果；常州寺墩、张家港东山村、无锡天墩等遗址发掘揭示了太湖地区史前社会复杂化进程；连云港尤庄等遗址发现的商周时期盐业遗迹填补了黄海沿岸早期制盐遗存的空白；同时还确认兴化草堰港遗址、溧阳鲍家遗址为江淮东部地区和环太湖地区已知时代最早的遗址。这些考古阶段性成果对延伸江苏区域历史轴线、丰富江苏地域文化内涵、完善江苏地域文化谱系具有重要价值。

2. 文脉整理研究深入推进

截至 2024 年 9 月，江苏文脉整理研究与传播工程已开展 8 年，取得了重要的阶段性成果，推出《江苏文库》，出版成果近 1300 册。《江苏文库》数字化工作同步推进，将上千册历代经典著作推上"云端"，不仅拓宽了阅读受众群体，也有利于该成果更好地保存传承。扎实做好江苏文物普查工作，自 2023 年 8 月第四次全国文物普查启动以来，江苏基层文物工作者树立"摸清文物家底，守护历史记忆"的理念，深入田间地头，发掘历史印记。截至 2024 年 9 月，全省 118 个县级普查单元全部启动实地调查，共复查"三普"文物点 2395 处，新发现文物点 305 处，为打造江苏文化标识体系做出了积极贡献。

3. 革命文化资源升级保护

江苏具有悠久的革命传统，是重大历史事件发生地、重要革命人物活动地、重点机构文物保存地。目前，全省共有 1183 处重要历史事件、重要机构旧址，重要人物活动纪念地，重要领导人故居和烈士墓；71 个全国革命文物保护利用片区；39 家备案革命专题博物馆和纪念馆，87696 件（套）国有馆藏革命文物。江苏积极推动地方立法，2024 年 3 月正式公布《江苏省红色资源保护利用条例》，为更好地弘扬革命文化提供制度保障。全省各地围绕用好红色资源、赓续红色血脉，立足实际不断探索创新。例如，盐城通过以烈士名字命名镇村、加强新四军纪念馆建设等形式，打造红色遗址遗存地标体系；徐州的淮海战役纪念馆顺利完成全面改造并对外开放，新增抢救性采访亲历者 700 多人，整理口述史料 400 多万字，接待观众人次大幅增加。

4. 地域文化品牌做大做强

江苏注重加强对省内多元地域特色文化的研究阐释，积极推动各地结合实际打造地域文化品牌。南京打响"世界文学之都"品牌，做大南京市文学之都促进会，吸收全市图书馆、高校文学院、文旅景点、文学空间、阅读组织及相关文化企事业单位会员 225 家，整合空间资源，挂牌"世界文学之都地标网络" 2000 余处，每年开展"从六朝古都到文学之都"系列人文

讲坛、"文都青少年研学夏令营"等相关文学活动近千场，推动《南京市世界文学之都发展促进若干规定》列入南京市 2024 年立法计划。苏州以联合国教科文组织授予其"手工艺与民间艺术之都"称号十周年为契机，开展了一系列文化推广展示活动。扬州和淮安深挖"世界美食之都"品牌价值，充分发挥淮扬美食媒介作用，推动品牌优势转化为经济效益。各地坚持挖掘地理标志背后的民俗文化，推动"地理标志+民俗文化"融合发展。2024 年初"苏地优品"江苏省地理标志民俗文化专场活动在南京举办，有力强化公众对地理标志文化的认识和保护。全省现有非遗资源项目 2.9 万个，其中联合国教科文组织非物质文化遗产名录（名册）项目有 11 个、国家级非遗项目有 162 个。

（三）"水韵江苏"魅力无限

中华民族现代文明是从壮丽的山河和秀美的自然风光中涵养出来的，所以建设中华民族现代文明必须建立在对祖国大好河山热爱的基础之上。江苏有近 300 个湖泊，大小河道 2900 多条，自西向东的长江、分隔南北的淮河、千古幽情的大运河、桨声灯影里的秦淮河，共同织就充满生机的平原水网，也彰显了"水韵江苏"的独特魅力。2024 年，江苏持续深入推进长江国家文化公园建设、大运河文化带建设、文化旅游融合发展和旅游文化场馆建设，着力推动历史悠久的"水韵江苏"文化焕发时代新光彩。2024 年 7 月，江苏省文化和旅游厅公布 65 个全省重点文旅产业项目，其中竣工项目 8 个、太湖苏州湾度假乐园等在建项目 35 个、新沂窑湾运河文化保护利用工程等新开工项目 16 个，以及储备项目 6 个。

1. 长江国家文化公园江苏段建设扎实推进

江苏高质量编制《长江国家文化公园江苏段建设保护规划》《江苏省长江文化价值阐释弘扬规划》《江苏省长江非物质文化遗产保护传承利用规划》《江苏省长江文物保护利用规划》"1+3"规划，推动形成"一主八支四片"长江国家文化公园江苏段建设总体布局，加快建设南京长江文化博物馆，组织开展长江文化节等品牌活动，进一步做大做强长江文化品牌。

2024 年初，江苏省和南京市联合举办"何以长江——长江文化数字大展"，以数字化的创新方式展现长江文化内涵，讲述新时代长江故事，其中短视频平台"带你打卡长江文化数字大展"话题阅读量超 2000 万，微博"何以长江"话题阅读量超 1600 万。2024 年，南京出版社出版《长江档案》，涵盖长江流域地质地貌、水文气象、水利工程、水电开发等历史信息，为传承和弘扬长江文化留存了翔实的历史资料。长江文化保护传承弘扬工作推进会于2024 年 6 月在南京隆重召开。

2. 大运河文化带建设成效突出

2024 年是中国大运河成功申遗 10 周年，江苏大力推进大运河文化带和国家文化公园建设，做好江苏大运河文化保护传承利用规划设计和全国首部相关地方性法规制定工作，取得了丰硕的阶段性成果。江苏各地结合实际，因地制宜打造具有地方特色的运河文化标识，扩大运河文化品牌影响力。苏州"运河十景"、淮安"大运河百里画廊"、徐州窑湾古镇、宿迁皂河龙运城成为运河沿线知名特色景点。特别是建成开放 3 年的扬州中国大运河博物馆，已成为展示运河沿线文化的新名片。截至 2024 年 8 月，该馆在线上线下共推出 50场精品展览，累计接待线下观众 1000 万人次、线上观众 5.5 亿人次。2024 年9 月 5 日，大运河文化发展论坛在扬州举行，分论坛"大运河文化的传承与发展"由江苏省社会科学院大运河文化带建设研究院承办。9 月 12 日，苏州又举办了第六届大运河文化旅游博览会和多场次主题展览，受到广泛关注。

3. 文旅融合发展亮点纷呈

江苏因地制宜整合文旅资源，推动文旅融合发展，聚焦加快建设世界重要旅游目的地，对世界级运河文化遗产和滨海生态旅游廊道、扬子江城市休闲和陆桥东部丝路旅游带、沿太湖和洪泽湖生态文化旅游区建设等做出整体规划设计，出台具体实施方案。全省文化旅游业呈现迅猛发展态势，2023年全省文旅消费总额达 5366 亿元；2024 年上半年，全省文旅消费总额达3126.64 亿元。江苏制定出台促进文旅市场加快全面复苏的"江苏文旅十五条"，13 个设区市联合推出"水韵江苏"文旅消费促进、线路产品推广、品牌形象提升三大系列 22 项主题活动，打造"姑苏八点半"、"龙城夜未

央"、"国潮汉风·夜彭城"、"凤城河夜泰美"、无锡"今夜'梁'宵"等一批夜经济品牌。截至2024年8月，全省文化和旅游市场经营主体共33321家，同比增长1.8%，纳入监测的旅游景区、省级以上乡村旅游重点村和夜间文旅消费集聚区、博物馆共计接待游客6.84亿人次，游客消费2800.6亿元，同比分别增长19.5%和17.0%。同时，江苏通过"水韵江苏"全球传播中心、"3D云游·水韵江苏"线上平台等载体，大力宣传推广江苏文化旅游品牌。江苏省文化和旅游厅近日印发《2024年文化和旅游领域"放管服"改革优化营商环境工作要点》，提出4个方面25项具体工作，增强文旅新质生产力，打造一流文旅消费市场和公平公正营商环境。

4. 演艺经济异常火爆

近年来，江苏积极利用人均消费水平高、居民文化需求大和交通较为便利等方面的优势，大力发展演出经济，2024年省内各大城市商业演出场次较前两年均有大幅提升。2024年上半年，全省共举办演出1.5万场，其中南京举办演出5522场，同比增长20.6%。2024年下半年，南京还举办了多场大型演唱会，以及长江潮音乐节、咪豆音乐节等大型音乐节，预计全市全年票房收入将超过11亿元，演出市场繁荣程度居全国前列。同时，演出市场还带动了餐饮、住宿、旅游等相关产业的发展。据专业机构测算，演出票房收入与餐饮、住宿、旅游等其他消费收入的比值为1:7~1:8，预计2024年南京演出经济将达到70亿元以上，再创历史新高。以南京青奥体育公园为例，2024年已经确定大型文化演出项目32个、活动日50个，预计全年累计接待观演人次超过75万人次，新增客房需求100余万间，拉动"吃、住、行、游、购、娱"等综合消费超35亿元。苏州、常州等地出台政策支持文体旅联动和文商旅融合发展，吸引更多知名艺人来本地演出，并出台多种形式的奖励政策和补贴措施，有力推动当地演出经济蓬勃发展。另外，江苏"五一"档电影票房达1.52亿元，观影人次达380.97万人次，票房、观影人次在全国的占比均超10%，仅次于广东，位居全国第二。暑期档票房超11.2亿元，观影人次超2815万人次，均位居全国第二。苏州、南京、无锡分列江苏城市票房前三，全省13个设区市全部进入全国城市票房排名前70位。

（四）文化事业与文化产业繁荣发展

中华民族现代文明的发展壮大离不开文化事业和文化产业的支撑。近年来，江苏高质量建设社会主义文化强省，大力推动文化事业和文化产业繁荣发展，公共文化供给水平持续提升，在全国率先建成五级公共文化设施网络体系，现代文化产业体系不断完善，培育出一批文化行业龙头企业和细分领域骨干企业，有效满足了人民群众新时代日益增长的文化需求。

1. 公共文化服务体系不断健全

江苏城乡公共文化服务体系已基本建成，基层综合性文化服务中心已实现全覆盖，一批重点文化设施建成并投入使用。截至 2024 年 11 月，全省（社区）综合文化服务中心超 20000 个，乡镇（街道）文化站超 1200 个，打造最美公共文化空间 606 个。为满足群众身边的文化需求，全省建立优质文化资源直达基层机制，创新开展"家门口看大展""家门口赏好戏""家门口享非遗"三大"家门口"活动，切实推动全省优质文化资源均衡可及，融入群众日常生活。2024 年，江苏省文化和旅游厅在全省 718 个乡镇"送戏下乡"4308 场，由以前的经济欠发达地区扩大到全省所有乡镇，实现每个乡镇不少于 6 场，鼓励有条件的地区实现"村村到"。全省 114 家公共图书馆被评为全国一级图书馆。2023 年居民综合阅读率再创历史新高，达到90.34%，高出全国平均水平 8.53 个百分点。2024 年江苏举办全民阅读主题宣传活动，开展主题阅读、重点群体阅读、分类阅读推广等 139 项重点活动，在全省培育 5776 个社会阅读组织、1 万多名全民阅读推广人和 300 多个全民阅读志愿服务站，努力营造爱读书、读好书、善读书的浓厚氛围。

2. 文化场馆建设积极推进

江苏文化资源丰富，文化场馆众多，是展现江苏地域文明的重要载体。截至 2024 年 11 月，江苏共有备案博物馆 362 家，在 2024 年第五批全国博物馆定级评估中，扬州中国大运河博物馆等 13 家单位晋级国家一级博物馆，泰州市博物馆、宿迁市博物馆等 43 家单位晋级国家二级、三级博物馆，晋级总数和国家一级博物馆数量均位居全国第二。江苏省博物馆有 3 个展览入围全国

博物馆十大陈列展览精品推介，5个展览获得全国2023年度"弘扬中华优秀传统文化、培育社会主义核心价值观"主题展览推介，5个教育活动获得2023年全球世界遗产教育创新案例奖，1家博物馆获得2023年"全国最具创新力博物馆"。为进一步提高省内博物馆的公共效益，2024年9月江苏省文化和旅游厅出台《推动省直博物馆高水平开放高质量发展若干政策措施》，明确提出相关博物馆延长开放时间，打造多元化夜间文旅消费场景。省内各大博物馆结合重点节日和地方风俗推出丰富多彩的主题活动和互动体验，同时积极推动数字化赋能，在全国率先建设"云上博物——江苏省数字博物馆"，推出南京博物院"物华天宝数字文物魔方"、南京大报恩寺遗址博物馆"全真互联"、苏州丝绸博物馆"丝绸纹样数据采集与应用"等数字技术和人工智能应用场景，为参观者带来虚实交互、穿越时空的全新体验。2024年国庆期间，全省备案博物馆共接待观众超过600万人次，日均同比增长37.6%。

3. 文化产业规模持续扩大

江苏持续深化文化体制改革，着力提升文化产业竞争力，深入开展空间布局优化、市场主体壮大、文化科技创新、"文化+"融合发展、文化金融合作等行动，推动文化领域技术革新、要素创新配置、产业转型升级，加快培育文化产业领域新质生产力，全省文化产业规模不断扩大、质效持续提升。2024年上半年，江苏文化产业融资金额排全国第一位；国家级文化产业示范基地不断壮大，2024年南京市文化投资控股集团有限责任公司等14家企业被确定为新一批国家级文化产业示范基地，恐龙园文化旅游集团股份有限公司等8家企业通过复核。文化强企展现实力，江苏凤凰出版传媒集团有限公司、江苏省广电有线信息网络股份有限公司、新华报业传媒集团有限公司、江苏原力数字科技股份有限公司等企业分别入选"2024全国文化企业30强"和"2024全国成长性文化企业30强"。

4. 文化新业态新模式不断涌现

近年来，新技术的发展和新要素的链接，在江苏催生了新的文化业态和文化模式。新华报业传媒集团有限公司、江苏广播电视总台集团等省内文化行业龙头企业应用大模型、生成式人工智能等先进技术推动数智化建设与媒体融合发展，生成一批高质量融媒生态产品。江苏省文化产权交易所承建和运营的国家文化大数据华东区域交易平台于 2023 年 11 月正式上线，平台培育发展数字文化领域新质生产力，推进文化大数据体系建设。截至 2024 年 6 月，该平台已与 30 多家基地和企业建立合作关系，交易金额超 100 万元。部分企业以数字技术赋能传统文化，如江苏原力数字科技股份有限公司为好莱坞梦工厂动画《驯龙高手》、华语电影《捉妖记》制作部分 CG 动画。2023 年，南京红山动物园文创产品的开发及销售呈现爆发式增长，从线上商城到线下门店、摊车、自助文创机等，文创年销售额从 2020 年的几十万元攀升至 2023 年的 2000 万元，"红山文创"在全网掀起热议。苏州丝绸博物馆申报的"丝绸纹样数据采集与应用推动文化机构数字化转型升级"入选文化和旅游数字化创新示范十佳案例，"丝绸纹样数字化标准及数据库建设"入选国家文化和旅游科技创新研发项目，"丝绸纹样数字化创新应用"被列为首批长三角人文经济典型案例和首批江苏人文经济入库案例。苏州丝绸博物馆累计完成馆藏 222 件/套文物和 2212 件丝绸样本高清数字采集，数据容量达 3.75TB，把数据资源成功转化为数字资产。

（五）文艺作品和文化人才百花齐放

中华民族现代文明的载体需要优秀的、能反映当代现实的作品，同时需要优秀文化继承者和传承人。江苏聚焦文化强省建设目标，围绕突出时代特征、中国特色、江苏特质，组织全省文艺创作单位和文艺家，创作推出了一批优秀文艺作品，举办开展了一批品牌文艺活动，发掘培育了一批青年文艺人才，继续打造"江苏出品"和文化苏军的品牌形象。

1. 文艺精品竞相涌现

近年来，全省围绕重大时间节点和重要题材项目组织开展创作，涌现了一批富有文化内涵和地方特质的舞台剧、戏剧、影视、文学精品。2023 年全省共有 8 部作品在全国重要文艺奖项评选中获奖，其中民族舞剧《红楼梦》获第十三届中国舞蹈"荷花奖"舞剧奖；刺绣《法海寺造像》系列获第十六届中国民间文艺山花奖·优秀民间工艺美术作品；电影《守岛人》

获第十九届中国电影华表奖优秀故事片奖。全省35部作品在国内外重要平台播出，数量及影响力同比大幅提升。积极探索文学与影视融合发展的新方法新路径，大力推动文学创作与影视转化深层次结合，每年开展"江苏优秀文学作品戏剧影视转化年度推荐榜单"评选活动。截至2023年底，全省共评选30部具有戏剧影视转化潜力的优秀文学作品。

2. 文化苏军发展壮大

江苏深入推进文化人才高质量发展，扎实推进"紫金文化人才工程"，推出更多"紫金文化名家""紫金文化英才""紫金文化优青"，持续壮大高素质文化人才队伍。2024年江苏实施新一轮文艺人才培养名家引领计划、名师带徒计划；开展紫金文化名家展览、展演、研讨活动；组织学徒采访采风、展示展演、开办读书班、年度等级评定等活动；继续制播"名师带徒"百集系列纪录片《艺江南》；启动新时代江苏"文学苏军"影响力提升行动；文化苏军队伍不断壮大、薪火相传。截至2023年底，全国文化名家暨"四个一批"人才中有74人来自江苏，入选人数在全国排名靠前。

3. 平台载体拓展创新

2024年，江苏持续拓展创新展示文艺成果品牌、平台和阵地，承办第二届全国小剧场戏剧优秀剧目展演、第十三届中国曲艺"牡丹奖"颁奖暨惠民演出、戏曲百戏（昆山）盛典、中国百家金陵画展（中国画）、第九届中国昆剧艺术节、中国江苏二胡之乡民族音乐盛典暨2024中国音乐"小金钟"全国二胡展演等多项全国性的展览展演和文艺活动。继续举办2024紫金文化艺术节、第五届紫金京昆艺术群英会等"紫金"文化品牌活动和第七届中国当代文学扬子江论坛、第七届扬子江诗会等"扬子江"文学品牌活动。组织开展2024江苏中秋戏曲晚会、南京森林音乐会、2024江苏戏曲名作高校巡演、大学生戏剧展演等活动，这些展演活动和文化论坛已成为展示江苏优秀文艺成果、选拔优秀文艺人才的重要载体。

（六）江苏故事深入人心

建设中华民族现代文明的过程，既是对传统文化传承扬弃的过程，又是对外来优秀文化兼收并蓄的过程。讲好自身故事，深化文化交流，既彰显了互动沟通的真诚友好，又体现了对外宣传的文化自信。因此，用心用情讲好发生在江苏大地上的中国故事，弘扬主旋律、营造好氛围是近年来江苏对外宣传和交流中的重头戏。江苏通过创新文化传播媒介、推动优秀的传统文化"走出去"、开展对话交流等方式，更好地向人民群众和世界各国展示团结奋进、开放友好、合作共赢的新时代江苏形象。

1. 创新文化传播渠道

江苏创新搭建文化传播平台，组织开展 2024 年江苏省网上重大主题宣传和重大议题设置发布暨"一江清水万重山"网络主题采访启动活动，强化跨境传播，讲好中国故事，用心用情谱写网上传播生动篇章。持续放大南京大学和江苏省外事办对外话语创新研究基地建设成果，2023 年 11 月成立江苏高校国际传播能力建设联盟，省内 13 所高校联合发布《江苏高校加强国际传播能力建设倡议》，动员高校共同向世界讲好发生在江苏大地的中国故事。积极参与构建中国话语和中国叙事体系。江苏 Now 国际传播中心坚持整合省内国际传播优质资源，推动构建国际传播矩阵。2024 年初，江苏以春节（农历新年）首次被列入联合国假日为契机，特别策划推出《过春节 It's Our Spring Festival》融媒项目，引发海外民众的广泛共鸣，彰显江苏作为中华文化一部分的影响力和感召力。江苏各地大力推进海外社交媒体账号矩阵建设，在 2024 年中国城市海外社交媒体传播力指数排名中，南京位列第一，常州和苏州分别位列第七和第八。2023 年 7 月，成立我苏国际传播中心，以"Jiangsu + You"国际传播核心品牌为支点，打造七语种海外融媒矩阵，向全球推出《中国智慧中国行》国际版和中美、中英、中希合拍的多部主题纪录片等精品佳作。

2. 提升对外传播效能

江苏围绕文化精品项目创造、对外文化交流基地建设和海外巡演与文化活动组织等，持续深化对外文化交流，有力提升对外文化传播效能。以举办和平文化主题海外传播等活动为载体，深入推动中华文化海外传播。2024 年 5 月，大运河主题旅游海外推广季俄罗斯专场活动在莫斯科成功举办，给

俄罗斯民众留下了独特而难忘的印象；"水韵江苏"文旅推介会走进哈萨克斯坦，从世界遗产、浪漫名城、非遗美食、休闲风光等维度全方位展示了江苏之美。2024年9月，江苏原创舞剧《红楼梦》赴新加坡巡演；"文明遇·鉴：中国民乐江苏周"在德国亮相；江苏省演艺集团有限公司传承版《牡丹亭》在巴黎演出，用艺术讲好江苏乃至中国故事。近年来，江苏城市手工艺和非遗项目"组团出海"，南京云锦代表作品亮相2024年"从北京到巴黎——中法艺术家奥林匹克行"中国艺术大展，苏州非遗项目到美国、意大利、马来西亚推广展示，"徐州市非遗手工艺作品展"先后在阿根廷、巴西、俄罗斯成功举办，赢得世界各国民众对江苏的瞩目和赞叹。

3.搭建对话交流平台

经常性开展主场文化论坛和相关活动，邀请大批国际友人来江苏开展对话交流，实地感知中国悠久的历史文化和新时代的发展成就。2023年9月，中欧班列国际合作论坛在江苏省连云港市举办，在上线中欧班列门户网站、发布中欧班列全程时刻表、推行中欧班列多式联运电子提单等方面收获了合作成果；全球滨海论坛会议在盐城召开，来自34个国家和国际组织的近千名代表共商滨海区域的保护和发展对策。2024年6月，俄罗斯青年代表团到苏州交流访问，参加中俄青年音乐主题沙龙，两国青年代表分享本国的音乐文化，合唱中俄青年友谊之歌。8月，江苏省外事办与昆山杜克大学主办"美国高校大学生江苏交流营"，来自美国8所高校的90名师生与江苏高校青年和相关人员近300人出席活动；海外华裔菁英青少年大运河文化体验活动在徐州成功举办，来自英国、法国、意大利、比利时等国家的40余名营员及领队深入了解大运河文化和两汉文化，领略中华优秀传统文化魅力；首届东布洲国际艺术节在南通市海门区临江新区举办，来自世界各地的国家级非遗院团带来30多部精品剧目，共计123场演出。

二 江苏建设中华民族现代文明的展望

2023年以来，江苏切实肩负起习近平总书记赋予的"在建设中华民族现代文明上探索新经验"的光荣使命，将习近平文化思想贯穿于文化强省建设的全过程各方面，紧紧围绕加快构筑思想文化引领高地、道德风尚建设高地、文艺精品创作高地，努力建成社会主义文化强国先行区的目标，在新的起点上不断探索建设中华民族现代文明的新经验，取得了一系列重要的阶段性成果。展望未来，江苏将按照党的二十大和二十届三中全会关于深化文化体制机制改革的重大部署，聚焦社会主义文化强省建设，持续在健全意识形态工作责任制、传承发展江苏地域文明、优化城乡公共文化服务、深入推进文旅高质量发展、大力培育文化产业新质生产力、全面激发文化创新创造活力、完善网络综合治理体系、深化文明交流互鉴等方面展开积极探索，努力在建设中华民族现代文明中做出更大贡献。

（一）健全意识形态工作责任制

一是持续加强思想政治引领。持续完善党的创新理论武装全党、教育人民、指导实践工作体系，严格落实党委（党组）理论学习中心组学习制度，完善思想政治工作体系，推动理论武装常态化长效化开展。创新马克思主义理论研究和建设工程，建好江苏省习近平新时代中国特色社会主义思想研究中心，充分发挥研究机构、社科基金、新型智库等平台作用，设置习近平文化思想研究专项，推动产出一批高质量研究成果。二是持续推进理想信念教育。践行社会主义核心价值观，坚持以社会主义核心价值观引领社会思潮，在全社会培育形成共同理想信念、强大精神力量和基本道德规范，不断提高全省人民群众文明素养和全社会文明程度。优化英模人物发掘培育和宣传学习机制，大力开展爱国主义教育和各类群众性主题活动，在全社会营造崇尚英雄、缅怀先烈、争做先锋的良好氛围。三是持续加强精神文明建设。传承发扬中华传统美德，在全省一体推进社会公德、职业道德、家庭美德、个人品德建设，普及公民法治教育，大力开展诚信建设，在全社会推动形成自觉遵守法律、遵守公序良俗的优良风尚。在进一步抓好全国和省级文明城市创建的基础上，将农村作为精神文明建设的重点，实施乡村振兴战略，深入开展文明乡风建设工程，形成乡村文明新气象，提升乡村群众科学文化素质。

四是持续加强舆论宣传引导。完善新闻发言人制度，健全理论传播机制，构建高水平理论传播矩阵，推进主流媒体系统性变革，打造有全国影响力的新型主流媒体集团和新媒体平台，进一步提升全省理论宣讲共建共享平台应用效能，推动完善中国特色哲学社会科学学科体系、学术体系、话语体系，构建适应全媒体生产传播的工作机制和评价体系，不断在塑造主流舆论格局上探索新经验。

（二）传承发扬江苏地域文明

一是传承保护江苏历史文化遗产。推动江苏文化遗产系统性保护和一体化管理，加快建立文化遗产保护传承工作协调机构，健全文化遗产系统性保护和活态传承机制，构建完善江苏城乡历史文化保护传承体系，推动传统文化、革命文化与旅游深度融合发展，推进全省现代博物馆体系建设，在传承中更好地保护和利用档案文献遗产、历史文化遗产和革命文物。二是大力实施江苏地域文明探源工程。深化江苏地域文明探源研究，推动多学科跨领域联合，共同开展重点项目合作，以更多成果助力构建中华文明标识体系。三是持续开展江苏文脉整理研究与传播工程。继续编辑出版《江苏文库》，深入开展江苏地方文化史研究，深度整合江苏地方文化资源，推动构建具有高显示度的江苏文化标识体系。四是建好用好长江和大运河国家文化公园江苏段。坚持统筹推进、载体建设、融合发展，一体推进长江和大运河国家文化公园重点建设区建设，在编制出台大运河文化遗产保护传承省级专项规划的基础上，省级层面加快组织编制《长江国家文化公园江苏段建设保护规划》及3个专项规划。坚持边建设边利用，持续提升长江和大运河国家文化公园江苏段在旅游休闲等方面的社会效益，推出更多具有长江和大运河特色的休闲体验产品，在全省范围内培育更多城市度假品牌和遗产度假品牌。

（三）优化城乡公共文化服务

一是完善公共文化空间布局。推动全省各地整合文化场馆资源，深化公共图书馆、文化馆总分馆制改革，改造提升基层综合性文化服务中心等公共阵地资源，推动更多公共文化场馆实现共建共享。二是下沉公共文化服务资源。持续优化省市优质文化资源直达基层机制，继续实施文艺服务基层"五大行动"、群众文化"百千万"工程、公共文化服务"双千计划"，推动公共文化服务真正贴近人民群众的日常文化需求。三是加强公共文化数字建设。注重数字科技赋能，综合运用大数据、人工智能、物联网等新技术，推动公共文化服务智能化转型，创新推出线上线下一体化、在线在场相结合的服务模式，打造更多智慧文化空间和智能应用场景。四是健全管理运行体制机制。以满足群众多元化文化需求为导向，持续推动文化领域国资国企改革和文化事业单位深化内部改革，推进公共文化设施所有权和使用权分置改革，探索创新公建民营、民建公营、民办公助等多种运营模式，鼓励引导社会力量更多参与公共文化设施运营管理和服务供给，形成全社会广泛参与公共文化服务建设的浓厚氛围。

（四）深入推进文旅高质量发展

一是持续打造"水韵江苏"文旅产业品牌。深入推进"两廊两带两区"建设，打造特色鲜明和竞争力强的旅游强省和世界重要旅游目的地，培育世界级旅游景区度假区和精品旅游线路，推动全省文旅资源串珠成链，形成集群规模效应，共同打造"水韵江苏"品牌。二是深入推动文旅产业转型升级。积极推进文旅科技创新和理念创新，通过影视文化创作等打造更多文旅IP，推动文旅重点实验室、文旅装备技术研发中心等孵化形成更多文旅产业科技创新成果。持续放大文旅消费乘数效应，推动门票经济向目的地经济转变、游客"流量"向消费"增量"转变，充分发挥文旅产业对地区消费和整体经济的带动作用。三是优化提升文旅服务质量。聚焦游客体验感和满意度，推动提升优质文旅产品供给能力，细化落实博物馆高水平开放高质量发展具体措施，积极推动夜间文旅消费市场高质量发展，不断提升入境游便利化体验，结合避暑游、研学游、亲子游等不同需求类型，精心打造一批个性化、定制化、体系化的文旅项目。

（五）大力培育文化产业新质生产力

一是加快发展新型文化业态。培育发展新质生产力，推进文化产业科技变革、平台拓展、要素集聚、产品创新，健全文化与科技深度融合的协同创新机制，打造数字文化产业集群，构建现代文化产业体系，发展壮大数字创意、数字出版、数字娱乐等产业，推动文化产业快速转型升级。二是大力加强文化产业园区创建。加大省级文化产业示范园区建设力度，推动省内更多文化产业园区入选国家级文化产业示范园区，以示范园区建设为引领，推动文化业态向产业、文化、商业、文创研发等方向发展，为文化产业打造更多创意研发、产品策划、展览销售平台，更好地推动文化产业培育发展、项目落地、迭代升级。三是不断优化文化产业发展环境。围绕加快形成文化产业新质生产力，完善文化产业发展政策体系，健全文化要素市场运行机制，加快推进文化领域行政审批备案制度改革，加大全省文娱领域综合治理力度，为文化产业发展营造良好的生态环境。

（六）全面激发文化创新创造活力

一是打造推出优秀文艺作品。坚持以人民为中心，优化文艺作品创作环境，健全文艺创作生产服务、引导、组织工作机制，完善全生命周期支持文艺创作生产体系，引导江苏作家和艺术家立足本土、放眼全球，推出更多高质量的优秀文艺作品。二是创新打造数字文化产品。推动文化创新创造与科技赋能相结合，通过大数据挖掘和分析，运用算法、机器学习与人工智能技术提升文化产品创新创造的智能化水平，发挥元宇宙赋能数字文化内容生产的作用，持续加强文化产品数字化生产与传播。三是加快推动文化产品转化。放大"紫金"文化、"扬子江"文学系列品牌效应，加快推进国家电影产业创新实验区建设，积极推动更多江苏文学作品和文化产品向戏剧影视转化，不断提升江苏文化产品的影响力和成果转化水平。四是培育壮大文化人才队伍。创新文化人才培养渠道，搭建文化人才成长平台，持续深入实施"紫金文化人才培养工程"和"名师带徒"计划，积极开展"紫金文化英才培育行动"和"紫金文化优青储备行动",不断加大江苏青年文化人才培养力度。推进文化人才发展体制机制改革,进一步优化文化人才生态,努力打造一支走在前列的"文化苏军"。

(七)完善网络综合治理体系

一是改革网络管理体制机制。建立健全全省统筹网络内容建设和管理工作机制,推动网络内容建设与管理协调联动、深度融合,完善网上网下一体化传播策划和管理机制,加强对全媒体生产传播的效果评价和激励,加大网络传播精品生产传播专项资金扶持力度,强化网络文化正能量内容供给、短视频制作推广、品牌账号培育发展,积极推动网络综合治理体系向基层延伸。二是加强网络数据安全监管。促进生成式人工智能发展,推进开展人工智能基础大规模研究和应用场景创新,探索建立生成式人工智能风险等级测试评估体系和服务管理平台,加强规范化管理。加强数据出境评估、备案相关工作,建立数据异常跨境流动分析模型,建好"江苏省数据出境安全服务管理系统",持续提升网络数据安全监管能力。三是深化网络空间法治建设。探索加强网络治理重点领域立法工作,建立多层级网络执法统筹协调工作机制,持续开展"清朗"系列专项行动,动员社会力量积极参与网络生态治理,在全省推动形成多方力量共建共治共享网络生态的良好格局。

(八)深化文明交流互鉴

一是构建对外文化传播体系。统筹建设省级国际传播中心,充分发挥江苏高校国际传播能力建设联盟及研究院的作用,建好用好"水韵江苏"全球传播中心、"3D云游·水韵江苏"线上平台,构建面向全球的多语种、多媒体立体传播矩阵,培育具有国际影响力的外宣品牌,进一步提升国际传播效能,讲好发生在江苏大地上的故事。二是深化文化事业和文化产业国际化合作。推动江苏文化机构、企业与国际知名文化企业、研究机构、艺术家深入开展多元化合作,通过项目开发、版权交易、技术交流等途径,共享文

化资源，拓展市场空间，进一步提升江苏文化在全球文化格局中的地位与影响力。三是促进国际文化交流互动。畅通文化交流"走出去、请进来"渠道，统筹推进江苏省中华文化"走出去"重点项目，策划组织跨域联动的文化交流项目，定期举办以文明互鉴为主题的国际学术论坛、研讨会和艺术节，以及多种形式的青少年研学和交流营等活动，进一步加强中外人文交流，增进来自不同国家群体对多元文化的认识和理解，培养一批具有国际视野和跨文化交流能力的优秀人才。

参考文献

张爱军：《坚持以习近平文化思想为引领　开创新时代思政工作新局面》，《思想政治工作研究》2024 年第 2 期。

杨志纯：《在建设中华民族现代文明中展现文旅担当》，《唯实》2023 年第 10 期。

章剑华：《写好中国式现代化江苏文艺新篇》，《群众》2024 年第 5 期。

贺云翱：《中华民族现代文明建设与长江文化传承发展》，《武汉社会科学》2024 年第 1 期。

刘东超：《中华民族现代文明的历史进程、基本特征和进一步建设的架构》，《学术研究》2024 年第 7 期。

邢虹、王峰：《在建设中华民族现代文明上探索新经验》，《南京日报》2023 年 7 月 8 日。

周娴：《一组大数据，洞见江苏博物馆文化密码》，《新华日报》2024 年 4 月 17 日。

彭雷：《习近平文化思想的江苏实践及其贯彻路径》，《河海大学学报》（哲学社会科学版）2024 年第 4 期。

杨志纯：《深入学习贯彻习近平文化思想　牢牢把握文旅发展正确方向和实践导向》，《艺术百家》2024 年第 1 期。

顾星欣：《让文明实践之花在江苏大地璀璨绽放》，《新华日报》2024 年 5 月 28 日。

速继明、华诺：《建设中华民族现代文明的三重逻辑》，《中国文化与管理》2024 年第 1 期。

王雪：《建设中华民族现代文明的若干关系探析——以苏州为样本》，《江南论坛》2024 年第 4 期。

B.12
江苏推进党的建设的进展与展望

王 里 刘海超*

摘 要： 党的十八大以来，江苏坚持以习近平新时代中国特色社会主义思想为指引，认真落实党的二十届三中全会的重要决策部署，积极推进新时代江苏党的建设伟大工程，在思想理论武装建设、干部人事制度改革、基层党组织建设和反腐倡廉工作等方面取得重要进展。与此同时，江苏在推进党的建设过程中也面临一些问题。例如，党的创新理论学习制度化程度不高、干部人事制度改革有待进一步深化、基层党组织政治功能和组织功能发挥不够充分、反腐败斗争压力依然较大。展望未来，江苏应积极采取以下措施：以精准性、科学性与有效性为着力点，切实提高理论学习质量；持续深化党的干部人事制度改革，为推进中国式现代化江苏新实践提供队伍保障；着力提升政治功能和组织功能，锻造坚强有力的基层党组织；提升惩治腐败的精准性，一体推进不敢腐不能腐不想腐。

关键词： 党的建设 党组织 干部队伍 反腐倡廉

2024 年是江苏贯彻落实党的二十大精神的重要一年，全省上下坚持以习近平新时代中国特色社会主义思想为指导，贯彻落实党的二十届三中全会的重要决策部署，坚持用改革精神和严的标准管党治党，坚持以自我革命引领社会革命，为中国式现代化江苏新实践提供坚强的政治保证。

---

* 王里，博士，江苏省社会科学院马克思主义研究所助理研究员，主要研究方向为党史党建；刘海超，博士，江苏省社会科学院马克思主义研究所助理研究员，主要研究方向为基层治理。

一　江苏推进党的建设取得的重要进展

党的十八大以来，江苏始终坚持党的全面领导，维护党中央权威，充分发挥党领导全局、协调各方的总揽作用，在思想理论武装建设、干部人事制度改革、基层党组织建设和反腐倡廉工作等方面成绩斐然。

（一）以学习党的创新理论为契机，党的思想理论武装建设取得新成效

理论学习的程度决定了思想武装的深度。党的十八大以来，江苏注重党的思想理论武装，通过形式多样和内容丰富的党的创新理论学习，提升党员理论素养与党性修养，积极开展意识形态领域的工作，党的思想理论武装建设取得新成效。

1. 党员干部的理论素养得到显著提高

习近平新时代中国特色社会主义思想是党和国家事业发展的根本指导思想，江苏广大党员干部把学习宣传和研究这一重大理论创新成果作为首要政治任务，坚持理论与实践相结合、历史与现实相贯通，真正做到深学细照、知行合一，理论素养得到明显提升。江苏省委常委严格落实理论学习制度和习近平总书记重要指示批示，定期举办领导班子读书班，带动全省上下学习新思想。全省上下开展党纪学习教育活动，广大党员干部以本次党纪学习教育为契机，认真查摆党纪方面存在的问题与不足，补齐知识短板，努力做到真学与细学相结合、学理论与重实践相贯通，认真学习《中国共产党纪律处分条例》《党的二十届三中全会〈决定〉学习辅导百问》等，及时学习习近平总书记一系列重要论述和对江苏发展的重要指示批示精神，牢记初心使命，凝聚思想共识，把思想与行动统一到党中央的决策部署上来；坚持全面系统学与个别专题学相结合，通过党员干部培训、党委中心组学习、专家讲坛、研讨讲座和现场讲解等形式，全面深刻领悟党的创新理论的时代背景和精髓要义，努力做到知其然亦知其所以然。通过理论学习和实践锻炼，广大

党员干部理论素养得到明显提升，思想理论武装更加坚固。

2. 党员干部的党性修养得到提升

锤炼党性修养是马克思主义政党的根本要求，只有心中有党、对党忠诚、拥有共产主义远大理想和中国特色社会主义坚定信念，遇到风险和挑战时才能从容应对。为更好地锤炼广大党员干部的党性，推动理想信念教育制度化与常态化，江苏开展一系列卓有成效的锤炼党性和提升修养的制度性实践探索。例如，江苏优化英雄模范人物和榜样力量宣传制度，完善爱国主义教育活动和群众性主题教育活动的组织制度。为更好地在全社会倡导友爱、诚信以及弘扬中华民族优秀传统美德，江苏实施公民道德工程，建构社会诚信机制；为促进乡风文明，江苏大力实施文明乡村建设工程，通过开展文明培育、文明实践和文明创建工作，乡村的文明程度得到显著提升；江苏大力开展遵法守法、婚俗丧俗改革，改革成效日益彰显。通过常态化、制度化的党性锤炼与教育实践，引导全省党员干部对党忠诚、无私奉献与敢于担当，筑牢精神之基，提升党性修养，切实提升了广大党员干部维护核心和追随核心的自觉性。

3. 意识形态工作扎实推进

意识形态工作是党的一项极端重要的工作。近年来，江苏始终把意识形态工作放在全局工作的重要位置，通过落实意识形态工作责任制、完善思想政治工作机制、壮大主流意识形态和强化对社会思潮的引领与辨析等，有力地推动意识形态工作行稳致远。为更好地落实习近平总书记关于意识形态工作的重要论述，按照党中央关于意识形态工作的决策部署，江苏全面落实各级党委政府的有关责任，严格执行意识形态工作责任制，通过正面引导、负面管控和阵地建设等，建设了具有强大的社会感召力和凝聚力的社会主义意识形态，为江苏经济社会高质量发展提供强大的动力。同时，江苏坚持正确的舆论导向和价值导向，通过开展创新主体宣传、健全与完善舆论引导制度、全方位建设全媒体传播工作机制和评价体系，推动主流媒体改革，打造具有全球影响力的新媒体平台。社会舆论引导力和影响力不断提升，为江苏现代化新实践营造了良好的舆论氛围。此外，针对当今价值文化多元等对主

流意识形态的冲击，江苏通过健全意识形态领域分析研判机制、风险防控机制以及舆论引导机制，有力引导广大民众增强政治意识、弘扬社会正能量，主流意识形态的向心力显著增强。

（二）以建设高素质干部队伍为目标，党的干部人事制度改革取得新进展

近年来，江苏严格按照党中央关于干部人事制度改革的决策部署，指导全省各地探索建立一系列干部人事制度，有效激发广大党员干部的干事创业热情。

1. 聚焦难点问题，完善制度体系

苏州市通过量化指标考核干部，让想干事、能干事的干部脱颖而出，受到重用。泰州市建设干部分层管理的"成绩单"制度，多角度、立体式、全方位精准考核干部。全省各地聚焦干部"四为"问题，着力将干部选拔、培训、任用和监管等全过程、全链条结合起来，以重实干与敢担当为用人导向，将激励与保护贯通起来。为破解激励不到位的问题，盐城市每年拿出20%的统筹职数用于提拔政治素质高、工作业绩突出的干部；淮南市每年拿出一定数量的专项名额，通过"市委定向、单位推荐、组织比选、集体研判"的方式，先后3批次对在基层治理、城市改造等工作中表现优异的干部给予晋升提拔；为解决干部能上不能下的问题，常州市制定干部能上不能下的实施细则，梳理干部能上不能下的负面清单，根据干部队伍发展情况，畅通干部能下的通道，及时对不能胜任领导职务的党员干部做出调整。

2. 将培养与厚爱相结合，选贤任能发展事业

为进一步全面深化改革，江苏强化对干部的专业培训和实践磨练，例如，有计划有组织地将干部放到经济发展的主战场、服务群众的第一线和维护稳定的最前沿去磨练，在实践中全面提高干部能力。扬州市制定党政干部政绩评比制度，梳理干部政绩观偏差的10种情形，帮助干部树立以人民为中心的政绩观，践行人民权力为人民的执政理念。坚持培养与厚爱相结合，做到奖惩分明。中共江苏省委"20条措施"出台后，苏州市先后涌现一批勇于担当、

善于作为的模范干部，其中大多受到重用与提拔。宿迁市通过对工作表现优异者进行奖励，对突发事件和重大事项中工作表现优异的单位和个人进行奖励，从而达到以先进模范影响带动其他人的目的。为解决少数干部不担当、不作为的问题，如东县通过榜样示范和先进激励，激发干部的创业激情；淮安市通过实地调研与走访，开展"家家到、人人谈"活动，了解善于作为和不敢作为两类干部，并对其进行有针对性的谈话，从而激励干部。

3. 强化组织担当，为干部干事创业提供支持

全省各地落实"三个区分开来"，完善干部人事制度，让干部敢于作为、善于作为。徐州市科学制定干部容错、免责以及纠错等制度，按照容错纠错的程序，努力做到容错与纠错并举。如何为干事者撑腰？镇江市紧盯国有企业可能出现的经济风险，严格规范风险报备相关流程，通过事前防范、事中监督和事后管理等全链条，最大限度地为干事创业的干部消除思想包袱。

（三）以建强党员队伍为重点，党的基层组织建设取得新突破

党的十八大以来，江苏省委认真贯彻习近平总书记关于党的组织建设重要论述和党中央关于基层党组织的重要政策法规，从夯实党的执政基础、巩固党长期执政地位的战略高度，以党员队伍建设为重点，积极推进"五聚焦、五落实"行动，出台了一系列打基础、固根本的政策举措，基层党组织的组织力和战斗力明显增强，江苏基层党组织建设取得显著成效。

1. 农村基层党组织建设得到加强

江苏不断完善"乡镇党委—村党组织—网格党组织—党员中心户"组织架构，重点推进14个县党建引领乡村治理、2个县重点村分类管理、19个红色村党建工作试点，通过全面落实结对帮扶相关制度，农村基层党组织涣散的情况得到有效改善。徐州市对全市2.1万个基层党组织进行组织力评价，"动态清零"软弱涣散党组织，评选了200个"红色地标"和100个党支部书记工作室，提档升级197个村党群服务中心，基层党组织的组织力得到明显提升。通过增强乡村干部的工作能力，加强农村基层党组织建设。南通市通过

选优配强村党组织书记，市县统筹拿出 300 个全额拨款专项事业编制定向选聘优秀村（社区）党组织书记，举办 118 场村党组织书记乡村振兴"擂台比武"、路演大赛，2000 多名村党组织书记走上讲台，激励大家干事创业、比学赶超。深入实施村干部学历"8090"计划，常态化开展农村在外人才"回引"活动，实施党员"培源提质"工程，培育"乡村振兴好青年"，全市共储备 35 岁左右后备人员 5693 人。无锡市制定市、县、镇、村四级党组织书记抓基层党建责任清单，落细落实党委抓牢支部、支部严管党员、党员带动群众的"四体联动"工作机制，出台相关规章制度，从严落实民主集中制及各项党内政治生活，定期督查问效，不断提升村级运转的规范化水平。

2. 新就业群体党的建设得到加强

习近平总书记强调，"加强新经济组织、新社会组织、新就业群体党的建设"[1]，为我们谋划和部署在新业态新就业群体中建设基层党组织提供了根本遵循。在具体实践中，江苏通过顶层设计、落实责任和强化基层组织等方式加强对以平台经济为代表的新业态基层党组织建设，充分发挥其在政治引领、社会治理和服务群众等方面的作用与功能。针对区域内平台企业数量不多、党建责任落实不到位等问题，江苏提出"行业抓、抓行业"的新业态党建组织发展模式，并在全省 13 个市建立行业党委统一领导的新业态党组织发展路径。不断加强党组织建设，实现党组织在新业态里的全覆盖。例如，在一些总部里设立党委，通过平台总部党委强化平台内党组织建设，将党组织延伸至平台支点、基层网点等。针对有些新就业群体中党员思想认知模糊、生活比较困难等新情况，江苏基层党组织紧紧围绕党员思想教育管理和党员生活关爱等问题，不断加强思想教育、生活抚慰等，提高党员干部的思想认知和生活水平，从而不断加强新业态党建人员的工作能力。针对区域内新业态人数快速增加的情况，盐城市通过实践探索和经验总结，逐渐探索出一套以基层党建为引领、聚焦重点问题、以配套措施为保障的新党建发展

---

① 《加强新经济组织新社会组织新就业群体党的建设的思考》，共产党员网，2024 年 10 月 22 日，https：//djyj. 12371. cn/2024/10/22/ARTI17295840086714776. shtml。

模式。在党建引领方面，盐城以全市一盘棋为理念，加强市级、县级党委对基层党建的引领，出台相关规章制度，加强顶层设计，对新业态新就业群体党建进行重点规划，并将其党建工作纳入全年党建的工作重点和考核要点。同时不断完善基层党建制度，建立新业态新就业群体党建工作通报机制，设立党建工作联席会议制度。

3. 产业链党组织建设得到加强

党的二十大以来，江苏始终把产业链党组织建设放在重要位置，通过不断创新党建模式、压实党建责任，不断建设产业链党组织，产业链党组织建设得到进一步巩固与拓展。江苏省委认真贯彻党中央关于产业链党组织发展的政策要求，尤其是遵照习近平总书记在江苏考察时的重要指示批示精神，出台《加快建设制造强省行动方案》，以打造先进制造业集群为基层党建的战略支撑，聚焦产业链党建的重点项目，加快实施产业链党建行动计划。中共江苏省委组织部通过细化产业链党建的工作方案，不断创新模式、转变思路，形成大型企业带动型党建模式、属地党委整合型党建模式和行业协会牵引型党建模式等。目前，全省已形成561个党建联盟或党委，初步形成"一链条一特色、一联盟一品牌"产业链党建新模式，构建起依托产业链建党、为产业链赋能的党建组织体系。依托完善的组织体系和制度，江苏各地将党的政治优势、思想优势和组织优势等融入产业链上下游企业，为制造强省建设和经济高质量发展提供强大动力。在产业链党建上，党组织不仅要串联起来，而且要把全产业链党组织动员起来；不仅要有上级党委的统一领导和制度设计，而且要求产业链党组织和普通党员积极参与，形成上下联动、左右协作的互动局面。为此，江苏在发展产业链党建方面，始终遵循"参与而不干预、协办而不包办"的原则，通过政策支撑和要素供给引导龙头企业加强党建工作，促进"要我党建"向"我要党建"转变，同时调动产业链党建各个环节党组织和党员的主动性，并提升党建质效。

（四）以正风肃纪为抓手，党的反腐倡廉工作取得新成绩

党的十八大以来，江苏在习近平新时代中国特色社会主义思想的战略引

领下，始终把党的作风建设置于重要位置，坚持纪在法前、纪严于法，持续加强党风建设与纪律工作，以正风肃纪为抓手，党的反腐倡廉工作取得丰硕成果。

1. 落实中央八项规定，党的作风建设得到进一步加强

全省开展整治违规吃喝等专项行动，聚焦诸如居民小区、公务食堂等隐蔽场所，以及办公费报销、违规项目套取等隐蔽性问题，对重点案件一经发现，严肃处理。2024年以来，全省查处违规吃喝的问题446件，批评教育与处理3712人。对违规接受购物卡券、高档烟酒茶等顽疾进行重点整治，查处以咨询费、评审费和讲课费等名义违规接受礼品礼金，重点整治以快递物流、电子红包卡券等方式送礼，坚决遏制违反中央八项规定精神的歪风。江苏省纪委监委会同江苏省委主题教育办公室重点整治党员干部的不担当与不作为问题，严肃处理躺平甩锅、拈轻怕重、得过且过和敷衍塞责等行为，严肃纠正"形象工程""面子工程"等所谓政绩工程。江苏省纪委监委根据《关于贯彻党的二十大部署要求锲而不舍落实中央八项规定精神深化纠治"四风"工作的意见》，出台了4个方面16项贯彻落实具体措施，指导全省纪检监察机关工作的有效开展。在中秋、国庆、元旦和春节等重要节日，披露了3批15起"四风"案例。对风腐一体的案例进行详细深入的梳理，有效指导了地方制定风腐同查的体制机制，并将其运用于实践，保证全省纪检监督精准有力。

2. 加强党的纪律建设，遵规守纪的自觉性得到进一步增强

2024年以来，江苏以党纪学习教育为切入点，聚焦重点领域和关键岗位，编辑违纪违法省管干部忏悔录，对不同层次和不同类别的干部进行精准教育。开设廉洁课堂，用好家风资源，将党建教育拓展到"家庭后院"。同时，严格执行党纪规章制度，对违反党纪规章制度的行为，一经发现，严肃查处。江苏还积极制定《关于进一步严肃规范精准慎重问责的指导意见》，对问责对象、权责关系、问责情形和问责程序等有关规定进行细化，防止问责不力、问责泛化。2023年，全省共问责党组织258个，问责党员干部2084人。贯彻"惩前毖后、治病救人"方针，按照惩治极少数、教育大多数的原则，中共江苏省纪律检查委员会和江苏省监督委员会精准运用"四种形态"批评教育和处理 77134 人次。中共江苏省纪律检查委员会和江苏省监察委员会会同中共江苏省委组织部印发《关于失实检举控告澄清的工作办法》，切实为担当者担当、为负责者负责、为干事者撑腰。

3. 运用"全周期管理"方式，"三不腐"成效显著

严肃查处腐败后面的政治问题，严肃查处违背新发展理念、大搞"政绩工程"和"形象工程"的行为；抓住"关键少数"，严肃查处重点岗位的"一把手"腐败；查处执法领域的腐败行为，严肃查处政法队伍中的腐败分子；紧盯国企、教育和交通等重点领域。加大对行贿行为的惩治力度，全省共查处行贿人员 1141 人。深入推进追逃追赃工作，追回外逃人员 251 人，全省外逃监察对象实现"零增长"。加强监督促治、以案促改。中共江苏省纪律检查委员会和江苏省监察委员会向多个地区、部门和单位制发纪检监察建议，向 1 个部门制发监察建议，全省制发纪检监察建议 1201 份。积极开展体育类案例解剖与分析，详细梳理产业资金分配、招标采购项目和体育赛事组织等腐败风险点，积极推动有关部门对体育领域腐败行为进行重点整治。中共江苏省委召开全省领导干部警示教育大会，通过制作、播放警示教育片子，广大干部深受教育，充分发挥警示教育和以案促改的作用。重点整治群众身边的微腐败现象。对拖欠农民工工资、失业保险基金管理和重要民生管理服务事项违规等进行重点整治，着力解决人民群众反映强烈的问题。对医疗行业存在的突出问题积极开展整治。

二　江苏推进党的建设面临的主要问题

江苏在推进党的建设方面取得了重要进展，同时面临不少问题。这些问题和挑战涉及党的创新理论学习制度化程度、干部人事制度改革、基层党组织政治功能和组织功能、反腐败斗争等。这些问题如不妥善解决，将会影响党中央决策部署，江苏在中国式现代化进程中走在前、做示范的表率作用也难以得到充分发挥。

（一）党的创新理论学习制度化程度不高

一是理论学习内容不够精准。一方面，很多党员干部没有正确认识到读原著、学原文、悟原理的极端重要性。调研发现，仅有少部分党员干部认识到读原著、学原文、悟原理是最有效的学习方式，不少党员干部在理论学习中存在惰性，习惯于将会议传达、讲座报告等作为理论学习的主要渠道，甚至依靠从专家解读、名句摘录中获取的二手材料进行理论学习。另一方面，一些地区有关部门的理论学习在内容上还缺乏针对性和有效性，难以满足党员干部的实际工作需求。在党的创新理论学习过程中，无论是党委（党组）理论学习中心组还是党员干部主题教育培训活动，依然存在宣传广泛但学习内容不够精准的问题。党员干部作为党的骨干力量，其理论武装的精准性直接影响党的事业发展。理论学习内容的不精准导致党员干部对创新理论的理解和应用能力有限，难以将理论转化为实践。

二是理论学习的态度不够端正、方法不够科学。一方面，当前一部分党员干部还存在忽视理论学习的问题。有的党员干部对党的创新理论学习不够重视，主动学习的意识淡薄，甚至只在下发理论学习任务时才被动学习，党的创新理论学习态度不够积极主动。有的党员干部错误地认为只要把业务工作做好、做出成绩就可以了，片面地认为党的创新理论学习是额外的负担，甚至认为理论学习占用了太多工作时间，影响业务工作的开展。另一方面，在个人自学过程中，学习形式比较单一，看书读报的多、交流互动的少，被动参与的多、主动学习的少，缺乏多样性，严重影响了理论学习的效果。即便组织学习培训，培训模式也较为传统，往往采取灌输式、填鸭式的传统教学方式，实践性和针对性不足，对象不分层次、不分类型，缺少兴趣教学的探索和尝试。总之，呆板被动的学习方法抑制了党员干部理论学习的热情和积极性，影响了理论学习的效果。

三是理论学习转化效果不够理想。一方面，当前党员干部的理论学习中存在一定程度的走形式、走过场的不良现象。少数同志满足于把学习内容和制度写在纸上、挂在墙上，不注重学习的质量和效果，就书本学习书本，就理论学习理论，运用科学理论分析、解决实际问题的能力薄弱，本本主义和教条主义严重，从而使学习效果受到严重影响。另一方面，一些单位的理论学习还存在为了理论学习而学习的现象，喜欢做表面文章，只求花样多、活动多、口号新，用理论学习来装点门面、应付检查。可见，理论学习与工作需求的脱节导致理论转化起不到指导实践的良好效果。

（二）干部人事制度改革有待进一步深化

一是干部选拔机制还不够完善。过去一个时期，江苏在推进干部能上能下、能进能出方面做了大量工作，取得了显著的成效。但是，这个问题还没有从根本上解决。干部能上不能下、能进不能出原因是多方面的，主要是因为渠道不够畅通、配套制度不够健全。一方面，由于大多数党政领导岗位没有任职期限的限制，以及不称职、不胜任现职的标准难以认定，领导干部只要不到退休年龄或不犯大的错误，很难退出领导岗位。另一方面，受专业和工作经历的限制，党政机关干部从岗位上退出后择业面比较窄。由于社会保障体系不健全，一些干部即使想离开党政机关，也因担心失去保障而难下决心。此外，在选拔优秀人才上，陈旧的用人观念、体制和机制上的障碍还没有被打破，还很难做到不拘一格地选人用人。因此，如何把干部上与下、进与出结合起来统筹考虑，是江苏接下来深化干部人事制度改革必须下大力气解决的一个重点难点问题。

二是干事创业的激励保障机制不够健全。一方面，省内不同地域、不同单位和部门干部工资待遇差别较大，对干部工作尤其是干部交流工作产生了一定的影响。另一方面，当前干部激励保障机制不够健全的问题相对突出，这在一定程度上影响了干部队伍的积极性。当前党政机关干部的工资待遇与职务直接挂钩，职务职级的设置存在一定的改善空间，与能力、业绩等要素密切相关的职级体系还未完全建立，使得职级对干部的引导和激励作用不够显著。特别是在当前"避责"取代"邀功"成为政府官员行为主要特征的情况下，广大党员干部特别是基层党员干部"不求有功、但求无过"思想较为普遍，干事创业的积极性受到一定影响。

（三）基层党组织政治功能和组织功能发挥不够充分

一是少数基层党组织政治功能有待加强。一方面，学习传达党中央的精神，贯彻落实党的路线、方针、政策与决议，是基层党组织必须具备的首要的政治功能。然而，调研发现一些基层党组织履行职责虚化。一些基层党组织负责人政治意识、大局意识、核心意识、看齐意识不够强，在落实上级决策部署上存在执行不坚决、不到位的现象，履行党建主体责任说得多、干得少，安排部署多、狠抓落实少。另一方面，向上级党组织反映基层群众的意见和心声，是基层党组织肩负的重要任务。基层党组织是党在基层组织中的代表，是连接党与群众的纽带。然而，一些基层党组织脱离群众现象颇为严重。一些党员干部不仅无法严格落实党的群众工作方法，而且无法正确行使人民赋予的权力，把权力变成个人牟取私利的工具，轻视群众，难以做到问政于民、问需于民、问计于民，也就无法做到全心全意为人民服务。

二是一部分基层党组织的组织生活有名无实、浮于表面。调研发现，一些基层党组织不能及时主动组织活动，"三会一课"、民主评议党员、谈心谈话、批评和自我批评等工作开展不到位，导致组织生活流于形式，无法有效开展。一些基层党组织在开展组织生活时照本宣科，简单传达上级讲话精神，习惯以组织开会的形式读文件、看视频，没有让党内政治生活这个熔炉真正"热"起来。一些基层党组织认为抓业务是硬指标、抓党建是软任务，抓党建会影响业务工作，党务要给业务让路，组织生活无法正常开展，基层党组织呈现弱化与边缘化趋势，影响党在群众心中的形象。少数基层党组织特别是农村基层党组织软弱涣散，一些党员长期在外务工，游离于党组织之外。在外流动党员难以参与党内政治生活，甚至存在不服从组织安排、以各种借口拒不参加政治生活的现象，这些都对基层党组织政治功能和组织功能的有效发挥产生了负面影响。

（四）反腐败斗争压力依然较大

一是反腐倡廉教育缺乏系统性、针对性和灵活性。首先，反腐倡廉教育系统性不足。有的部门还没有把反腐倡廉教育作为一项系统性、长期性的重大工程来抓。反腐倡廉工作被动应付，无法与本部门的实际情况相结合，导致反腐倡廉教育的效果无法有效实现。其次，反腐倡廉教育针对性不够。对象不明、层次不清的问题普遍存在于一些部门的反腐倡廉教育之中，使得反腐倡廉教育工作缺乏层次性。一些部门没有把握重点，把应在领导干部中开展的教育活动搞成全员教育，反腐倡廉教育工作的形式化问题也较为突出。最后，反腐倡廉教育缺乏灵活性。当前反腐倡廉教育虽然有优秀的电视教育专题片等教育资源，但具有权威性、针对性、鲜活性的反腐倡廉教材还无法满足反腐倡廉教育需求，这在很大程度上制约了反腐倡廉教育的有效开展，学习内容缺少鲜活性和吸引力，难以让党员干部感受到心灵震撼和思想洗礼。

二是"关键少数"的腐败案件时有发生。"关键少数"身处关键领域、关键岗位、关键环节，掌握重要权力。尤其是对江苏这样在中国式现代化进程中承担"走在前、做示范"重任的省份而言，不论是从为全国经济发展大局多做贡献的角度出发，还是出于向"中国经济第一大省"目标努力迈进的目的，做好"关键少数"的反腐败工作都是当前江苏不得不面对的现实挑战。"关键少数"一旦发生严重违纪违法问题，往往"一查一大片、一挖一大窝"，严重破坏地方政治生态，影响地方经济社会发展。江苏想要在新一轮全面深化改革中继续走在前面，需要"关键少数"带头，而廉洁清明是对"关键少数"素养的基本要求。2024年以来，全省反腐败斗争持续呈高压态势，一批为害一方的"害群之马"被绳之以法。

三是重点领域的反腐败斗争形势依然严峻。相比其他领域，金融、国企、能源、医药和基建工程等重点领域政策支持力度大、投资密集、资源集中，关乎国计民生，关乎人民群众的获得感、幸福感、安全感。这些重点领域往往易发腐败，不仅侵蚀党的肌体、损害党的形象，更会破坏社会公平正义，产生风险隐患。近年来，从国企领域腐败问题的专项整治到金融领域加大反腐力度，再到严肃查处政法、开发区、涉粮购销等领域贪腐问题，江苏深入查处重点领域的腐败案件，重点领域的反腐败斗争形势依旧严峻。

三　江苏进一步提升党的建设质量和水平的主要建议

党的建设是经济社会发展的保证，是推进经济高质量发展的关键。而推进江苏党的建设，是一个复杂的工程、系统的工程、长期的工程，针对调研中发现的江苏党的建设中出现的问题及其原因，本文认为，当前江苏党的建设需要重点关注以下几个方面。

（一）以精准性、科学性与有效性为着力点，切实提高理论学习质量

一要把握理论学习内容的精准性。首先，在党的创新理论学习过程中要以政治学习为根本，把学习贯彻习近平新时代中国特色社会主义思想作为当前理论学习的首要任务、核心内容，全面系统掌握习近平新时代中国特色社会主义思想的科学体系、丰富内涵、实践要求，确保真学、真懂、真信、真用。其次，要把学习习近平新时代中国特色社会主义思想与学习党史、新中国史、改革开放史、社会主义发展史贯通起来，通过深入具体的纵横比较，弄清楚其中的历史逻辑、理论逻辑和实践逻辑。再次，各级党委（党组）理论学习中心组还要加强对意识形态、法律法规、保密工作等重要领域知识的学习，加快知识更新、优化知识结构、拓宽眼界，不断提高开展工作的理论素养和专业能力，把坚持党对一切工作的领导这个重大政治原则建立在领导干部扎实、全面的能力基础之上。最后，持续推进党委（党组）理论学习中心组学习制度化和规范化，通过党委（党组）中心组带动全体党员干部把关于党的建设的相关理论学深悟透，打牢思想理论基础。

二要强调理论学习方法的科学性。科学的学习方式方法事关学习的质量和成效。江苏各级党委（党组）要根据当前中心大局和实际工作节奏，采取个人自学、集体研学、调研促学、载体助学等学习方式，促进党的创新理论学习入脑入心，体现时代性、把握规律性、富于创造性。首先，在个人自学方面，各级党委（党组）要对领导干部在读原著、学原文、悟原理等方

面做出具体规定，落实个人自学的具体篇章书目，坚决纠正"读书只读皮、看文只看题"等形式主义作风。其次，集体研学方面，要细致设计理论学习主题，组织好专题讲座、辅导报告等，精心安排领导班子成员的重点发言，完善理论学习的讨论、交流、讲评等环节，努力形成学以致用、互帮互促的良好局面。再次，调研促学方面，要围绕化解思想难题、实践困惑，建立中心组成员与党员群众交流互动的渠道，使学习由党政领导机关向基层延伸，由领导干部向党员群众延伸。最后，在载体助学方面，要利用廉政教育基地、红色文化基地等进行党性教育，发挥广播、电视、影视、网络等学习平台生动直观的优势，形成"个人上平台、组织配资源、社会育基地"的多层次网络化学习模式。

三要突出理论学习转化的有效性。理论的价值在于指导实践，学习的目的在于运用。坚持全面学习、全面把握、全面落实。实践是检验学习成效的唯一标准，不能光听口号喊得响不响、光看笔记做得好不好，要看是否做到真学真懂、活学活用、是否能够学用结合、学以致用，用科学理论武装头脑、指导实践、推动工作。要将理论学习成果体现到对党的信仰的忠诚上、为民造福上、实事求是上、勇于担当上。党员干部要坚持学以致用，把理论学习成果转化为进一步全面深化改革的具体举措和实际行动。

（二）持续深化党的干部人事制度改革，为推进中国式现代化江苏新实践提供队伍保障

一要始终坚持党的领导这一根本原则。深化干部人事制度改革必须始终坚持党管干部原则，明确"为什么改""往哪里改""怎么改"。习近平总书记关于党的建设的重要思想是新时代党的建设理论发展和实践经验的科学总结，是深化干部人事制度改革的总遵循、总依据、总指引。要始终坚持党管干部原则，把学习贯彻习近平总书记关于党的建设的重要思想作为新时代党的干部人事制度改革的一项重大政治任务抓紧抓好，强化党组织领导和把关作用，确保党的干部人事制度改革始终沿着正确的政治方向前进。

二要健全政绩观偏差纠正机制，推进领导干部能上能下。党的二十届三

中全会审议通过的《中共中央关于进一步全面深化改革、推进中国式现代化的决定》提出，坚持新时代好干部标准，大力选拔政治过硬、敢于担当、锐意改革、实绩突出、清正廉洁的干部。一方面，在选人用人方面要坚持正确导向，进一步激发党员干部队伍干事创业的主动性，引导广大党员干部在全面深化改革的江苏新实践中再创佳绩。另一方面，要在领导干部能上能下上持续深化改革，努力组建德才兼备、忠诚、干净、有担当的高素质专业化干部队伍。

三要严格落实"三个区分开来"。2016 年初，习近平总书记在省部级主要领导干部学习贯彻党的十八届五中全会精神专题研讨班上，提出"三个区分开来"的重要论断。所谓"三个区分开来"，具有三个方面的含义。第一，要把干部在推进改革中因缺乏经验、先行先试出现的失误和错误，同明知故犯的违纪违法行为区分开来。第二，要把上级尚无明确限制的探索性试验中的失误和错误，同上级明令禁止后依然我行我素的违纪违法行为区分开来。第三，要把为推动发展的无意过失，同为谋取私利的违纪违法行为区分开来。"三个区分开来"的重要论断给干事创业、积极进取的干部吃下了定心丸，对于改善当前干部队伍中的"为官不为"现象、激发干部积极性起到推动作用。事实上，干事创业的历程总是难免与风险为伴，我们不能期望每一项工作都"只许成功，不许失败"，对于失败应持有包容之心。"三个区分开来"的重要论断对坚持允许改革有失误、但不允许不改革的鲜明导向，激励广大党员干部在进一步全面深化改革进程中真抓实干起到显著作用。一方面，要客观全面地看待党员干部在干事创业过程中的失误、错误，持续形成为干事者撑腰、为担当者担当、为创新者鼓劲的制度保证。另一方面，要在强化责任底线的基础上，开拓进取，营造有助于干事创业、改革创新的舆论环境。

（三）着力提升政治功能和组织功能，锻造坚强有力的基层党组织

一要强化基层党组织的政治功能，发挥理论"补钙"作用。《中国共产党章程》对基层党组织的功能进行了规定，强调"党的基层组织是党在社

会基层组织中的战斗堡垒，是党的全部工作和战斗力的基础"。江苏全省共有28万个基层党组织，锻造一支坚强有力的基层党组织对严格落实党的各项工作、全面深化改革意义重大。一方面，要营造理论学习氛围。深入学习贯彻习近平新时代中国特色社会主义思想，坚定理想信念，用新时代新思想凝心聚力、铸魂固本，坚定拥护"两个确立"，坚决做到"两个维护"，不断增进政治认同、思想认同、理论认同和情感认同。另一方面，要高质量开展主题教育和宣讲活动。坚持把抓好理论学习与全面贯彻落实党的二十大精神结合起来，采取自主学习、专家辅导、集中研讨、交流体会等方式学习，切实筑牢思想根基。要开展丰富多彩的宣讲活动，以通俗化、大众化解读掀起宣讲活动热潮，密切党与群众的血肉联系。

二要持续深化自我革命，充分发挥各级党组织的战斗堡垒作用。全面建设社会主义现代化国家，必须有一支政治过硬、技能过硬的现代干部队伍。首先，要正确认识党的组织生活，把其作为党员干部找问题、查不足的重要契机。必须不折不扣地严格落实"三会一课"、民主评议党员、谈心谈话等制度，批评和自我批评要真刀真枪，敢于在原则问题上进行思想交锋，使党内生活真正成为锻炼党性的熔炉。其次，要在软弱涣散党组织的整顿上持续抓、反复抓，建立健全软弱涣散基层党组织长期联系制度、督查指导制度，实行整顿工作销号制，对已整顿的跟踪监督，对整改不到位的限期整改，着力解决少数党组织战斗力不够强、组织纪律性差、党员先锋队意识淡化等问题。最后，在制度的执行落地上，要坚决避免选择性落实，不搞变通、不打折扣，以制度建设强化基层党组织的组织功能。

（四）提升惩治腐败的精准性，一体推进不敢腐、不能腐、不想腐

一要继续加强纪律教育，提高党员干部拒腐防变能力。腐败会破坏党的生命力、战斗力，反腐败是党进行自我改革的最彻底的举措。反腐倡廉教育是反腐败的基础性工作。因此，持续加强干部队伍纪律教育，对增强党员干部的廉洁意识具有重要意义。首先，要提高反腐倡廉教育的系统性。从本部门、本单位实际需要出发，定期举办党员干部党章党规党纪专题教育活动，

常态化开展党员干部党纪法规应知应会知识测试，让党员干部把党的纪律和国家法律法规记在心中。其次，要提高反腐倡廉工作的针对性。要把领导干部、重点领域当作反腐倡廉的重点对象来抓，还要将反腐败教育融入社会教育之中，营造反腐倡廉的社会氛围。让广大党员干部牢固树立党章意识，将理论上的清醒转化为行动上的自觉，提高拒腐防变的能力。最后，要增强反腐倡廉的灵活性。要贴近对象，增强教育的针对性；贴近群众，增强教育的务实性；贴近工作，增强教育的目标性。

二要紧盯"关键少数"，强化反腐败高压态势。党的二十大报告指出，督促领导干部特别是高级干部严于律己、严负其责、严管所辖。二十届中央纪委三次全会做出部署，释放从"关键少数"抓起严起的信号。继续加大力度紧盯"关键少数"，加强对领导班子成员的信访举报、问题线索的细致分析，及时研判领导干部在思想、作风、廉洁自律等方面存在的苗头性、倾向性问题。对于发现的违纪违法问题，及时坚决查处，释放警示教育信号，形成震慑效应。一方面，必须时刻保持政治敏锐性和政治鉴别力，坚决查处妨碍党的理论和路线方针政策贯彻执行、严重损害党的执政根基的腐败问题，坚决消除危害党的团结统一的政治隐患。另一方面，要坚决查处与政治、经济密切相关的腐败问题，坚决防止领导干部成为利益集团和小团体的代言人，坚决遏制资本势力向政治领域的渗透。还要持续做好领导干部家风建设工作。2022 年中共中央办公厅印发《领导干部配偶、子女及其配偶经商办企业管理规定》，彰显了党中央抓住"关键少数"腐败治理工作，坚持不懈地把全面从严治党向纵深推进的决心和信心。领导干部在每年报告个人有关事项时，必须如实填报配偶、子女及其配偶经商办企业情况。对于领导干部的配偶、子女及其配偶等亲属以权谋私的问题，一经发现必将严肃查处。

三要抓住重点领域，全面推进反腐败斗争。一方面，以重点突破带动整体推进，不断拓展反腐败斗争的广度。持续整治金融、能源、烟草、医药、基建等权力集中、资金密集、资源富集领域的腐败，有效防范化解腐败风险及关联性经济社会风险。另一方面，推动反腐败向基层重点领域延伸，不断拓展反腐败斗争的深度。特别是就业创业、食品药品安全、养老社保、教育医疗、生态环保、执法司法、安全生产等重点领域，坚决查处各种形式的腐败行为，切实提升人民群众的幸福感与安全感。

参考文献

《习近平：高举中国特色社会主义伟大旗帜 为全面建设社会主义现代化国家而团结奋斗——在中国共产党第二十次全国代表大会上的报告》，中国政府网，2022 年 10 月 25 日，https：//www. gov. cn/xinwen/2022–10/25/content_ 5721685. htm。

倪星、王锐：《从邀功到避责：基层政府官员行为变化研究》，《政治学研究》2017 年第 2 期。

Abstract

The book of "Analysis and Prospect on Development of Jiangsu" includes 12 reports, including 1 overall report, 3 sub reports, and 8 special reports. This book takes the development of Jiangsu in 2024 as the main line, and adopts a combination of theoretical research and data analysis to systematically summarize and sort out the construction of Jiangsu's economy, society, culture, ecology, rule of law and other fields, and conduct in-depth analysis of major social reality problems in Jiangsu.

In 2024, facing a highly complex macro environment, Jiangsu's economy has shown strong resilience and momentum, with an economic growth rate higher than the national average, the highest increment in the country, deepening innovation and transformation, accelerating the emergence of new quality productive forces, and high-level promotion of social undertakings and people's livelihood construction, presenting a positive and upward development trend. It is expected that the GDP growth range of Jiangsu Province will between 5.5% and 5.9% for the whole year of 2024. Looking ahead to 2025, the expected GDP growth range for Jiangsu will between 5.6% and 6.0%. The key direction are to implement the innovation driven development strategy, accelerate the construction of a strong science and technology province, consolidate the fundamental role of consumption in economic development, stimulate the vitality of private investment, build a two-way open hub with global aggregation power, deeply promote green and low-carbon development, build a new model of real estate development, and promote high-quality and full employment. In terms of development areas, agricultural modernization needs to pay more attention to the coupling and coordinated development of agricultural modernization and urban-rural integration. It is necessary to start from multiple dimensions such as technological empowerment, functional expansion, industrial chain building, and policy support, formulate differentiated development strategies, and achieve the coupling and coordinated development of agricultural economy and urban-rural integration. In the industrial field, Jiangsu should firmly shoulder the responsibility and mission of "leading and demonstrating", establish higher development goals, explore the path of promoting high-quality industrial development around power cultivation, subject coordination, platform layout, element support, and carrier construction, and continuously consolidate Jiangsu's leading advantage in manufacturing. In terms of high-quality development of the service industry, Jiangsu needs to further achieve scale growth and structural optimization of the service industry, promote the service industry to enter a period of high-quality development improvement, adhere to innovation driven, promote integrated development, accelerate digital transformation, enhance development level, and achieve both quantity, quality, and efficiency improvement in open cooperation. Therefore, Jiangsu should continue to stimulate the momentum of reform and promote breakthroughs in key areas of reform; Strengthen technological innovation and enhance the driving force of industrial transformation and upgrading; Rooted in the real economy, shaping the key advantages of integrating data and reality; Adhere to the principle of putting people's livelihood first and continuously improve the level of people's livelihood security.

This book has comprehensive content, diverse perspectives, and detailed data. It is not only a summary and prospect of Jiangsu's economic, social, and cultural work, but also provides scientific basis for relevant departments to improve their governance level.

Keywords: Economy and Society; High-quality Development; Livelihood Protection; Jiangsu Province

Contents

Ⅰ General Report

Abstract: In 2024, facing a highly complex macro environment, Jiangsu's economy has shown strong resilience and momentum. The economic growth rate is higher than the national average, and the increment ranks first in the country. Innovation and transformation are deepening, new quality productivity is accelerating, and social undertakings and livelihood construction are advancing at a high level, presenting a positive and upward development trend. In 2025, Jiangsu should vigorously implement the innovation driven development strategy, accelerate the construction of a strong science and technology province, consolidate the fundamental role of consumption in economic development, stimulate the vitality of private investment, build a two-way open hub with global aggregation power, deeply promote green and low-carbon development, build a new model of real estate development, and promote high-quality and full employment. Therefore, Jiangsu should stimulate the momentum of reform and promote breakthroughs in key areas of reform; Strengthen technological innovation and enhance the driving force of industrial transformation and upgrading; Rooted in the real economy, shaping the key advantages of integrating data and reality;

Adhere to the principle of putting people's livelihood first and continuously improve the level of people's livelihood security.

Keywords: Innovation Transformation; New Productive Force; High-quality Development; Jiangsu Province

II Sub-reports

B.2 Progress and Prospects of Accelerating Agricultural
Development and Promoting Urban Rural
Integration in Jiangsu Province

Jin Gaofeng, Zhao Jinchun and Gu Chunlei / 040

Abstract: This article uses principal component analysis and coupling coordination model to measure the level of urban-rural integration in 40 counties (cities) in Jiangsu Province from 2010 to 2022. The reasons for the changes in various dimensional indices are analyzed, and based on this, the coupling coordination level of agricultural economy and urban-rural integration in each county is calculated. The results show that the agricultural productivity in Jiangsu is significantly higher than other major grain producing areas, effectively promoting an average annual growth rate of 4.18% in urban-rural integration. The regional convergence trend is obvious, but the overall coordination between agricultural economy and urban-rural integration is still in the early stage, showing significant regional differentiation. Furthermore, taking into account the issues of homogenization and short industrial chains in the development of agricultural economy, this paper summarizes and draws on the experience of promoting high-quality urban-rural integration in the agricultural industry of the Ningxi Changzhou combined area, and proposes corresponding countermeasures and suggestions.

Keywords: Agricultural Modernization; Urban Rural Integration; Collaborative Promotion; Principal Component Analysis Method

B . 3　Progress and Prospects of Industrial Operation in Jiangsu Province

Shen Hongting, *Li Sijia* / 065

Abstract：Jiangsu adheres to the construction of a strong manufacturing province as the guiding principle, accelerates the promotion of new industrialization, and focuses on building a "1650" industrial development system. The industrial economy has achieved significant achievements in scale, structural system, technological level, and open cooperation, becoming the leading force in Jiangsu's construction of a modern industrial system and an advantageous force in participating in international cooperation and competition. At the same time, Jiangsu's industrial development is still at the mid to low end of the global industrial chain and value chain, facing challenges such as technological bottlenecks and insufficient basic manufacturing capabilities. The basic conditions and internal and external environment for the development of Jiangsu's manufacturing industry are undergoing profound changes. The growth momentum of the previous development path is gradually weakening, and the bottleneck constraints faced are increasing. In the next stage, in order to effectively cope with many unstable factors, Jiangsu should firmly shoulder the responsibility and mission of "leading and demonstrating", establish higher development goals, explore the path of promoting high-quality industrial development around power cultivation, subject coordination, platform layout, element support, and carrier construction, and continuously consolidate Jiangsu's leading advantage in manufacturing.

Keywords：Industrial Operation；Industrial Development Path；Jiangsu Manufacturing；Jiangsu Province

B . 4　Analysis and Prospect of the Service Sector in Jiangsu Province

Hou Xiangpeng / 083

Abstract：Since 2024, Jiangsu's service economy has shown robust growth, significantly enhancing its overall contribution to the stable growth of the provincial economy. The process of specialization and upgrading of production-oriented services has accelerated, while the trend of high-quality and diversified development of life-oriented services is obvious. The domestic consumption market and service trade also achieved significant development. The overall quality and efficiency of the service sector have steadily improved. However, while significant achievements have been made, there are also imbalances and inadequacies in development, particularly in terms of resource allocation, enterprise cultivation, industry structure, and foreign trade, with many shortcomings and weaknesses. In the future, Jiangsu's service sector will still face an external environment of both opportunities and challenges, the expansion of service openness will bring new growth space. Jiangsu's service sector needs to adhere to the principle of innovation-driven, promote integrative development, accelerate the digital transformation, enhance industrial energy level, and strengthen openness and cooperation, and achieve high-quality development.

Keywords: Service Sector; Innovation-driven; Expanding Opening-up; Jiangsu Province

Ⅲ　Thematic Reports

B.5　The Progress and Prospect of Further Comprehensively

Deepening Reform and Steadily Advancing the New

Practice of Chinese-style Modernization in Jiangsu Province

Sun Yunhong / 118

Abstract: Jiangsu adheres to the guidance of economic system reform and continues to lead the way in promoting high-quality development; Stimulating the development momentum of new quality productive forces through reform, and promoting coordinated innovation in the system and mechanism of scientific and technological talents; The pace of transforming from a "large agricultural province"

to a "strong agricultural province" by stimulating rural revitalization vitality through reform is constantly accelerating; Promote cultural infiltration through reform and build a socialist cultural strong province with high quality; Create a high-quality life through reform, and take the lead in ensuring and improving people's livelihoods and promoting modernization of social governance; Through reform, we aim to shape ecological advantages and promote the modernization of harmonious coexistence between humans and nature. Jiangsu continues to be at the forefront of further comprehensive deepening of reforms, and needs to coordinate and promote reforms in various fields, fully stimulate the driving force and vitality of all aspects; To highlight the advantages of the rule of law through reform, further comprehensively deepen reform and promote Chinese path to modernization on the rule of law track; To comprehensively deepen reform, stimulate and enhance social vitality, and consolidate consensus on reform; Persist in reform for the people and continuously improve people's livelihood and well-being; To better coordinate development and security through reform, and create a harmonious and stable environment for economic and social development.

Keywords: An Expanded In-depth Reform Agenda; Chinese Path to Modernization; High-quality Development; Jiangsu Province

B.6 The Progress and Prospects of Improving the High level Open Economic System and Mechanism in Jiangsu Province

Zhang Li / 139

Abstract: Since the "institutional opening-up" was officially put on the agenda, as a leading open economy province, Jiangsu has actively connected with international high standard investing and trading rules, actively explored and optimized the mechanism of the open economy system to adapt to the new international economic and trade pattern, achieved practical results in stabilizing foreign investment and promoting foreign trade, and steadily promoted the development of the open economy as a whole. However, overall, compared with the requirements for developing the open economy under the new pattern, Jiangsu's institutional opening-up, especially the degree of openness in the service industry, still has a much to improve in terms of connecting with international economic and trade rules. In the future, Jiangsu will continue to deepen its integration with international high standard investing and trading rules, and steadily implement institutional opening-up measures; Continue to leverage the role of open platforms as experimental fields and take the lead in key areas; Create an open business environment that is market-oriented, legalized, and internationalized, and accelerate the construction of a unified large market for factors throughout the province; Let enterprises play the role and actively participate in making relevant international rules; Based as the intersection, improve the mechanism of high-quality joint construction of the "the Belt and Road".

Keywords: Open Economic System; Institutional Opening－up; Business Environment

B.7 Progress and Prospects of Jiangsu in Promoting a High－quality Basic Public Service System and Safeguarding and Improving People's Livelihoods *Liu Bin, Bao Lei* / 156

Abstract: Focusing on improving quality, quality, equalization and modernization, Jiangsu has achieved remarkable results in promoting the basic public service system and safeguarding and improving people's livelihood. The bottom line of people's livelihood has been effectively protected, the service level has been comprehensively upgraded, diversified needs have been further satisfied, the effectiveness of social governance has been enhanced, and the quality of life of the people has been continuously improved. At the same time, we are also facing problems such as insufficient equalization of service provision, slow progress in improving quality and efficiency, the limited role of domestic consumption in

promoting quality of life, and the need to further improve policies and safeguard mechanisms for livelihood services. To further safeguard and improve people's livelihoods, it is necessary to focus on areas such as reforming the income distribution system, strengthening the employment priority policy, improving the social security system, deepening the reform of the medical and health system, and improving the population development support service system. In terms of specific measures to improve the public service system and social policy to guarantee, optimize the participation of diversified service subjects, strengthen the consumption of living services to enhance, and promote the digital empowerment of people's livelihood intelligent development.

Keywords: Public Services; Livelihood Protection; High-quality Development

B.8 Progress and Prospects on the Promote Coordinated System Mechanism Integrated Reform of Education,

Technology and Talent in Jiangsu   *Fang Weiwei* / 179

Abstract: In 2024, Jiangsu has advanced the integration of high-quality educational resources, enhanced its capacity for scientific and technological innovation, and optimized its talent development environment through a series of creative and proactive reform measures, promoting deep integration of the industrial chain, capital chain, innovation chain and talent chain. However, issues such as unfocused allocation of scientific and technological resources, insufficient channels for the transformation of research outcomes, and incomplete talent incentive mechanisms still exist in Jiangsu. In the future, Jiangsu needs to focus on innovating the virtuous cycle mechanism of education-science-talent, collaborative innovation mechanisms, and shared-interest mechanisms , in order to enhance the foresight and creativity of integrated reforms in education, technology and talent. At the same time, Jiangsu needs to consolidate a foundation of high-quality education; deepen reform in the science and technology system to form a competitive advantage in talent, providing foundational and strategic support for the comprehensive construction of socialist modernization.

Keywords: Education-technology-talent; Integrated Reform; Jiangsu Province

B.9 Progress and Prospects of Advancing the Modernization of the Rule of Law in Jiangsu Province

Qian Ningfeng, Xu Yifei and Zhu Zihan / 199

Abstract: In 2024, Jiangsu will strengthen local legislation, promote the construction of the rule of law government, enhance judicial credibility, strengthen the level of social governance under the rule of law, and continuously develop the construction of the rule of law in Jiangsu towards modernization. As an important area of Chinese path to modernization, Jiangsu's modernization of the rule of law is faced with problems such as the need to strengthen the legal guarantee of new quality productivity, the need to further improve the ability to administer according to law, the need to further improve the level of legalization of the business environment, and the need to further improve the mechanism for building a society ruled by law. In 2025, Jiangsu will continue to play the role of the rule of law in the new chapter of building Chinese path to modernization, further comprehensively deepen the reform in the field of the rule of law, carry out the evaluation of the implementation of the rule of law construction plan, and further strengthen the construction of the rule of law in Jiangsu.

Keywords: Modernization of the Rule of Law; Local Legislation; Government by Law; Judiciary; Society Ruled by Law

B.10　Progress and Prospects of Ecological Civilization

　　Construction in Jiangsu Province

Chang Qiaosu, *Zhang Huili* / 218

Abstract: Jiangsu is the only province in China that has jointly built a modern pilot province for ecological environment governance system and governance capacity, and has the heavy responsibility of being at the forefront of ecological civilization construction. Under the guidance of the "Beautiful China" task book, Jiangsu has achieved outstanding results in spatial layout, structural adjustment, green transformation, ecological restoration, infrastructure improvement, and "dual carbon" action. However, the structural, root, and trend pressures on the ecological environment have not been fundamentally alleviated, and continuous efforts are still needed in ecological and environmental protection "vertical management" reform, environmental protection and restoration supervision system construction, green transformation and low-carbon action, and modern ecological environment monitoring and control.

Keywords: Ecological Civilization; Ecological Restoration; Environmental Protection; Green Development

B.11　Progress and Prospects of Jiangsu's Exploration of New

　　Experience in Building Modern Civilization of the Chinese

　　Nation　　　*Zhou Shuhua*, *Yang Minghui and Zhu Shan* / 241

Abstract: In July 2023, General Secretary Xi Jinping clarified the significant positioning of Jiangsu as "leading and demonstrating in promoting Chinese style modernization", and entrusted Jiangsu with the major task of "exploring new experiences in building modern civilization of the Chinese nation". For over a year, Jiangsu has adhered to the guidance of Xi Jinping's cultural ideology and General Secretary Xi Jinping's important speech on Jiangsu's work, conscientiously implemented the requirements of the National Conference on Propaganda, Ideology and Cultural Work, deployed and implemented actions to accelerate the construction of a strong socialist cultural province, promoted the deepening and implementation of ideological guidance, demonstrated the infinite charm of "Water Charm Jiangsu", radiated the brilliance of regional civilization, strengthened the cultural industry, deepened the creation of literary and artistic works and talent training, enhanced the influence of communication, and continuously explored new experiences in building modern civilization of the Chinese nation at a new starting point, achieving a series of important phased results. Looking ahead to the future, Jiangsu will deepen the reform of its cultural system and mechanism, focus on building a strong socialist cultural province, and continue to actively enhance its ideological responsibility system, inherit Jiangsu's regional culture, optimize urban and rural public cultural services, promote high-quality development of cultural tourism, cultivate new quality production capacity of cultural industries, stimulate cultural innovation and creativity, improve the comprehensive network governance system, deepen cultural exchange and mutual learning, and strive to highlight more Jiangsu's achievements and make greater contributions to the construction of modern civilization of the Chinese nation.

Keywords: Modern Chinese Civilization; Culturally Strong Province; Jiangsu Province

B. 12   Progress and Prospect of Promoting Party

Building in Jiangsu Province

Wang Li, Liu Haichao / 261

Abstract: Jiangsu also faces some problems in the process of promoting party building. For example: the party's innovation theory study institutionalized degree is not high; The reform of the cadre and personnel system needs to be further deepened. The political and organizational functions of grass-roots party

organizations are not fully developed; The fight against corruption is still under great pressure. Looking forward to the future, Jiangsu should actively take the following measures: focusing on accuracy, scientificity and effectiveness, effectively improve the quality of theoretical learning; Continue to deepen the reform of the Party's cadre and personnel system to provide a team guarantee for promoting the new practice of Chinese modernization; Strive to improve the political and organizational functions, and forge strong and powerful grass-roots party organizations; We will make the punishment of corruption more accurate, and promote corruption in one body.

Keywords: Party Building; Party Organization; Contingent of Gadres; Anti-graft

权威报告·连续出版·独家资源

皮书数据库
ANNUAL REPORT(YEARBOOK) DATABASE

分析解读当下中国发展变迁的高端智库平台

所获荣誉

- 2022年，入选技术赋能"新闻+"推荐案例
- 2020年，入选全国新闻出版深度融合发展创新案例
- 2019年，入选国家新闻出版署数字出版精品遴选推荐计划
- 2016年，入选"十三五"国家重点电子出版物出版规划骨干工程
- 2013年，荣获"中国出版政府奖·网络出版物奖"提名奖

皮书数据库

"社科数托邦"
微信公众号

成为用户

登录网址www.pishu.com.cn访问皮书数据库网站或下载皮书数据库APP，通过手机号码验证或邮箱验证即可成为皮书数据库用户。

用户福利

- 已注册用户购书后可免费获赠100元皮书数据库充值卡。刮开充值卡涂层获取充值密码，登录并进入"会员中心"—"在线充值"—"充值卡充值"，充值成功即可购买和查看数据库内容。
- 用户福利最终解释权归社会科学文献出版社所有。

数据库服务热线：010-59367265
数据库服务QQ：2475522410
数据库服务邮箱：database@ssap.cn
图书销售热线：010-59367070/7028
图书服务QQ：1265056568
图书服务邮箱：duzhe@ssap.cn

社会科学文献出版社 皮书系列
SOCIAL SCIENCES ACADEMIC PRESS (CHINA)
卡号：613754761979
密码：

中国社会发展数据库（下设 12 个专题子库）

　　紧扣人口、政治、外交、法律、教育、医疗卫生、资源环境等 12 个社会发展领域的前沿和热点，全面整合专业著作、智库报告、学术资讯、调研数据等类型资源，帮助用户追踪中国社会发展动态、研究社会发展战略与政策、了解社会热点问题、分析社会发展趋势。

中国经济发展数据库（下设 12 专题子库）

　　内容涵盖宏观经济、产业经济、工业经济、农业经济、财政金融、房地产经济、城市经济、商业贸易等 12 个重点经济领域，为把握经济运行态势、洞察经济发展规律、研判经济发展趋势、进行经济调控决策提供参考和依据。

中国行业发展数据库（下设 17 个专题子库）

　　以中国国民经济行业分类为依据，覆盖金融业、旅游业、交通运输业、能源矿产业、制造业等 100 多个行业，跟踪分析国民经济相关行业市场运行状况和政策导向，汇集行业发展前沿资讯，为投资、从业及各种经济决策提供理论支撑和实践指导。

中国区域发展数据库（下设 4 个专题子库）

　　对中国特定区域内的经济、社会、文化等领域现状与发展情况进行深度分析和预测，涉及省级行政区、城市群、城市、农村等不同维度，研究层级至县及县以下行政区，为学者研究地方经济社会宏观态势、经验模式、发展案例提供支撑，为地方政府决策提供参考。

中国文化传媒数据库（下设 18 个专题子库）

　　内容覆盖文化产业、新闻传播、电影娱乐、文学艺术、群众文化、图书情报等 18 个重点研究领域，聚焦文化传媒领域发展前沿、热点话题、行业实践，服务用户的教学科研、文化投资、企业规划等需要。

世界经济与国际关系数据库（下设 6 个专题子库）

　　整合世界经济、国际政治、世界文化与科技、全球性问题、国际组织与国际法、区域研究 6 大领域研究成果，对世界经济形势、国际形势进行连续性深度分析，对年度热点问题进行专题解读，为研判全球发展趋势提供事实和数据支持。

法律声明

"皮书系列"（含蓝皮书、绿皮书、黄皮书）之品牌由社会科学文献出版社最早使用并持续至今，现已被中国图书行业所熟知。"皮书系列"的相关商标已在国家商标管理部门商标局注册，包括但不限于LOGO（▧）、皮书、Pishu、经济蓝皮书、社会蓝皮书等。"皮书系列"图书的注册商标专用权及封面设计、版式设计的著作权均为社会科学文献出版社所有。未经社会科学文献出版社书面授权许可，任何使用与"皮书系列"图书注册商标、封面设计、版式设计相同或者近似的文字、图形或其组合的行为均系侵权行为。

经作者授权，本书的专有出版权及信息网络传播权等为社会科学文献出版社享有。未经社会科学文献出版社书面授权许可，任何就本书内容的复制、发行或以数字形式进行网络传播的行为均系侵权行为。

社会科学文献出版社将通过法律途径追究上述侵权行为的法律责任，维护自身合法权益。

欢迎社会各界人士对侵犯社会科学文献出版社上述权利的侵权行为进行举报。电话：010-59367121，电子邮箱：fawubu@ssap.cn。

社会科学文献出版社